跨越时代的

百位中国科学家

·第四册·

张 藜 主编

中国科学技术出版社
·北 京·

图书在版编目（CIP）数据

跨越时代的百位中国科学家 . 第四册 / 张藜主编 . —北
京 : 中国科学技术出版社，2016.6（2024.7 重印）

ISBN 978-7-5046-7148-6

I. ①跨… II. ①张… III. ①科学家—列传—中国—
现代 IV. ① K826.1

中国版本图书馆 CIP 数据核字（2016）第 103769 号

策划编辑	许 慧 李 红	
责任编辑	张 楠	
装帧设计	中文天地	
责任校对	杨京华	
责任印制	张建农	

出 版	中国科学技术出版社	
发 行	中国科学技术出版社有限公司	
地 址	北京市海淀区中关村南大街16号	
邮 编	100081	
发行电话	010-62173865	
传 真	010-62173081	
网 址	http://www.cspbooks.com.cn	

开 本	787mm×1092mm 1/16	
字 数	282千字	
印 张	17.25	
版 次	2017年1月第1版	
印 次	2024年7月第2次印刷	
印 刷	德富泰（唐山）印务有限公司	
书 号	ISBN 978-7-5046-7148-6 / K·188	
定 价	68.00元	

编 委 会

总 主 编　张　藜

主　　编　第一分册　张佳静

　　　　　第二分册　罗兴波

　　　　　第三分册　罗兴波

　　　　　第四分册　张　藜

学术编辑　田　田　唐　靖　张会丽

主编的话

（一）

2010 年 5 月，"老科学家学术成长资料采集工程"（简称"采集工程"）正式启动。这项工作致力于搜集、整理、保存、研究中国科学家的学术成长资料，以此记录和展示中国科学家个人科研生涯与中国现代科技发展历程，由中国科协牵头，联合中组部、教育部、科技部、工信部、财政部、文化部、国资委、解放军总政治部、中国科学院、中国工程院、国家自然科学基金委员会等 11 部委共同组织实施。

六年来，采集工程不断推进，至今共已开展了 450 余位老科学家的资料采集工作，获得了 10 余万件数字化与音视频资料，数万件手稿、书信、照片、科研仪器设备等实物资料，为公众了解老科学家的科研人生、探索科技人才成长规律、研究中国科技事业发展历程，积累了丰富翔实的素材。

作为采集工程的成果之一，自 2014 年 10 月起，采集工程在《中国科学报》上策划和组织开设了"印刻"专版，每期用一个整版的篇幅介绍一位接受采集的科学家，并配以相关史料或采集工作心得，既展现了老科学家曲折丰富的人生故事和科研经历，又提供了一些珍贵的历史资料，同时也成为采集工作经验总结和交流的平台。截至 2016 年 9 月，专栏已刊载 130 期，即刊出了 130 位老科学家的科研人生故事。

本套丛书即为上述"印刻"专版 130 期的合辑。

（二）

但是，这套丛书并非"印刻"已刊发文章的简单汇集出版。

"印刻"刊出的每一期文章，都由130个采集小组分别撰写完成，荟集了每个采集小组在平均两年的资料采集和研究报告撰写周期里，所获得的对科学家最完整、最深入的认识。遗憾的是，由于受报纸版面限制，"印刻"刊发时不得不删去了许多片段和图片，使许多叙事显得干巴、生硬，趣味性、可读性受到很大影响。现在的合辑基本恢复各采集小组提交稿件的原貌，有些还补充了新的资料，讲述更丰满、更鲜活的故事。

自编辑审定"印刻"文稿以来，我们一次次被文中科学家们执着科学、潜心钻研、严肃认真、求实创新的精神所感动，也一次次被科学家们爱国为民、无私奉献、科技报国、无怨无悔的事迹所震撼。衷心希望读者能从这些故事中，感悟这百余位老科学家的科研人生与家国情怀，品味科研道路上的艰难、挫折与荣耀，理解什么是科学精神以及科学精神于我们日常生活的价值何在。

全书由四个分册组成。每一分册首先以学科相近为依据分大类，同一大类下再以科学家出生时间先后为序。同时，每一篇文后，还设有"相关阅读"，选刊了部分采集工作中所获得的重要文献和访谈记录、一些采集人员的感悟心得等，为读者提供内容多样、形式各异的延伸阅读素材。另外，作为整理和研究中国现代科学家资料和科技发展史料的重要成果，截至2016年底，采集工程已出版科学家传记和相关作品70余种，尝试探索兼具学术性、史料性和可读性的科学家传记写作方式，逐渐形成了规模和系统性。有兴趣的读者可从本书每个分册的封底看到这一总书目，选择阅读更翔实的科学家大传。

（三）

为便于读者选择和重点阅读，全书前三册按科学家所在的不同学科领域或工程技术门类分辑，第四册为女科学家专辑。

第一册收入从事数学、物理学、化学、地学领域的38位科学家。其中有自言"人谓数无味，我道味无穷"的数学家、国家最高科技奖获得者谷超豪院士，有我国理论物理学和近代力学奠基人之一、湍流模式理论奠基人、著名社会活动家周培源院士，有以身许国开拓我国核武器事业、"两弹一星"功勋奖章获得者程开甲院士，有建国初期为了"中国也要进步"而归国开拓中国超声学学科的应崇福院士，有为了中国早日摘掉"贫油"帽子而常年在野外进行石油地质调查的田在艺院士，有引领中国气象学走在世界前沿、"让外国人来同我们接轨"的叶笃正院士……等等。无论是在实验室进行演算和实验，还在野外进行观测和勘探，他们的目标都是为了发展新中国的科学事业。从他们身上，我们能看到老一辈科学家严谨求实的科学精神、无悔奉献的家国情怀。

第二册收入生命科学、医药卫生、农业等领域的28位科学家。其中，有自称为"泥腿子"的小麦育种专家庄巧生院士，有致力于农业技术推广、将论文写在大地上的药用植物学家徐锦堂研究员，有将一生心血奉献在肝胆外科上的国家最高科技奖得主吴孟超院士，有幼年便立志研究昆虫而在日军侵华的国难当头投笔从戎的昆虫学家周尧先生……他们在自己的研究领域，认准一个目标，奋斗终身成大器。从他们身上，我们不仅可以看到老一代科技工作者持续、专注的精神，也能感受到他们的赤诚爱国心，为年轻的科技工作者树立起榜样。

第三册收入技术科学、工程技术领域的42位科学技术专家。其中，有为了国家战略需要而不计个人名利的"两弹一星"功勋奖章获得者陈能宽院士，也有数十年隐姓埋名从事我国自主核潜艇研发而"忘家"但最终"感动中国"的黄旭华院士、矢志为解决中国人现实生活中的问题而不断攻关的纺织机械专家梅自强院士、为解决农业病虫害而终身研究农药的李正名院士、为提高中国蒸馏酒酿造水平而不懈努力的百岁老人秦含章先生……等等。在他们看来，个人的科研追求，与国家利益、人民需要是时时刻刻联系在一起的。

第四册为女科学家专辑，收入了22位女性科技专家的故事——既有出生于江南名门却"不爱红妆爱武装"的中国第一位女核物理学家何泽慧院士，也有人如其名般清丽、一生在企业从事药物研究开发的安静娴院士，还有风华正茂时放弃联合国WHO职位回国、后半生脚印遍及中国麻风病现场的李桓英研究员，等等。她们的人生之路不尽相同，她们从事不同领域的科学研究，她们的生活品味或雅致或极简，但有一点于她们是共通的，那就是对科学研究的爱与执着。希望这一册对女科学家科研人生的集中讲述，能够丰富读者对中国女科学家这一群体的认识和理解，能够领略女科学家的别样风华，能够唤起读者对女性科学家成长特征的更多思考。

需要说明的是，丛书所收入的130位科学家，只是400多位接受学术成长资料采集的科学家中的一小部分。本书采取开放式结构，今后还将继续以采集工程为基础，讲述更多的科学家的故事。

（四）

采集工程是行政动员与学术规范的结合，是由一批具有不同专业背景、来自不同工作机构的人员共同努力推进的事业——仅本书中的署名作者就达100多位，还有许许多多六年来坚持不懈地推进采集工程的有关领导、专家、学者、管理人员、技术人员，限于篇幅，请原谅在此无法一一具名表示由衷的感谢！

特别要感谢的，是已收入本书和暂时还未收入本书的所有老一辈科学家、技术工程专家们，是他们用自己的科研人生，为我们留下了这些堪称精神财富的动人故事。

目录 CONTENTS

何泽慧：卷舒开合任天真 / 1

李敏华：展翅长空绽芳华 / 13

王业宁：不待扬鞭自奋蹄 / 25

陈茹玉：中国有机磷农药研究的先行者 / 35

张树政：大爱寄情微生物 / 47

陆婉珍：石油分析领域的先驱 / 59

徐晓白：不惧朔风暗香来 / 71

叶叔华：星路漫漫　上下求索 / 81

尹文英：山高水长路多花 / 91

陈文新：踏遍青山为中华 / 103

董玉琛：情系嘉种　矢志不渝 / 115

郑儒永：名门俊彦自在行 / 127

夏培肃：恬淡人生 / 137

杨芙清："机遇来自国家需要" / 149

安静娴：俯仰一世　乐在药中 / 161

张丽珠：中国试管婴儿技术先行者 / 173

李桓英：实验生涯谱写华表乐章 / 185

胡亚美：刺向血癌的利剑 / 199

肖碧莲：莲叶无穷碧
慧心此处寻 / 211

沈渔邨：以科学精神体现人文关怀 / 223

史轶蘩：经年铸剑垂体瘤 / 237

刘彤华：七厘米载玻片上的医学人生 / 249

何泽慧：卷舒开合任天真

■ 刘晓（中国科学院大学）

何泽慧（1914—2011），中国核物理、高能物理与高能天体物理学的奠基人之一。1914 年 3 月 5 日生于江苏苏州市，1920 年起就读振华女校，1932 年考入清华大学物理系。1936—1940 年在德国柏林高等工业大学攻读弹道学，获工程博士学位。毕业后进入德国西门子工厂弱电流实验室工作。1943 年到海德堡威廉皇帝研究院物理研究所，跟随博特教授从事核物理研究，发现并研究了正负电子几乎全部交换能量的弹性碰撞现象。1946—1948 年在法国的法兰西学院原子核化学实验室工作，在约里奥－居里夫妇的指导下，与钱三强一起发现并研究了铀的三分裂和四分裂现象。1948 年回国参与创建北平研究院原子学研究所，成为该所唯一的专任研究员。1949 年后，任中国科学院近代物理研究所研究员，领导研制成功原子核乳胶，获 1956 年国家自然科学奖三等奖。1956 年领导成立中子物理实验室，参与了反应堆与加速器的建设与实验，并承担原子弹与氢弹研制中的一些基础性科研任务，1964 年起担任原子能研究所副所长。1973 年以原子能研究所一部为基础成立高能物理研究所，任副所长，分管宇宙线研究与图书情报工作。1980 年当选中科院学部委员，1997 年获得何梁何利基金科学与技术进步奖。

居里夫人的品质和精神，影响了世界上的很多人。在中国，与居里夫人最接近的女科学家，莫过于何泽慧先生。在当今呼唤科学精神、科学大师的时代，让我们一起再次走近这位"中国的居里夫人"。

传承于居里夫人

2012 年 4 月，《中国科学报》曾调查几位院士，问对他们影响最大的书是什么。其中，中科院院士陈佳洱和欧阳自远不约而同地提到了《居里夫人传》。陈佳洱说："居里夫人自强不息的一生，她的工作精神和处世态度，我那时读到这些故事，感觉自己的灵魂都在震颤。从书中，我汲取到的是科学的人生观、价值观以及毕生奉献的科学精神。"欧阳自远也认为："居里

1946 年巴黎，何泽慧（左）与伊莱娜·约里奥－居里夫人

夫人爱国为民、不求名不求利，堪称典范，值得我们一辈子去学习。"

居里夫人的品质和精神，影响了世界上的很多人。在中国，与居里夫妇最接近的女科学家，莫过于何泽慧先生。

首先，她们在科学上有直接的传承关系。钱三强与何泽慧是在居里夫妇的女儿女婿约里奥－居里夫妇的指导下工作，约里奥曾明确讲他们是科学上的夫妻结合，"从老居里夫妇感染到我们，再感染给你们"；其次，她们都把自己与国家民族的命运联系在一起，成为热爱科学、热爱祖国的楷模；更重要的是，她们的品质一脉相承，无论居里夫人，她的女儿伊莱娜，还是何泽慧，性格都非常直率，说话从不绕弯子，不喜欢应酬，物质生活非常简朴。居里夫妇最让助手们佩服的，是他们那种极端的朴素、谦逊和对工作的投入，以及"自自然然的超然"态度。艾芙·居里也这样写她的姐姐伊莱娜："我曾看到她的银行积蓄，在我看来那是够多的，但她从来不花——只不过是因为她从来不想要任何东西。"我们只能以同样的角度，才能理解何泽慧的极其简朴和平易谦虚。

何泽慧的父母均出自科举世家。父亲何澄是早年留日的辛亥革命元老，为著名的鉴赏家和收藏家，甚至将苏州名园之一的网师园购入名下。母亲王季山的家族不仅世代官居高位，还是近代著名的科学望族。因此，何泽慧所坚持的不仅是一般意义上的节俭美德，更是对科学事业的专注和献身，既体现了家族"物尽其用"的传统思想，又在任何场合都把自己放在普通人的地位上，更在荣誉和地位面前始终保持着冷静清醒的头脑。《物理》杂志资深编委顾以藩曾如此评价何泽慧："她摒弃虚荣和风头，她坚持实事求是，绝不苟且附和，其质朴直率的性格

鲜亮可见。"

有趣的是，钱三强和约里奥都很健谈，思想进步，喜欢参与一些政治活动。而何泽慧与伊莱娜则比较朴实和不善言辞，不问政治。

或许，我们不该把何泽慧称作"中国的居里夫人"，虽然她在 1948 年就获得这个称号，但对于这些虚名，她从来都是反感和避之不及的。

发现四分裂

1946 年 4 月 8 日何泽慧与钱三强的结婚照

1946 年，何泽慧结束在德国的工作，前往巴黎与钱三强相聚，婚后加入钱三强的小组，研究原子核的三分裂现象。

一般原子核一次只能分裂成两个碎片，三分裂意味着原子核能够一次分成三个碎片。在研究中，他们用核乳胶记录铀原子核的裂变，然后在高倍显微镜下寻找三分裂的径迹。在暗淡的视野里，搜索那些令人捉摸不定的径迹。做这种观测工作非常辛苦，长时间集中注意力于镜下观察，不但眼睛很累，引起头痛，而且由于身体固定在一种姿势下，时间长了，周身都会感到疲劳不堪，这确实是一种需要毅力的工作。而何泽慧由于她的细致和耐心，孜孜以求，不放过任何一条径迹，结果是她找到的最多。

1946 年 11 月 22 日晚，何泽慧在一张早前的底片上突然发现一个特殊事例。在显微镜的视野中，她看到从一个点发射出了四条粗线：两条长径迹，两条短径迹。第二天，钱三强观察和确定了这些径迹。经过反复讨论，他们判断这是一个铀的四分裂。四条径迹几乎在同一个平面上。这一事例说明重原子核不仅可能存在三分裂，而且可能存在更多分裂的情况。很快，何泽慧发表论文，宣布首次清晰地发现铀俘获中子的四分裂。

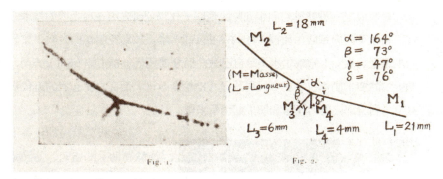

何泽慧发现的原子核四分裂径迹

　　1947 年 2 月，何泽慧再一次观察到第二个四分裂的事例，这个事例中三个碎片是重的，一个是轻的。据估算，四分裂的概率仅为二分裂的万分之二左右。

　　三分裂与四分裂的发现得到了约里奥－居里夫妇的坚定支持。1947 年春，在全部研究结果正式公布前不久，约里奥参加了在巴黎召开的一次国际快讯会议，首先宣布了这项发现，并且说："这是第二次世界大战以后物理学上的一项有意义的工作。它是由两位中国青年科学家和两位法国青年研究人员共同完成的，是国际合作的产物。"

研制核乳胶

　　新中国第一次全国性的科学奖——中国科学院科学奖金（自然科学部分）于 1957 年 1 月公布，何泽慧领导的"原子核乳胶制备过程的研究"获得三等奖。

　　1957 年 5 月，以朝永振一郎为首的 20 名日本物理学家访华。他们在参观物理所之后总结道，何泽慧"领导的只有几个人的小组做出了令人难以相信的事，就是完成了不次于英国夸为世界第一的 Iford G5 干板的优良原子核干板，现在已投入生产，对中国的宇宙线学界贡献将不知有多大"。他们对何泽慧先生"做粒子活动的实验很钦佩"。而进行粒子物理研究的基础就是当时对质子、电子灵敏的核乳胶（干板）研制成功。

核乳胶是一种特种的照相乳胶，是原子核物理研究中一项重要的技术。当初钱三强在英国向鲍威尔教授（C·F·Powell）学习核乳胶制作的时候，核乳胶还尚未定型。实际上鲍威尔也不是自己做，而是委托依尔福（即 Iford）公司，根据鲍威尔的要求制作，然后自己再用显微镜检查改进。而在白手起家的近代物理研究所，则全部需要何泽慧和助手们动手来做。

1957 年何泽慧在 401 所图书馆

就在极其简陋的设备下，何泽慧和助手陆祖荫、孙汉城自力更生，自己摸索。到 1956 年，经过 420 多次试验，终于研制成功了对质子、α 粒子、核裂变等灵敏的核 −2、核 −3 以及探测慢中子用的核 −2 载硼，核 −2 载锂乳胶，达到了依尔福公司 C2 水平。

国际上核乳胶的制造，有两个里程碑，第一即 C2，适用于一般的核物理实验，但对宇宙线研究和高能物理就不能完全满足要求了。第二个里程碑就是依尔福公司的 G5，G5 主要是灵敏度大大提高，能够显示电子轨迹。从 1955 年开始，何泽慧与孙汉城、刘惠长就着手研制对高能带电质点灵敏的核子乳胶。在 1957 年顺利改进和制成了对电子灵敏的核 −4 和核 −5 乳胶，前者的灵敏度接近 G5，后者的灵敏度则超过了 G5。这标志着我国制造的核乳胶已达到世界先进水平。

何泽慧对中国核乳胶的发展念念不忘。她一再提及："1957 年年初，我们就有了对电子灵敏的核乳胶，那时候日本人来参观，我们一五一十地给他们讲，日本人回去后才有了乳胶，很快大规模发展，做出很大成绩，而我国的核乳胶工作被停止、消失了，真遗憾！"

培养骨干人才

钱三强认为："科学研究要有好的传统。或许，科学界最重要的好传统就是：学术与道德的统一。善良、正直、谦逊、实事求是、永远进取与创新、热忱帮助年轻一代、热爱祖国、关心人类的前途等，这些就是一个优秀的科学工作者的基本品质。"

回顾何泽慧的学术成长过程，其履历堪称完美。她自幼进入其外祖母创办的苏州振华女校学习，1932 年考入鼎盛时期的清华大学物理系。留学德国师从弹

1957 年何泽慧在 401 所实验室

道学权威克兰茨和著名物理学家盖革，德国首屈一指的实验物理学家博特引导她转向核物理研究。她还到巴黎居里实验室和钱三强一起在约里奥－居里夫妇的指导下工作。何泽慧经历了家族文化的熏陶和现代科学训练，又在世界著名科研机构领略到科学大师的学术风范。何泽慧非常注重对年轻人的培养，让这些优秀的科学传统在中国生根发芽。

随着我国核科学事业的创建并迅速发展，培养大批骨干一直是科研机构工作的重心之一。要让年轻人尽快成长来担负工作，何泽慧的特点是敢让年轻人去负责，放手，这样他们就成长得快。何泽慧早期与陆祖荫、孙汉城研制核乳胶，孙汉城回忆说："我是她手把手地教出来的，她对我很关心，也是严师"。他起初有些粗手粗脚，何泽慧就用在德国的经验教育他们："手里拿个东西，你要自己想象自己是个老太太，你抱着花瓶走路，你要慢慢地走，你不能动作太快了，动作一快就要闯祸"。何泽慧同时鼓励他们补习各种相关课程及外文，工作大胆放手地交给陆祖荫和孙汉

城两位助手做，同时又注意分析指导，抓住问题钻下去，从而使他们的业务水平迅速提高。

在领导中子物理研究时期，何泽慧要求研究室完成国家任务的同时，还要出成果、出人才。每一项工作完成后，她都要求做报告、写文章，不涉密的，经她修改后送出去发表，她对每一篇文章都认真审阅并提出修改意见。中科院院士张焕乔说："何先生总是鼓励我们年轻人要勇于进取和创新，不要迷信外国人，走自己的路，要在现实条件不足的情况下想办法做出高水平的工作。"她总是能够看到下一步的发展，及早地提醒年轻人扩展研究的领域。她让年轻人提前准备知识，积极拓展，不死守一个领域。仅统计 1959—1965 年之间的《原子能科学技术》和 1966 年的《原子能》杂志上的文章，何泽慧指导过的工作就达 21 项。但她绝不允许在作者栏上署上她的名字，而只出现在致谢中。在她的辛勤培育下，一批年轻人很快扎扎实实地成长起来了，成为我国原子能事业若干领域的骨干。

从 20 世纪 70 年代初开始，何泽慧为高能物理研究所的宇宙线研究保驾护航、引导方向，培养了两代学术带头人和业务骨干。现在高能所宇宙线、高能天体物理和空间科学技术的一批中年学术带头人和业务骨干，都是在何泽慧多年言传身教下成长起来的。她培养出我国第一个气球工程博士、第一批空间高能天体物理研究的博士。为尽快提高我国科学研究水平，她提倡开展交叉学科的研究，发展新的生长点。她反复提及，科学工作者要"立足常规，着眼新奇"，具有"扎扎实实、一丝不苟的工作态度"。

科学崇尚创新，但这些创新能力强的科研机构，往往有着好的传统，也可以说是文化。这些传统，正是钱三强、何泽慧等几代老科学家从世界著名实验室中带回种子，生根发芽。中国科学事业过去的几十年充满曲折，这些传统或隐或现，但总会开花结果。

何泽慧与钱三强

何泽慧和钱三强的名字是紧密联系在一起的，有时甚至难以分开。

在科学上，他们的研究密切结合。钱三强曾讲过："我们的结合，是科学的结

1946年7月，部分中国物理学家在剑桥合影（左起：胡济民、梅镇岳、胡宁、彭桓武、周培源、何泽慧、钱三强、吴大猷）

合。"两个人最重要的发现——重原子核三分裂与四分裂现象的发现和解释，是两个人一起完成的。钱三强最先注意到三分裂现象，何泽慧加入钱三强的团队后，发现的事例最多，并且最早找到了四分裂现象，他们的很多成果是共同发表的。回国后，何泽慧从事核乳胶的制备工作，最初这项技术是钱三强最先从英国接触到的。

两人的事业相互辉映。他们回国不久，钱三强更多地忙于科学家的组织工作，为中国原子能事业招兵买马、调兵遣将，而何泽慧始终处在关键的科研岗位上，继续着两个人的科学事业。她最早领导了原子核的物理研究，在原子能研究所，又负责最关键的中子物理研究室。他们两个人为我国原子能事业的发展和人才培养都做出了不可替代的贡献。

两人的命运沉浮与共。他们在清华相识，共

1973年2月，钱三强和何泽慧（右）在共同讨论和撰写《原子能发现史话》一文

同学习、感知国家的危难、都前往欧洲，在那里度过了艰苦的战争岁月。两人结合后，一起从事科学研究，一起回国创业，经受了历次政治运动的风风雨雨。"文化大革命"期间，钱三强被下放劳动，何泽慧也申请一起前往。我记得有这样一个场景：在那片荒凉的土地上，两个人看到天上的星空，想到天空也是一个大的实验室，两个人制作简陋的仪器，观察彗星的轨道。他们都 50 多岁，在人生最好的年纪，没有了实验室。但我们看到了他们面对命运的坦然、平和，他们性格中的简单、纯粹。

与钱三强在中国科技史上的崇高地位相比，何泽慧的光芒是否被掩盖了呢？一次记者问她："被介绍为钱三强夫人，你有什么想法？"她毫不客气地回答："有人要介绍钱三强夫人我根本不去。"何泽慧一贯主张男女平等，不要怕社会上的习惯势力，为争取女性权利进行着不懈的斗争。而在工作上，何泽慧更是严格要求自己。在法国与钱三强合作时，她就以其敏锐而细致的观察能力赢得了他的赞叹。而回国后，她始终处于科研的第一线，甚至可以说始终在关键的研究岗位上。新中国核物理研究起步阶段，她领导了原子学研究所的实验方面工作。近代物理研究所成立初期，她负责"云室与照相板组"，不久负责研究所四大方向之一的"原子核物理组"，她亲手研制核乳胶。研究所重点转向原子能后，苏联援建反应堆和加速器，何泽慧在赴苏联的"热工实习团"中负责关键的加速器及反应堆上进行核物理实验研究方面。她领导"中子物理研究室"（二室），参与核武器研制任务。1961 年后，何泽慧负责研究所四线一片中的"物理线"。1964 年后担任副所长。1973 年高能所成立，她任分管宇宙线的副所长，该领域在很长一段时间内是研究所唯一能够开展实验研究的领域。

作为中国原子能物理事业的开创者，何泽慧在不同岗位上，不仅出色完成了科研任务，还发展学科，培养了大批人才。她的功绩将永远被人铭记！

在何泽慧生命的最后岁月里，

2006 年中秋节

时任总理温家宝每年都要拜访她。温家宝对她说："您为国家做过贡献，国家和人民没有忘记您。这就是我每年来看您的原因！"

相关阅读

何泽慧：沿着不同的道路 [①]

M. Fidecaro   C. Sutton [②]

1911年居里夫人获得第二个诺贝尔奖，再没有别的女物理学家赢得过这样的世界性赞誉。何泽慧20世纪40年代曾在巴黎的居里实验室工作过，后来在她的祖国——中国成为核物理事业的一位领军人物。

在她所有的管理岗位上，泽慧都集中精力发展祖国的核物理研究，几乎涵盖了从创业到当前的各个阶段。例如，1956年她带领团队成功制成了接近世界最先进水平的核乳胶，分别对质子、α 粒子和裂变碎片灵敏。

1955年是一个重要年份，中国政府决定发展原子能。钱三强担负起创建核工业的主要责任，1958年，在苏联的帮助下，中国首个反应堆和加速器开始运行。何泽慧领导了近代物理研究所（后改名为原子能研究所）的中子物理研究室，对建立基础实验室设施、设计制造测量仪器，并研发各种类型的设备做出了重要贡献。

1966年前后，何泽慧因"文化大革命"从公众视野中消失了。直到1978年情况才有所改观，那一年她作为政府代表团的一名成员访问了阔别30年的德国。几乎同时，钱三强率领的中国代表团访问了欧洲核子研究中心——在那里超级质子同步加速器刚刚开始运转，稍后又访

[①] 本文由译者刘晓经原作者允许后，节译自《欧洲核子中心快报》（*CERN Courier*）2011年第12月期第29～31页。

[②] Maria Fidecaro，意大利女物理学家；Christine Sutton，《欧洲核子中心快报》期刊主编。Fidecaro，M&Sutton，C. 2011. Zehui He：Following a different road. *CERN Courier*. Nov. 23.

问了美国及其他一些国家，为提升国际科学合作而辛勤奔波。

经过不懈努力，北京正负电子对撞机启动了，1988 年 10 月 16 日实现首次碰撞。期间，何泽慧在高能所分管宇宙线和天体物理研究室，促进了该领域的研究。在她的发起和推动下，通过国内和国际合作，高能所以前的宇宙线研究室在西藏甘巴拉山上建造了世界上海拔最高（5500 米）的核乳胶室。而且，研究室从零开始在北京附近发放越来越大的科学探空气球。与 1970 年中国第一颗人造卫星同步，探测空间硬 X 射线的技术也发展起来。和以前一样，在何泽慧的主持和影响下，数代年轻的研究者很快成长并成为中国核物理和空间科学的带头人。

在钱三强（1913—1992）逝世近 20 年后，何泽慧于 2011 年 6 月离世。直到几年前她仍坚持全天工作，保持着她一向珍视的高标准。她热爱她的祖国和科学，现在她已成为了二者的象征。

李敏华：展翅长空绽芳华

■ 毛天祥　王柏懿（中国科学院力学研究所）

李敏华（1917—2013），固体力学家，中科院院士。1917 年出生于江苏苏州。1940 年毕业于清华大学航空工程学系。1945 年和 1948 年先后获得美国麻省理工学院硕士学位和博士学位。1949—1951 年在美国国家航空咨询委员会（NACA）路易斯发动机研究中心任研究科学家，1952—1954 年在美国布鲁克林理工学院机械系任研究教授。1954 年回国，先后在中国科学院数学研究所力学室及中国科学院力学研究所任研究员，曾任力学所固体力学研究室主任。

她是中国塑性力学的开拓者，在塑性问题的解析方法、结构强度、疲劳失效机制等方面做出了重要贡献，并培养了一批优秀的力学人才。1956 年获国家自然科学三等奖，1978 年获中国科学院重大成果奖。曾任中国力学学会常务理事、副秘书长，航空学会常务理事，《力学学报》《航空学报》和《固体力学学报》编委。先后当选为第三届全国人大代表，第六届、第七届全国政协委员以及全国妇联执委。

一颗矢志不渝的爱国心，一份开拓创新的责任感，李敏华把毕生精力献给了祖国的航空事业。她这一生所体现的默默奉献的品质、孜孜以求的精神、甘为人梯的情怀，无不绽放着美丽芳华，堪为后人典范。

麻省理工学院首位工科女博士

1917 年 11 月 2 日，李敏华出生于江苏省吴县，幼年时曾在振华附小读书，后随家人迁居上海，1935 年从务本女中毕业后考入清华大学。1925 年的"五卅惨案"、1931 年的日本侵略东北三省以及 1935 年的"一二·九"学生运动，都给李敏华留下了深刻的印象，使她立志以己所学报效祖国。1940 年，李敏华大学毕业后留在航空工程学系任教。4 年后她与丈夫吴仲华一起赴美留学，就读于麻

省理工学院（MIT），并先后在 1945 年和
1948 年获得了硕士和博士学位，论文题目
分别是"用散射光弹解轴扭转"和"亚谐
振动的解法"，都获得很好的结果。

　　那时的美国对妇女还很歧视，她在选
读博士时，麻省理工学院机械系负责本科
生的教授就说："我不能看到机械系有女博
士"。幸好负责研究生工作的苏特勃教授支
持她。读博期间，李敏华选修了热力学课
程，她的老师肯能教授在一次总结考试结
果时说："这次考题很难，很多人不及格，

吴仲华和李敏华在美国留学期间合影

第一名考 95 分，是吴夫人"。30 多年后，当 1979 年中国学者访问 MIT 时，她
的老师还记得此事，说："一个小个子女孩子打败了所有男孩子！"况且当时的
李敏华还有两个儿子需要照顾。她后来回忆说："我之所以能够学成，是由于有
学成后回国服务的坚定信念；也是和吴仲华帮助照顾孩子和分担家务分不开的。"
当李敏华终于成为麻省理工学院第一位工科女博士时，波士顿报纸在报道该届毕
业典礼时特地提到："中国的李敏华，几个孩子的母亲，证明妇女可以与男子一
样，获得博士学位"。

李敏华带着两个儿子在学校教学楼前玩耍时留影

　　李敏华不仅在 MIT 攻读学位时，一边学习一边照顾孩子，1975 年她的小儿子病重期间，以及 1988 年初吴仲华肝癌手术后到 1992 年病故期间，她也是一边工作一边照顾病人。李敏华用实际行动展示她如何处理学业、工作和家庭的关系，不愧是妇女科技工作者的典范。

毅然回国开拓中国塑性力学

1948 年李敏华着博士服在麻省理工学院大礼堂前留影

　　为了取得科研工作的实际经验，李敏华决定和吴仲华一起应聘到美国国家航空咨询委员会（NACA）的路易斯飞行推进实验室工作。她在强度研究室任研究科学家，进行塑性力学的研究。

　　朝鲜战争爆发后，他们立即离开 NACA 转到美国布鲁克林理工学院（PIB）机械系工作，为回国做准备。其时，李敏华夫妇均已进入科学研究的"如日中天"境地。李敏华发表了数篇 NACA 报告，还在 1950 年秋举办的第三届塑性年度会议宣讲了重要论文《论应变硬化区中轴对称平面塑性应力问题》，从而奠定了她在塑性力学领域里的地位。鉴于学术上的成就，她被遴选为西格玛 Xi 学会的会员，这是优秀青年科学家才能够得到的一项崇高荣誉。

　　尽管他们工作如意、生活富裕，而且有关方面一直要求他们加入美国国籍，但他们并没有忘掉自己学习工程的主要原因，一心回国参加建设。当时，美国政府对在大学工作的中国理工科留学生的回国事宜横加阻挠，李敏华夫妇历经数年努力，尝试过出国参加学术会议、到印度等地找寻工作、争取联合国的亚洲工程项目以及赴港省亲等途径，均未成功。最后决定以暑期旅欧名义出行，而且特地选择了星期日乘飞机离美赴英的方案，这才避开了移民局的纠缠。1954 年 8 月，李敏华一家终于离开了美国，绕道西欧、苏联，并于 11 月通过满洲里回到了祖国。

1956 年冬，力学所塑性力学组合影（后排右四为李敏华）

当时的新中国百废待兴，周恩来总理接见李敏华夫妇时亲切地讲道："像你们这样年轻的科学家夫妇，我国还很少，你们要好好工作"。这给了李敏华夫妇很大鼓励，他们也是一直这么做的。从 1955 年秋开始，李敏华以极大的热情投入了钱学森和钱伟长领导下的中国科学院力学研究所的创建工作。作为高级研究人员，她担任了力学所设立的四个研究组之一的塑体力学组组长，成为我国塑性力学的开拓者。

20 世纪 50 年代中期，塑性力学在我国尚属空白，她便和王仁、杜庆华等学者一起，携手培育塑性力学的研究人才。他们在力学所精心组织塑性力学文献讨论会，通过集体学习方式，高效率地吸收国外科研成果和工作经验。参会者除了有关院校的著名学者外，还有力学所塑性组的年轻学子。李敏华特别安排年轻人参加文献调查和讨论会，使大家从实践中学到科学知识并了解做研究必须具备的科学态度和基本功。随后，李敏华又在钱学森倡导成立的工程力学研究班以及中国科学技术大学力学系开设塑性力学课程，为我国塑性力学事业造就了一支中坚队伍。

矢志不渝结硕果

李敏华从年轻时代起就立志理工救国，决心投身航空事业，并取得了一系列重要成果。

一是独特构思有效地求解航空发动机强度问题。20 世纪 50 年代初，航空发动机强度是一个挑战性的前沿问题。李敏华卓有成效地将塑性力学应用于飞机发动机旋转盘的设计，为解决发动机强度问题做出了独特的贡献。她在 NACA 路易斯飞行推进实验室工作时，进行圆形薄膜在侧压作用下考虑材料硬化的塑性应力应变分析工作，采用形变理论，通过无量纲变换和引进任意常数的巧妙构思，从而不需要迭代可得到精确解。在当时计算机尚不发达的情况下，这种可用于轴对称平面应力问题的方法是非常有意义的。对此美国学者斯托威尔评价道："在求解应变硬化材料塑性应力分布时，几乎不能精确地求解。而对于轴对称问题，作者（李敏华）得到的解就属于精确的或近乎精确的解……即使是在非常简单的圆孔薄板的一维情况，要同时满足协调方程、平衡方程、应力应变关系和边界条件，也不是一件容易的事。由于作者非常巧妙地引进了任意常参数，作者相当精确地满足了上述条件。"他最后说，"作者提供了一系列精确解的典范，这是她的特殊贡献。"回国以后，李敏华又通过计算对上述工作进行了推广，研究了材料的应力应变曲线对于塑性平面应力问题解的影响。相关工作获 1956 年中国科学院自然科学奖（国家级）三等奖。

二是研制试验航天烧蚀材料的瞬时加热加载装置。1958 年，中国科学院以力学所为主成立了负责人造卫星运载火箭总体设计和发动机研制的第一设计院，李敏华被聘为高级研究人员，她不仅参与了相关研究工作，甚至和年轻人一样过着集体生活。由于卫星回地时，重返大气层会遇到高温高速气流冲刷，需要研制耐烧蚀材料及燃烧实验装置，1959 年，李敏华作为研究室副主任，接受了筹建燃烧实验装置的任务。她提出了炽体引燃方法，在不到半年的时间内，课题组便在国内首次实现了驻点温度超过 1000℃的高温实验。科学院副院长裴丽生亲自带了化学所研制的抗烧蚀材料来做实验，钱学森所长也带了力学所中层干部来参观。随后，在组织航天预研项目工作中，李敏华又亲自指导建立瞬时加热加载的材料试验机装置，提出了应变测量方法，并与研究组内科研人员一起调研了加热方法、确定了实施方案，终于在国内首次研制成功了瞬时加热加载材料试验机，并得到了试件试验段瞬时的均匀温度。研究组被评为先进，相关工作引起了航天有关部门的高度重视。

三是发展新解法分析航空发动机涡轮轴断轴故障。20 世纪 70 年代初，针对航空发动机涡轮轴断轴故障，李敏华承担了在扭矩作用下喇叭轴应力分析工作，

1974 年冬，李敏华（左一）与钱学森等在力学所

针对问题的症结需要得到小凹槽高应力集中区域的应力应变值。她提出变截面轴扭转问题的一个新解法，推导出在任意非正交曲线坐标系中变截面轴扭转问题的平衡和协调方程，用任意非正交曲线坐标和差分法求解应力函数，从而通过计算得到了全轴的等应力函数线和剪切应力分布，并给出了小凹槽边任意点的应力。这种新解法收敛性好，所需计算容量小，应用方便，便于编排通用程序，计算量较有限元法少，而且由于采用了任意非曲线坐标，因此适用于解决复杂曲线边界问题，提高了通常用的差分法的适应性和灵活性。那时，她已近六十岁了，仍常常扑在桌上看一张张大大的涡轮轴工程图，不时与航空部有关工厂研讨修改设计参数方案，然后再做数值模拟试验、与实验数据比较，反复核验计算结果，终于获得了航空部"这正是当初故障研究所需"的评价。鉴此，这项工作荣获 1978年中国科学院重大成果奖。

四是倡导学科交叉开展材料疲劳研究。李敏华参加航空发动机涡轮轴断轴故障分析会后，深深感到疲劳问题的重要性，便将自己的的研究方向从应力应变分析转向疲劳问题研究。她认为应当和材料科学家配合起来，从宏微观结合的角度研究疲劳机制，于是主动与中国科学院金属研究所的王中光教授等人密切合作，共同观察，一起分析，解释实验中出现的新现象。为了解在疲劳加载过程中试棒内部的变化，她不顾"自己的疲劳"而开展低周疲劳的实验研究。为了保证试验件的质量和试验结果的可靠性，她不顾年事已高，亲自到南昌航空工业部的飞机工厂安排加工。她采用圆孔薄板铝试件来研究应变分布变化规律，得出了应变协调起到主要作用的结论。除了开展实验，她还提出用全量应力－应变关系和分段幂函数近似实际疲劳循环曲线的模型，所得到的计算结果和实验结果比较相当一致。同时，李敏华又进行了超载对圆孔铝合金薄板试件疲劳寿命影响的实验研究，重点研究拉－拉低周疲劳，得到了超载 60%、疲劳寿命增加 3～4 倍的结果。直到年届八十高龄，她还亲自指导研究生从事疲劳研究。

李敏华在主持国际学术会议

为推动我国疲劳研究工作的学术交流，从 1982 年开始，李敏华发起组织了两年一届的全国性疲劳学术会议，由中国力学学会和航空学会联合轮流召开，以后机械工程学会和金属学会也先后参加，最终发展成为 4 个学会联合轮流主持。这样就构筑成一个跨学科平台，强化了力学工作者与材料科学家、理论研究与试验研究相结合，以及宏观研究与微观分析相互结合的趋势，推动了疲劳研究的学术交流。

甘作人梯化春蚕

李敏华对年轻学子的培养，很是花费了一番心思和精力。每位年轻人分配到研究室、课题组来，她都亲自谈话，了解业务基础、兴趣爱好等情况，以此来确定各人的工作方向。特别是在建所初期，她首先设法使年轻人具备研究塑性力学

李敏华（中）和研究生、助手在新到的试验机前留影

必要的基础知识，如固体力学、应用数学、试验技术等，并言传身教培养大家的查阅文献能力。她安排年轻人去北京大学数学力学系及清华大学工程力学班旁听相关课程，让他们参与各种学术会议，还为每一名年轻人聘请一位高级研究人员进行指导，使青年学子迅速成长起来。1978年，研究生制度恢复招生时，李敏华招收了8名学生。她对这些研究生的学业要求十分严格，选定了线性代数、常微分方程、数学物理方程、计算方法和张量分析等作为基础课，又指定了弹性力学、振动与稳定、塑性力学和有限元方法作为专业课。由于学生都是学业荒废十多年之后重新拿起书本的，学习相当艰苦，几个学生曾一起商量让李敏华先生免考塑性力学，但她没有同意，并用自己在麻省理工读博士的经验告诉学生：学完一门课程，只有经过考试，才能有深刻的记忆。

和严谨甚至苛刻的学术作风成鲜明对照的，是她对弟子们"祖母式"的关怀。当年，由于户籍政策，不少研究生们都是长期两地分居，有的达七八年之久，她特别同情两地分居的困难，多次和所里商量，寻找解决的办法。身为女性，她对女弟子、女助手格外关心，经常与她们探讨如何处理学业、工作和家庭的关系。

作为著名的固体力学家，李敏华在事业上奋力求索，在生活上充满情趣。她很爱种花，办公室和家中的窗台上都摆满了她亲手种植浇灌的花，有吊兰、海棠、蟹爪兰，还有各式仙人掌。她常常说："科研工作出成果很慢，需要做一些像种花这样易见成果的事。"正如鲜艳美丽的花儿，李敏华的一生也充满精彩，绽尽芳华。

相关阅读

关于中学生活 ①

当我在初中三年级的时候，"九一八"事件发生。我记得很清楚，这消息传来是在晚上自修课的时候，那时我们年纪较小，禁不住事，大家在自己的教室里哭起来了。我们非常愤恨，政府居然毫不抵抗地撤出整个东北。这时曹一华先生走进教室，他用很响、很严肃而气愤的口吻说："你们哭什么！哭又有什么用！你们应当用行动表示"。之后他还继续讲了一些，说我们应当采取行动，应当向政府抗议，应当要求政府抗日。第二天学校在礼堂外的操场召开了全体（中小学）大会，校长给我们做了很长的演讲，她说我们应当向政府要求抗日，同时要排除日货及洋货，要训练自己来参加武装中国等。我和同学们参加了上海的学生运动，包括罢课、游行、示威和分组出发宣传抗日及排除日货等工作。同时，学校开始了军事训练，开了抗日运动展览会，将学生制服改用国产土布……

在高中，我们参观了在上海的工厂，如制钙厂、酒精厂、味精厂、纺织厂等。那时，排除日货洋货的情绪很高，所以我希望学习工业化学，这样将来可以直接参加生产工作。所以和一位姓林的同学，决定学工业化学。但我们觉得为了好好地充实自己，当先念化学，再转化工。

---

① 本文摘自 1955 年 5 月提交的《自传》。

关于大学生活

我的大学初期，有很多事件影响到我的思想。那时日本制造的事件愈来愈多以及冀察政委会的成立等等激发了各地的学生运动。我在清华大学念书时，有机会参加了"一二·九""一二·一六"以及其他多次的游行示威运动。当时的各种情景，像冲击西便门、前门开枪后再集合、追悼郭清罹难、追悼郭清游行后持有手提机关（枪）的军警殴打同学以及同学被捕、警察及带大刀的宪兵来校捕人等等，都一直很清楚地记着。这说明了那时蒋介石政府的腐败无能，而另一面说明了群众力量的强大和群众意志的坚定。这种情景的记忆在我以后遇到困难时给我以极大的鼓励，同时增加了我克服困难的力量……

到昆明后，学校开办了航空工程学系，由机械系同学转入。我在抗战期间看到空军的重要，深感航空工程的需要，因此和其他的九位同学一同转入了新办的航空工程系，我所学的注重飞机结构。在这一个时期中，我们安心学习，希望将来能为国家多多工作。但是慢慢地看到抗战不够积极、蒋介石政府人员的腐败贪污、商人的囤积走私、物价高涨以及其他等等不公平的现象……我们又大大地失望。我们很感苦闷，因为学习工程的常在一起讨论，觉得在政治不上轨道的时候学习工程是错误的，当从事政治工作。但我们平时对社会科学方面的学习又少，有无从着手之感，结果只能仍然向工程方面继续努力。我们想至少应当充实自己，等将来政治上轨道时，可以尽我们最大的力量工作。

关于留学生活

1944年2月抵美，休养至7月，入麻省理工学院研究院，进修工程力学（因那时该校航空系飞机结构方面研究院课程和导师远不如机械系工程力学方面的好，并且工程力学更较飞机结构为基本，将来应用较广）。1945年修毕工程力学硕士。那时健康大部恢复，只较弱而已。继续进修工程力学博士，1948年完成。在这四年的初期，我们有了两个孩子。因此，对我的工作负担增加极多，对经济负担也增加不少。同时，很多人觉得女子在结婚后不能也不需要念书。所以在这种经济和舆论的双重压迫之下，度过这个时期也很不容易的。但是，我选择学习工程和赴美留学的原因是很清楚和肯定的，是那么多年的实际环境所造成的，因此我的意志很坚决。

关于在美工作

1947 年春，我的爱人吴仲华在麻省理工学院完成博士学位，而正好那时美国航空研究所（NACA）需要有博士学位的人做研究工作。吴仲华与航空研究所派来麻省理工接洽的负责人（Dr.Batdof，是一位物理学博士）谈后，那负责人积极欢迎吴仲华去工作，并且在知道我正在做博士论文后，盼望我能在完成博士学位后亦立即去该所工作。那时我们因国内非常混乱，蒋介石政府腐败到极点，解放战争刚在东北开始，我们认为除非回国直接参加解放战争，不然能在美学些实际研究经验，对于将来回国参加建设工作时将有帮助。我们决定在航空研究所做一段短期的研究工作。我们觉得我们已经在所学的方面花了很多的时间，仍继续往这方面努力，也许成效更大些。

关于回国工作

虽然我们的工作地位及条件都很好，虽然我们的工作性质很适合，虽然我们的私人生活很富裕（我们的收入远超过美国薪水阶级家庭收入的平均值），虽然美国政府对中国学生离美的阻挠极严，但我们没有忘掉使我们决定学习工程的主要原因，没有忘掉在学生时代所目睹的一切事件。我们更清楚地看出新中国的一切是中国人民盼望已久的境地实现。所以，我们坚决地试探及进行了很多有可能性的离美计划。

王业宁：不待扬鞭自奋蹄

■ 王彦煜　高天平（北京理工大学）

　　王业宁，1926 年 10 月 14 日出生于安徽安庆，籍贯安徽六安。1945 年考入中央大学物理系，1949 年以优异成绩取得学士学位，同年被南京药学院（现中国药科大学）聘为助教，次年调入南京大学物理系任教。1953 年赴沈阳金属研究所从事内耗研究工作。1954 年回到南京大学，在物理系创建了金属物理专门化内耗实验室。王业宁拼搏进取，获得了一系列大奖：1964 年获国家经委、计委、科委颁发的工业新产品三等奖；1978 年获全国科学大会奖；1982 年获国家自然科学奖二等奖；1990 年获教育部科技进步奖一等奖；1991 年获国家自然科学奖四等奖；1994 年，南京大学固体微结构物理国家重点实验室被评为11 个先进集体之一，王业宁当选为先进个人，获得了象征"不待扬鞭自奋蹄"精神的金牛奖；2000 年获何梁何利基金科学与技术进步奖。王业宁 1991 年当选为中国科学院院士。曾任第八、九届全国政协委员。

■ 女人当自强

　　王业宁出生于旧官宦家庭，父亲王厚斋曾历任江西、云南等十余省高等审判厅厅长、国民党司法行政部司长、行政法院庭长等职，地位显赫、为官清廉。其父病死台湾时，蒋介石亲笔书写"勤慎廉明"四个大字，送匾吊唁。王业宁父亲起先认为男儿才能读书成才，养女不求成大器，唯望她清白于世。因长女名业莲便为她起名业菱，寓意女儿像菱藕、莲花出淤泥而不染。但菱角又有出头露角的秉性，或许就此赋予了王业宁自强不息、敢为人先的性格特点。后父亲希望她事业安宁，改名业宁。王厚斋是位严父，他信奉"头悬梁，锥刺股"苦学成才，有真本事方可立足。王业宁说："我的父亲自幼刻苦攻读，曾被清政府挑中出国留学，在国民党时期做了官。然而，政治的腐败使他十分后悔自己的选择，所以他一直反对子女搞政治，希望我们走理工科道路，为社会做点贡献。我的两个哥哥未能如父亲所愿，所以，老人家一直把希望放在我的身上，从小就鼓励我样样争第一。"王业宁自幼耳濡目染，刻苦勤学。

王业宁从小被亲戚们称为小才女。即便是在动乱年代四处辗转求学时期，不论是在上海、南京，还是在汉口、乐山，她的成绩始终名列前茅。在中大附中读书时，还有个有趣的故事：课堂上，若是老师盯着王业宁时露出无措和歉意的表情，肯定是老师出错了。所以，当时就有"王业宁咳一声，先生也要抖一抖"的笑谈。读高中时王业宁听说中央大学难考就去考，结果一考即中，被该校医学院录取，她没有去报到，因为那不是她喜欢的专业。又听人说从中央大学物理系毕业的女生才是凤毛麟角，她再一次报考，终于得偿所愿。

1949 年王业宁毕业于国立中央大学，身穿学士服

敢于迎难而上、挑战自我、拼搏进取的精神深深植根在王业宁的骨子里。从考试成绩力争第一，到考取最难考的院校，乃至到后来科研上的屡破难题、走在学术前沿，这种一生争当人杰、女人当自强的追求精神是她不竭的动力源泉。王业宁这种个性的形成与她成长的家庭环境有着很大的关系，尤其当她看到自己家庭中女性的种种遭遇，使得小小年纪的她就悟出了"女人当自强"的道理。王业宁的母亲目不识丁，在经济上依附于父亲，对丈夫言听计从。然而好景不长，父亲很快让她独居故里，使得她终年郁郁寡欢。她向女儿哭诉："男人对女人只有婚后一两年的恩爱。女人绝不能依靠男人。"王业宁的姐姐虽受过新教育，但在父亲的严令下，还是服从包办婚姻，嫁给了南昌的一位富户。生活虽优裕，可大家族复杂的人际关系令其姐精神备受折磨，有苦难言。眼见这样的例子，王业宁立志一定要由自己主宰自己的人生。这需要顽强的斗志、自强不息的勇气和永不言弃的毅力。正是这些珍贵的品质一直伴随着王业宁，并在关键时刻发挥了重大作用。

对于王业宁，人生的第一个重要转折就是 1948 年底 1949 年初，国民党政府正忙于迁往台湾，王父带着全家人从南京到了杭州准备赴台。当时国民党让中央大学迁校，可中央大学一直没迁，1949 年 2 月照常通知所有学生开学。当时的王业宁已经大四，还有半年就毕业了，是跟随家人去台湾，还是留在大陆继续完成学业？最后，她决定瞒着父亲从杭州一个人跑回南京。她选择了一条"叛逆"之路，她认为国民党没有希望，已是穷途末路。在校园进步思潮的影响下，王业宁的政治信念很坚定，还有她也舍不下自己的学业，想着无论如何要把它学好！母亲在这个关口表现出了平时少有的刚强，拿出自己的私房钱、首饰，瞒着丈夫在车站送走了女儿。杭州一别，王业宁与父母就此永别，几十年再未见面，直到她1998年去台湾讲学，那时父母和哥哥都已去世，王业宁只见到了嫂嫂和哥哥家的孩子们，这成了她此生永远的遗憾！

1949年，23岁的王业宁选择独自一人留在大陆，完成学业，参与新中国的建设。这是她人生非常重要的节点，展现出她作为一个女性非凡的勇气、坚定的决心和对科研的热爱！王业宁曾这样表达这种热爱："从中学时代我就迷上了物理，光声热电的世界太有趣了！"从此她一心扑在科研事业上，以她的坚韧、执著、敢拼敢闯、自强不息的精神锐意进取，屡创佳绩。

1991年，王业宁当选中国科学院院士时，在台的哥嫂来信祝贺，信中写道："得知你当选了学部委员，我们全家非常高兴。这对我们来说，是几十年里最好的消息。我们王家的智慧在你这里表现出来了。"这句夸赞也正印证了"女人当自强"啊！这信念也渗透在王业宁对自己女儿的教育中，她将对女儿的要求总结为一句话，那就是："女人当自强，女人要自立"。

"她做什么就能成什么"

1949年，王业宁以总分第二名的优异成绩毕业并获得物理学士学位。1953年，王业宁被校领导推荐到沈阳金属研究所进修，在那里她得到了我国著名物理学家葛庭燧老先生的悉心指导。这次进修奠定了王业宁一生科学事业的高起点，她确定了自己的研究方向——金属物理与内耗。返回南京后，她就在南大物理系创建了内耗实验室，从此投入到固体中相变与缺陷内耗的研究，也开启了自己几十年不平凡的科研生涯。

王业宁搞科研从来不因循守旧，也不跟在别人后面亦步亦趋。一开始她就选择了前沿复杂课题入手。1957年，她在一次铁锰合金实验中测量到内耗曲线上共出现了三个内耗峰，经过反复试验分析，初步断定两个内耗峰是马氏体相变过程引起的。1957 年 8 月，她在《科学通报》1957 年第 17 期上发表了《铁锰合金中可逆马氏体式相变所引起的内耗峰》一文，在马氏体相变研究上初露锋芒。

一年多以后，1959 年上半年，王业宁就登上了自己的第一座物理学高峰。王业宁用自己改进的"葛氏摆"测量两种铁锰合金和一种铜铝合金的内耗。她首次创造性地把葛氏摆应用到新的领域，用它来研究相变机理。她观察到内耗峰值随温度的升降速度和应力的增加而增高，随震动频率和含碳量的增加而减低。瞬态内耗与一个震动周期内马氏体的转变量成正比。在金属物理中这是一个很重要的结论，这个结论早已经写进了专业教科书，在国内它被称为"王氏定律"。1959 年 7 月，王业宁在《物理学报》第 15 卷第 7 期上发表了《马氏体式相变过程中引起的内耗变化》一文，论述了这一重要成果。然而 20 世纪 50 年代我们国家还处于被西方国家封锁的时期，与国外交流很少，科研文章大都在国内发表，外国人也看不到。整整 10 年之后，法国科学家德劳曼（Delorme）也独立发现了这一定律，国际上称之为"德劳曼定律"。王业宁阅读相关文献时发现，这个"德劳曼定律"就是她 1959 年总结的规律，她将自己 1959 年发表的论文寄给了国外同行专家。鉴于这个定律是两个人各自独立发现的，后来国际上把"德劳曼定律"改为"王－德劳曼定律"。

1963 年，为了更深入地进行相变、缺陷有关的内耗研究，王业宁主持建立了我国第一台压电组合振子高频内耗仪，极大地扩展了测量内耗的频率范围。当时科研经费少，即使有钱也买不到所需要的设备，所以她经常自己动手设计制造实验用的仪器，这些仪器在科研上发挥了很大作用。

三年以后，"文化大革命"来了，学校停课，实验室关门，王业宁来到农场参加劳动，一干就是好几年。

到了 20 世纪 70 年代初，国内高校恢复了一些教学科研活动，实验室刚一开门王业宁就迫不及待钻了进去，继续搞起了研究。从这一时期起，为了追踪国际学术最新动态，在冯端先生的决策下，王业宁的专业方向从金属物理向晶体物理转轨。她主要用超声衰减的方法来研究更广泛的固体材料。这期间国际科学界出现了两个重大进展，一个是半导体的兴起，另一个是激光器的兴起。这两个新兴研究方向吸引了国内很多人投身进来。王业宁敏锐地发现了自己的研究领域和这两项技术的结合点。她把自己擅长的超声衰减技术融入进这两项技术，仅用几个月的时间就做出了国内第一台声光调 Q-YAG 激光器，震动了当时国内物理界。这也是她一个很重要的成就。王业宁的学生张清明今天回忆起这件事仍是非常感慨："那时候经过'十年动乱'，国内的科学技术跟国外差距很大，包括科研文献、信息的获得都很困难，所以在那种情况下，王先生能够把这些东西给做出来，那是相当不容易的。"

20世纪80年代中期，为了确立内耗与畴结构变化之间的定量关系，她指导研究生研制出了一种特殊的显微镜，这种显微镜不需破坏组织结构，仅通过施加外力使研究对象震动起来后，一面测量它的内耗，同时可观察到界面畴结构的变化。这又是王业宁的一个重大贡献。列宁格勒大学 Nikanarov 教授在第九届国际内耗与超声会议上听了王业宁所做报告后，拓展了这种仪器的功能，取得了新的成果。

王业宁在内耗方面还有一个突出贡献，是把原用于高分子与非晶材料领域里面的耦合弛豫理论应用到金属材料内耗的研究中，她用里面气团之间的耦合模型来解释金属内耗里的斯洛克峰现象，使得试验结果和理论上结合得很好，为各派长期研究、莫衷一是的冷加工峰的激活能问题找到了合理答案。这在内耗界得到高度评价，认为这是一个新的更加合理的解释，后来国际同行把它称为"王模型"或"王氏理论"。

王业宁在南京大学固体微结构物理实验室指导学生做实验

从 1987 年开始，王业宁的研究方向转向了高温氧化物超导体中类相变这一国际热点课题。她用内耗力学弛豫、超声衰减、电镜观察、电性能测试并配以计算机模拟等综合手段发现，在超导转变前某个温区范围内，出现了晶格不稳定现象。王业宁首先发现了这个现象及其与超导电性间的联系，得到了国外专家的实验确认和高度评价。

进入 20 世纪 90 年代，王业宁投入到对铁电材料的研究中，她的研究角度到目前为止也是非常新颖的，这让她的学生今天提起来都非常佩服。她从铁电畴的动性、动力学机制的角度去研究铁电，这是非常难得的，因为这个角度是非常难的，但至今仍然是热点。

王业宁学术造诣精深，著作丰硕。她先后在国内外一流学术刊物和国际学术会议上发表论文 200 余篇，被引用达 500 次以上，1990 年被国外评为超导领域论文被引用率最高的 143 位作者之一。她多次应邀到美国、日本、瑞士、意大利、苏联等十几个国家讲学，20 余次受邀在国际会议上做专题报告，并应国际权威刊物之邀撰写了多篇有关高温超导的评述文章。她还参与编写了著名教材《金属物理学》（上、下册）及《晶体缺陷和金属强度》等著作。

业内人士普遍认为王业宁在层状化物理学、凝聚态物理材料，尤其是材料物理学方面为国家做出了相当大的贡献！她是大师级的专家！中科院院士、原固体物理微结构国家重点实验室主任冯端教授曾高度评价王业宁："她做什么就能成什么，想做什么没有做不到的。"

纵观王业宁几十年的科研历程，她的成功有什么秘诀吗？快人快语的王业宁这样说："我没有留过洋，不很聪明，但很勤奋。如果说我做一样成一样有什么奥秘的话，那就是对事业全身心投入和锲而不舍的长期积累。"

■ "时间总是不够用"

王业宁忙，几十年如一日地忙，几乎没有寒暑假、不休星期天，可她还是说："时间总是不够用"。她醉心科研，丝毫不觉得苦。在极度勤奋带来的深厚积累基础上，使她对物理的悟性特别好，对学术研究中诸多问题的看法总是有一种走在别人前面的"直觉"，并且融会贯通，这是很高的境界。

大家不知道的是大学时代的王业宁非常活泼，喜爱跳舞，当过团支部的宣传委员、工会女工委员。然而，走上科研岗位的王业宁不再迷恋于文艺活动或舞会，而是整天泡在实验室里做实验。疲乏的时候她会静静听上一段古典乐，尤其喜欢《蓝色多瑙河》《维也纳森林的故事圆舞曲》，百听不厌，从中获得放松、激发灵感。

百分之一的灵感具备了，百分之九十九的汗水是任何一个成功人士都必须要付出的。王业宁惜时胜惜金，她孜孜以求，极为勤奋。

正是因为王业宁将精力都用于科研，为了节约时间，她每晚烧好第二天的菜，养成了常年吃剩菜的习惯！她投入在子女身上的时间也是少之又少。1959年，30岁出头的王业宁即将临盆，她不听医生和丈夫的劝告，拖着沉重的步子赶往北京参加数学物理学术会议。会议结束，王业宁回到南京便住进了产房，生下了她的第二个孩子。王业宁的丈夫回忆这段往事时道："20世纪50年代的时候，她是助教，我也是助教，工资都很低。她生完孩子后没有奶，必须得请一个奶妈给孩子喂奶，家里头她忙，我也忙，根本没人管孩子，所以后来她说用钱买时间。那时家里多的时候请了两个保姆，一个带小孩喂小孩，另一个帮我管家里的一些杂事。等于我们两个人的工资加起来一半以上是给保姆的，我们自己生活得很简单。这就是她当时所说的——用钱来换时间。"

王业宁甘于过最清贫朴素的生活，无暇照顾子女、没空打理家务，更没兴趣逛街买衣服……她把能挤出来的一点一滴的时间都留给了科研、都用在了实验室里。她有时间就看书，待在实验室，在家里都很少待。即使在家，她与丈夫也多是在各自的书房里读书看资料，互不干扰。

20世纪80年代末到90年代初的一段时间，由于工作强度太大，王业宁白天在实验室工作，经常疲乏得要用浓茶强制提神。晚上回到家，虽然感觉很累，却无法入睡，需服用安眠药。如此茶药结合、周而复始、恶性循环。她是在透支着脑力、体力做科研！这就是王业宁，对她来说搞科研做实验永远排在第一位。正是因为王业宁成天坐在实验室里，她的研究生们也都不敢懈怠。她常对自己的弟子们说："搞科研就要争分夺秒，为国争光。"据王业宁的学生、现北京大学信息科学技术学院教授、博导梁学磊回忆："那时候我们除了吃饭，基本上都待在实验室，都觉得它好像跟个家似的，都愿意往那儿去。"

王业宁与爱人林醒山一起做饭

　　除了在实验室搞研究，培养学生成为了王业宁的第二大乐趣。在南京大学执教 50 多年来，王业宁以极大的热情从事教学，她治学严谨、诲人不倦。从基础课到专业课，从理论课到实验课，她都亲自教授过，并深受学生喜爱。她也几乎每天都与研究生们一起做实验、分析实验结果、研究国内外的科研前沿动向。王业宁已培养了博士、硕士研究生 40 余名。她花大量时间在实验室中带学生，忙于把她积累的知识、经验、实验方法等传授给年轻人，用实际行动表达了对我国科教事业发展和人才培养的高度重视。1993 年，她被江苏省评为最佳博士生导师之一。

　　王业宁的非凡建树是忙出来的。她就是这样一心扑在教学与科研上，科研事业就是她的生命！即便到了晚年也不见她闲下来，反而更忙了。经常是等老伴做好饭菜之后一等再等、一热再热也不见她人影。难怪老伴说她："七十比六十忙，这并非好事。"2001 年，忙碌的王业宁病倒了，她患了脑膜炎，高烧昏迷持续差不多一周时间，虽然住进医院被抢救了过来，可大脑功能还是受到了比较大的损伤，记忆力和理解力也大不如前。在这种情况下，王业宁不得不离开了她所挚爱的科研事业。

　　写到此，笔者不禁感慨万千，崇敬之情油然而生！王业宁为国家的科研事业鞠躬尽瘁，她用近半个世纪的顽强坚持和巨大热情攀登上了物理学领域的高峰！她的人生是何等精彩！她取得的成就像一座座高大的丰碑永远矗立在共和国科技史册上！

相关阅读

....

母亲是我的引路人

王业宁儿子林琪，1981 年本科毕业于东南大学电子工业专业，1984 年获东南大学硕士学位，后留美攻读博士学位。现为硅谷一家公司的高级工程师、集成电路专家。

以下节选自林琪口述访谈资料的一部分，讲述在他青少年时期，母亲如何引导他走上现在的专业和道路：

"我姐姐跟我有点不一样的就是，她性格比较安静，所以她交的朋友都是我们当时生在一个院子里面的同龄人，都是一些大学老师的小孩，所以他们的影响都是比较正面的。对我来讲，我不是那么喜欢跟我们院子里的小孩玩，我都跑到外面去玩，往往有时候就会交友不善。所以我那时候，因为环境的影响，对读书就没有那么高的兴趣。久而久之，我的学习成绩就很不好。母亲当时并没有要求我一定要在成绩上面有些突破，或者要超过谁。她只是说，你要学点你真正喜欢的本事，做一些有用的事，做一个对社会有贡献的人。她说你不读书，那我们做一些事情。那时候还没有电视，收音机也是蛮贵的。她说好，那我们装一个电视，装一个收音机，这样的话你既可以为家里面添置一些娱乐设施，自己也得到了一些享受。我当时觉得这个还蛮对我的兴趣的，所以就花了很多时间慢慢地做，组装了一个收音机，最后还装了一个 9 寸大的电视机。这件事情对我后来专业的选择、事业的选择，都产生了很大的影响。是母亲把我的精力从每天无所事事，引导到做一些我感兴趣的事情，也是对我、对整个家庭都有意义的事情上。"

陈茹玉：中国有机磷农药研究的先行者

■ 王京浩　张会丽（中国科学院大学）

　　陈茹玉（1919—2012），我国著名的有机磷化学家，中国科学院院士。她抗战期间毕业于西南联合大学，后又远赴美国求学，在印第安纳大学主攻有机化学。以优异的成绩顺利毕业后，陈茹玉冲破重重困难，回到祖国的怀抱。她与丈夫何炳林于1956年回到南开大学，响应国家需要开展有机农药研究。几十年如一日投身到祖国的农药研发事业中，她与其他科研工作者研制成功了"燕麦敌2号"和植物生长调节剂"矮健素"，后又开展了有机磷化学的研究，为我国的有机磷农药化学的研究与教育做出了巨大贡献。

蒙以养正　　朴毅敬诚

　　陈茹玉1919年9月24日生于福建省著名的侨乡闽侯县，6岁便随父母举家迁往天津。初到天津，父母便考虑让她到天津圣功学堂读书。该学堂是一所著名的私立女子学校，1914年6月28日，由著名的教育家夏景如、天主教会神甫李鲁宜、杨仁址与教友陈尽仁、英实夫等人大力支持，他们各自拿出钱财作为办学的费用，创办学校。陈茹玉在圣功学堂读书六年，受到良好的启蒙教育，养成良好的学习习惯，打下扎实的学习基础。多年之后，经过时间的洗涤，地处天津繁华地段的圣功学堂仍承载着陈茹玉挥之不去的记忆，她无法忘记繁华街头那婉转诱人的声声叫卖和老师们为交通安全的句句叮咛，更忘不了圣功学堂"温良恭俭"的校训与老师们对她的严格要求。

　　六年的小学生活过得飞快，陈茹玉憧憬着未来的美好生活，希望能去南开中学读书，但是家中的经济使得她的愿望难以实现。自小就很懂事的陈茹玉知道为父母分忧，她下定决心要争一口气，自己想办法去争取读书的机会。1931年，陈茹玉以优异的成绩争取到了公费读书资格，顺利进入天津省立第一女子中学继续读书。天津省立第一女子中学是一所不错的学校，是天津最早创办的公立女子专门中学，被称为中国近代公立初等教育的发祥地。

中学阶段的陈茹玉沉静寡言，她非常珍惜得之不易的学习机会，专心苦读，成绩一直名列前茅。陈茹玉的中学生活是丰富而且充实的，据她回忆，一位数学老师不但治学严谨，知识渊博，而且讲课生动有趣，引人入胜，善于用形象化的语言启发学生，解释数学中的奥秘。正是这位记忆深刻的数学老师使她对数学产生了尤为深厚的兴趣，陈茹玉的数学成绩十分突出。直到 20 世纪 90 年代，年近八十的陈茹玉仍然能给在美国的孙子讲解数学难题。也正是良好的数学基础，对陈茹玉后来的农药化学

少年陈茹玉

QSAR（有机农药的化学结构与生物活性定量关系）研究有很大的帮助。

　　1937 年，陈茹玉高中毕业。毕业后不久发生了卢沟桥事变，日本兵曾三次在中学驻扎，校舍被严重破坏，学校被迫停课。看着深爱的学校遭受践踏，陈茹玉心中万分难受。她时刻不忘校长的教导，铭记学校"朴毅敬诚"的校训，六年来她在女子中学养成了自强不息的品格，正是这样的品格使她在今后的生活中，不论遇到什么样的困难都能克服。

　　从女子中学毕业后，品学兼优的陈茹玉已具备了面对任何困难的信心，未来的人生道路上，无论怎样的困境，都不会打垮她。国难当头，陈茹玉又会如何选择她未来的发展道路？

战火纷飞　不坠青云之志

　　山河破碎，国土沦丧，社会动荡，人心思变。身处空前乱世的陈茹玉目睹日寇的铁蹄践踏祖国的领土，心中的愤怒使她萌发了抗日救国挽救国家命运的决心。中学毕业的陈茹玉一直没有忘记她心中埋藏的南开之梦。

可恶的日本人却将她的梦破得粉碎。南开大学是中国第一所罹难于日寇炮火的高等学府。整个南开大学校园被炸得面目全非，沦为一片废墟。陈茹玉走进被摧毁的南开大学校园，感到揪心般的痛，要去哪里才能找到她梦寐已久的梦？在国家危急存亡之秋，陈茹玉有幸碰到另一所名校——西南联大。

西南联大是烽火中的一片净土，她吸引了一批批怀揣梦想的学子穿越千山万水来到昆明求学。在这片净土中，做一名学生是莫大的享受，做老师也是享受，集中国英俊有为的青年而教之，视为一大乐事。

西南联大深深地吸引着陈茹玉，1938 年春夏之交，她从报纸上得知国立西南联大招生的消息后，抗日救国之愿望和强烈的求知欲使她萌生了南下昆明的想法。战乱之时，求学心切的陈茹玉丝毫不畏惧蔓延的战火，她带着母亲给她准备的三套蓝布衫，千里迢迢来到昆明，准备报考西南联大。到昆明规定的地点填报志愿时，数学功底扎实的陈茹玉本来想报考数学系，恰巧西南联大外语系的陈福田在报名现场，他看过陈茹玉的成绩单后，说："国家这么穷，工业不发达，你应该学化工啊！"心中本来就对大学教授带着几分崇拜的陈茹玉被陈老师诚恳的话打动了，她决定报考化学系。自此之后，陈茹玉便开始了她一生未曾懈怠的化学研究之路。

沉浸于西南联大的学习与生活之中，陈茹玉似乎看到了人生的希望，也看到了祖国的希望。为了坐在前几排听清楚老师的讲课，陈茹玉每天都最早去教室上课。物质匮乏，警报频仍，即使在这样的恶劣环境中学习，陈茹玉也觉得是幸福的。在人才荟萃的西南联大，在教室里聆听大师的演讲，那是莫大的享受。

战火中的西南联大是一个奇迹，它的存在时间仅为短短的八年，堪称当时世界上设备最为简陋、条件最为艰苦的大学，却在教育史上树

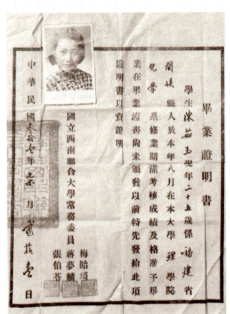

陈茹玉 1942 年在西南联大的毕业证明书

立了爱国进步的典范。从培养的学生来看，西南联大教育了一大批爱国青年。

正是西南联大这所特殊的学校，磨炼了陈茹玉的意志，使她在精神上逐渐成长，让她在战火中珍惜来之不易的学习机会。在国家风雨飘摇之秋，西南联大就像是漂流于惊涛骇浪之中的诺亚方舟，将她载向知识的彼岸。对于西南联大四年的生活，陈茹玉这样讲道："在这样优越的环境下求学四年，使我感到非常庆幸，我决心毕业后努力工作，立志为祖国做贡献"。

陈茹玉在西南联大不但知识上有了极大的增进，还有了一份意外的收获，找到了一生中她最为珍贵的东西——爱情。她认识了与她在生活和事业上相随相伴、携手共进的何炳林。

西行求学　曲折回国路

1942 年，陈茹玉与何炳林顺利毕业，他们寻求为国出力的机会，但在那样动荡的年代，却感觉报国无门，找不到机会。在杨石先教授的推荐下，他们一起来到重庆，到重庆北碚中央工业试验所报到了。何炳林在胶体所工作，陈茹玉在化学分析室工作，初来乍到的陈茹玉感觉幸福极了，不仅因为和何炳林在同一个单位工作，工作上可以相互照应，而且觉得这是他们大干一番事业，为国出力的机会。陈茹玉分配到分析试验室做技术员，分析实验室的工作范围主要是：工业原料矿石水分气体等分析、工业成品的鉴定、工业分析方法的研究、工业分析标准的拟定。

自从毕业工作以来，工作环境和条件极其简陋，工资极低，连维持简单的生活都很困难。这些都算不了什么，也难不倒陈茹玉，真正令陈茹玉和何炳林为难的是，他们怀着满腔的热情却报国无门，在重庆也看不到希望。1943 年，何炳林重新考回西南联大，成为西南联大的一名研究生，继续从事有机化学的研究工作，并很快成为化学系的助教，跟随杨石先教授开展药物化学的研究。毕业后到重庆工作两年，年轻的陈茹玉认清了当时的局势，懂得了世事的艰难。她相信只有教育和科技才能救国，兴许云南大学才是她的用武之地，而此时的云南大学也正在创造着历史上的黄金时代，陈茹玉便联系到云南大学工作。1944 年，她正式成为矿冶系助教。

从重庆到云南的陈茹玉进入了一个大师云集的矿冶系，在这里受周围同事的影响，她深深地感到科学研究与国民经济的紧密性，觉得科学研究一定要为国

1946年陈茹玉与何炳林在锡安圣堂举行婚礼

何炳林、陈茹玉夫妇在美国布鲁明顿公园
（1950年）

所需。这一时期的工作奠定了陈茹玉对学术研究的基本理念。

1945年，日本人宣布无条件投降。为了能在一起工作，陈茹玉和何炳林申请去了南开大学化学系工作。不久，陈茹玉和何炳林结婚了，结婚礼堂选在昆明城里的锡安圣堂，这座新哥特式的建筑是他们爱情的见证。

中国作为太平洋战争同盟国的重要成员，借助这一契机，中国出现了赴美留学的高潮，好学上进的陈茹玉和何炳林也远渡重洋去了美国。1947年，何炳林在杨石先的推荐下先到位于洛杉矶的南加州大学（USC）念研究生，半年后转入了印第安纳大学，而此时陈茹玉在生完他们的第一个孩子后也到了该大学念书。入学报到后，两人很快与共同的导师约翰·比尔文见面，新环境令陈茹玉十分欣慰，学校的科研条件非常好，印第安纳大学的四年时光，陈茹玉感到既激动人心又十分短暂。在日复一日的勤奋努力与坚持中，夫妻二人于1952年双双获得博士学位。

不久，中美关系日趋紧张，尤其是朝鲜战争爆发，中美完全进入敌对状态。随着中美关系的戏剧性变化，陈茹玉与何炳林也难逃尴尬命运。他们的回

国申请被美国拒绝了。回国的事化为泡影，他们面临的是一家人的生存问题，何炳林先到芝加哥纳尔科（音译）公司应聘，进入有机合成研究室工作。陈茹玉到西北大学化学系做博士后工作。这期间，他们的回国申请多次遭拒。尽管回国的打算遭遇阻挠，但他们并没有放弃初衷。滞留在美国的中国留学生清楚，只靠个人的力量根本解决不了问题，必须寻找一个强有力的力量，唯一的办法就是依靠自己的祖国。陈茹玉发现何炳林在工作之余仍然忙碌，原来他是争取回国的积极分子之一。何炳林作为留美科协芝加哥区会的组织者，与其他留学生联名向于1954 年出席日内瓦会议的周恩来总理写信，并请印度驻联合国大使佲农将信件由尼赫鲁转交给周总理，使得美国扣留中国留学生的事情公开化，传遍全世界。中美两国在 1954 年的日内瓦谈判上最终达成了一些建设性意见。

得知可以回国的消息，陈茹玉兴奋极了，她和何炳林沉浸在回家的喜悦之中，他们开始为回国做积极准备。美国国务院寄来永久居留美国的申请表格，企图"动摇军心"，何炳林毫不犹豫地把信撕毁了。1956 年 1 月他们顺利到达国内。一踏进国门，看到鲜艳的五星红旗，陈茹玉就哭了，这是她朝思暮想的地方，回到阔别九年的祖国，她是多么的高兴与激动，因为她的心中始终有这个国家，也一直没有忘记心中曾有的那个梦，一个科学救国的梦。

辛勤耕耘　硕果累累

回国后，陈茹玉和何炳林于 1956 年夏天回到南开大学，陈茹玉在杨石先教授的带领下开始了有机农药的研究。陈茹玉说过："当时国内元素有机化学的研究还是一片处女地，我是根据国家的需要确定自己的研究方向的。"在美国西北大学化学系任博士后期间，陈茹玉从事的是新偶氮染料的合成及将其应用于蛋白质结构分析的研究。回到南开大学，她担任有机化学教研室副主任，并讲授了"半微量有机分析"课程。她后来又在杨石先教授的带领下，放弃了原来的研究方向，在一穷二白的条件下，开始了有机农药的研究。讲授了"有机磷化学""有机农药化学"等课程。在短时间内，自主研制出一批农药产品，缓解了我国长期依赖农药进口的局面。陈茹玉和南开大学的同事们积极从事有机磷杀虫剂及除草剂的研究，她从美国带回来的仪器也派上了用场。经过不懈的努力，她和她的科研团队很快就合成了对人畜危害不大、防治害虫效果极好的有机磷杀虫剂"敌百虫""马拉硫磷"和防治锈病的"灭锈一号"，并且在校内建成了生产车间。这些研究不仅将有机磷化学从科学理论转化成国家急需的农药品种，而且填补了中国在农药生产领域中的空白。1958年，毛泽东到这两个车间视察，给予了很高的评价。

1957年，时任南开大学校长的杨石先以专家顾问的身份参加了中国访问苏联科学技术代表团，杨石先和时任中国科学院副院长的吴有训以及高教部的领导一致认为应该建立一个元素有机化学的研究机构。随后，中国科学院与南开大学合作建立了元素有机化学研究所。陈茹玉在元素所开始了研究工作，她与元素所一起风雨同舟五十载，她的学术生活也与元素所息息相关。

在陈茹玉的指导下，一些农药新品种相继问世。首先是"除草剂一号"获得了成功，它是我国第一个自主创制的农药新品种。陈茹玉因此荣获了国家科委颁发的科技进步奖二等奖。收获了一份喜悦之后，陈茹玉接着攻克下一个难关。20世纪60年代是我国小麦锈病大流行的时期，农民辛苦一年却颗粒无收，在全国造成了巨大灾害。陈茹玉也十分着急，她很快就开展了这方面的研究，不久就在实验室研制成功"灭锈一号"，并在实验农田中取得很好效果。她又获得国家科委颁发的科技进步奖三等奖。

陈茹玉院士的工作简历

由于杨石先生的保护，理科出身的陈茹玉才得以在回国初期免受政治运动的干扰，但到了1968年，南开大学指挥部发出了清理阶级特务的第一号《通告》，陈茹玉被打成"国民党""特务"。学校的红卫兵把她从家中抓走，进行审问，说她是资产阶级思想，崇洋媚外，称她为"美国回来的特务"。所有莫须有的指责陈茹玉都忍了，她相信这一切终究都会过去。陈茹玉接受了长时间的审查，被十几次抄家，很多珍贵的外文研究资料和书籍都被抄走，多年后，一想起从国外带回来的资料，她都觉得非常可惜。

在恶劣的政治环境下，陈茹玉仍然挂念着我国的农业生产，1970年，她与其他科研工作者研制成功了新型除草剂"燕麦敌二号"以及生长调节剂"矮健素"。除了注重实验室合成，陈茹玉更加注重农药的实际应用状况，她派人到青海、长沙等地开展田间试验，认真听取农民的意见。

1976年粉碎"四人帮"之后，科研工作者终于迎来了科学的春天，1978年3月18—31日，中共中央、国务院在北京召开了隆重的全国科学大会，这是十年政治动乱后的第一个盛会。在多达六千名科学家和科技界先进代表参加的开幕会上，邓小平做了重要讲话，号召"树雄心，立大志，向科学技术现代化进军"。

陈茹玉和同事们在1970年的研究成果"燕麦敌2号"荣获1978年全国科学大会奖，这项工作能得到党和国家的认可，陈茹玉倍感欣慰。这是对她在"文化大革命"那段艰难的岁月中依然坚持农药研究的最高嘉奖，真正的春天来了，陈茹玉对未来充满信心。

在元素所研究小组的成员看来，陈茹玉对学科前沿有着敏锐的洞察力，注

陈茹玉指导学生做实验

重基础理论和实际应用两方面的结合，紧跟国际前沿研究步伐。她及时把握发展趋势，率先在国内开展计算机辅助研究化学结构与生物活性间定量关系领域的工作，为了提高新农药筛选的命中率，结合十多年的研究经验，陈茹玉认为农药研究应该从盲目地筛选化合物逐步向有的放矢地在生化的基础上进行研究。对除草剂化学结构与生物活性定量关系的研究是她在"文化大革命"后取得的最突出的贡献。1981年通过鉴定的胺草磷就是通过先计算后合成的方法制得的除草剂，这一研究成果使她获得了1988年国家教委颁发的科技进步奖一等奖，这一成果使得她在农药方面的研究思路和方法越来越成熟。而且，陈茹玉在此研究基础上又考虑了新型替代农药。

陈茹玉院士的获奖证书

进入新的阶段，元素有机化学所又有了跨越式的发展，科研队伍不断扩大，科研环境和条件都有了很大的改善。陈茹玉围绕各种资助项目，进行有机磷化学的研究，取得了令人瞩目的成果。其主要的工作有以下三个方面：第一，有机磷化学的引介性工作。第二，围绕生命有机磷化学开展的研究。设计、合成了具有生物活性的新型磷杂环化合物，在新型磷杂环化合物的反应、合成方法、环稳定性、波谱特征以及结构与活性的关系方面取得了不少重要成果。这些工作丰富了有机磷化学的理论基础，产生了重要的学术价值。通过生物活性的筛选和构效关系的研究，找到

陈茹玉在工作

了一些具有很高生物活性的目标化合物，为创制新农药提供了很有价值的参考。第三，有机磷药物的研究。陈茹玉和她的研究团队主要研究了氟尿嘧啶、氮芥、尿苷等与磷脂形成缀合物的分子作用机理。陈茹玉与她的研究团队合成了许多新型核苷化合物，发现了一些有用的抗癌活性化合物，也发现了一些新的反应，这些研究具有广阔的应用前景。

2008 年，陈茹玉当选为英国皇家学会会士。2009 年，陈茹玉获得建国六十周年中国农药工业突出贡献奖。

打开尘封的历史大门，从对历史名校的无比向往和对西方炮火侵袭祖国的愤慨之中，我们依稀看到了陈茹玉先生在"自强不息，科学强国和教育兴国"的强烈愿望之中实现了烈火中的涅槃，她的学术研究方法和研究思路在不断耕耘中得到蜕变。支撑她在学术上取得如此成绩的正是她的座右铭："能为祖国建设事业贡献自己全部力量将是我一生最大的幸福。"

相关阅读

双星璀璨　携手共进的伉俪院士

张会丽

陈茹玉 1938 年考入西南联合大学，在那里认识了相伴一生的何炳林，从此风风雨雨 70 年，他们一直相伴生活，相伴学习，相伴为国贡献。在中国化学界，两人不但以卓越的学术贡献令人敬佩，还以忠贞的爱情为人称道，陈茹玉、何炳林是一对享誉全国的"夫妻院士"。陈茹玉后来成为中国农业研究和有机磷化学研究的先行者，而何炳林被誉为"中国离子交换树脂之父"。

他们有很多相同点，同时考入西南联大化学系，成为同学，毕业后又一同随南开大学的复校到南开大学工作，随后他们共赴美国，在美国同一所大学留学，师从同一个导师，在同一年里获得博士学位（1952）。新中国成立后，他们通过不懈的努力一起回到祖国，来到南开大学（1956），在各自的领域里辛勤工作。他们在同一年里分别受到周恩来接见（1959）。由于在各自领域里的杰出工作，同一年当选中科院院士（1980）。在年近八旬的时候，陈茹玉、何炳林院士又分别获得了何梁何利科学与技术进步奖（1999，何炳林；2000，陈茹玉）。晚年各自在自己所在的研究所捐出积蓄20万元设立奖学金（2004）。

他们有许多共同的生活经历，却又有着不同的工作内容。他们是相濡以沫的夫妻，但又保持了相对独立的人格。

陈茹玉以研究新农药和具有生物活性的有机磷化合物闻名，而何炳林以研究离子交换树脂和吸附树脂著称。实际上，他们曾经都是农药研究领域的翘楚，完全可以一路携手并肩走下去，后来"分道扬镳"全是为了祖国的需要。他们在美读博时，专业是有机化学；做博士后时，陈茹玉是从事新偶氮染料的合成及其应用于蛋白质结构分析的研究。如果继续这方面的研究，陈茹玉有可能是一个生物化学家。但回国后，他们因为国家需要同时选择了研究农药化学。"燕麦敌二号""磺草灵""矮健素"等都在她的手中相继问世。陈茹玉所在的元素所也成为我国唯一的农药筛选中心，她还进军天然产物农药的研究领域，努力闯出了一条创新我国农药的路子来。

1981年，何炳林以63岁高龄开辟新的事业，成为首个在生物医用高分子领域发表论文的中国人。研究方向拓展到生物医用材料后，何炳林主持研制出一系列高选择性吸附分离功能高分子材料。南开大学开发生产出远销海外的微米级固相有机合成载体，成为世界上同类产品的两个生产基地之一。何炳林的工作大都具有开创性，正是这些开创性工作奠定了他的大师地位。直到今天，离子交换树脂技术仍是我国高分子工业里唯一无需引进的技术，并且在世界具有领先地位。

张树政：大爱寄情微生物

■ 程光胜　纪海丽（中国科学院微生物研究所）

　　张树政（1922—2016），生物化学家，中国科学院院士。河北束鹿人。1945年于北京大学理学院化学系毕业后留校担任助教，1954年进入中国科学院菌种保藏委员会（中国科学院微生物研究所前身之一）。60多年来，主要从事黑曲霉、白地霉、红曲菌淀粉酶、糖苷酶及糖生物工程研究，并硕果累累——20世纪50年代初，分析比较了酒精工业的不同种曲霉淀粉酶系的组成，确定了黑曲霉的优越性；60年代初，阐明了白地霉的木糖和阿拉伯糖的代谢途径，纯化了木糖醇脱氢酶并证明为诱导酶；发现白地霉中有甘露醇，阐明了其合成途径；发现并纯化了NADP-甘露醇脱氢酶；70年代初，首次得到红曲霉糖化酶的结晶，进行了性质、化学组成、糖肽结构、化学修饰和光谱学构象研究，发现不同分子型有构象差异，后来证明是糖基化引起的；80年代，选育出β-淀粉酶高产细菌，其活力当时在国际上领先；研究了20多种糖苷酶，首次发现了有严格底物专一性的β-D-岩藻糖苷酶；从嗜热菌纯化了8种酶。

　　作为我国第一位生物化学领域的女院士，张树政一生辛勤耕耘，默默奉献，为中国微生物事业的发展贡献卓著。

工业报国梦

　　1922年10月22日，张树政出生在河北省束鹿县双井村一个书香门第。祖父是清朝最末一榜进士，追随康梁变法，后东渡日本在早稻田大学学习政法，诗词绘画皆通。父亲曾就读于北京大学法学院，是五四运动时的学生骨干，新中国成立后曾在水利部办公厅任职。母亲毕业于保定女子师范，一生从事教育事业。张树政兄妹七人，除大哥因飞机失事早逝外，都事业有成。

　　这是一个爱国之家、书香之家、科学之家。在这样的家庭中长大，张树政身上所熏陶和积累的科学精神、科技素养和科学情怀，伴其一生。

张树政九岁时从河北来到北京，由于天资聪颖，成绩优秀，直接升入北京市著名的小学——实验小学，上三年级。后以优异的成绩被保送到国立北京女子师范学院附属女子中

1939 年，张树政（左一）与师大女附中同学合影

学。1938 年之后，父亲病重，家庭经济陷入困顿，但是张树政和兄弟姐妹们始终乐观积极。她坚持读书，功课一直保持优秀，又从事家教增加收入，同时又在家中编辑刊物，演出话剧，参加各种体育活动，在德智体美等方面得到了全面发展。

1941 年，张树政考入燕京大学化学系。开学后不久，女部主任龚兰贞问她为什么学化学，她答道："中国贫弱，要发展工业才能富强，我将来要到化工厂工作"。龚兰贞认为工厂并不愿意聘用女工作人员，劝她转到家政系。张树政没有接受这种劝告，反而下决心去竞争。

据《北京大学 34 年毕业通讯录》载："三十一年春收录燕京大学同学八十余人，两校精英，熔为一炉，声势大振。"1942 年春，张树政转入了沦陷区的北大理学院化学系，1945 年毕业，毕业论文题目是"磺胺新药"。

毕业之后，张树政留校担任助教，此时抗日战争胜利，张树政欢欣雀跃，以为离她工业救国的梦想又近了一步。不久她到北医生化科工作，但生活并不稳定。即便如此，张树政始终没有放弃工业报国的理想。1948 年，她被调到理学院化学系，担任钱思亮先生定性分析

1948 年，张树政（左一）在清华农学院与崔兰芝教授合影

1951 年，张树政在重工业部综合工业实验所做实验

1954 年，张树政在中国科学院菌保会做实验

课的助教。在这里，她做过一些研究工作，包括"食物中含铁量的测定"和"大豆发芽时氮的分配"等，这为她后来的科研工作打下了良好的基础。

20 世纪 50 年代初，张树政到重工业部综合工业试验所工作，该所请来中国工业微生物的奠基人方心芳先生进行科研指导。在方先生的指导下，张树政的科研能力有了大幅提升。她聪慧的天资、积极的工作态度和一腔爱国报国的热忱，深深地感动了方先生。1954 年 1 月，慧眼识珠的方先生将张树政这个不可多得的人才引入了中国科学院菌种保藏委员会（中国科学院微生物研究所前身之一）。

从此以后，张树政在中国科学院微生物研究所扎根科研，默默耕耘 60 余年。她把自己的一生都献给了微生物研究所，献给了微生物事业，献给了微生物工业。她没有辜负老师的教诲，没有辜负自己的梦想，没有辜负燕京大学的校训——因真理，以服务，得自由。

研制我国第一个糖化酶酶制剂

1955 年，在张树政经过一年的微生物学训练后，方心芳决定发挥张树政的化学专长，让她开始研究工业微生物的生理生化。在方先生的带领下，张树政和其他研究人员一道，改酒精大曲为以麸皮为原料通过人工培养曲霉和酵母菌制成麸曲，走液态发酵的道路。这项研究使二锅头酒的出酒率明显提高，原来每斤酒消耗的粮食为 2.5 斤，此后只要 2.2 ～ 2.3 斤，甚至后来达到 2.1 斤。现在已经闻名全世界的北京二锅头白酒，一直沿用着这条技术路线发展至今。此种方法在全国推广，每年为国家节约了大量粮食。

1956 年，张树政与捷克专家涅麦茨院士一起泛舟北海

在提高出酒率初见成效之后，方心芳和张树政决定要从微生物酶学方面进一步深入。此时，张树政的化学背景发挥了重要作用。

经过几个月的艰苦奋战，张树政和其他科研人员一道，筛选出了糖化酶活性很强的一批菌种，例如济南酒精厂曾用他们优选出的泡盛曲霉（*Aspergillus awamori*）AS3.324，由于糖化力增加，从 1955 年下半年到 1956 年上半年共增产酒精 240.4 吨，为国家创造财富 76 万元；遵义酿酒厂采用该菌种制曲，每百斤酒节约粮食 3.12 斤，全年可节约粮食 13 万斤。在以后一个相当长的时期，包括米曲霉（*Aspergillus oryzae*）AS3.800 和宇佐美曲霉（*Aspergillus usamii*）AS3.758 等菌株，是我国酿酒和酒精行业应用的首选菌种。

从 1959 年开始，我国出现全国性的大饥饿，克服粮食困难成为当下最紧迫的任务。作为国家级的科研单位，中国科学院微生物研究所用秸秆经加工后作为原料，培养出酵母菌细胞（单细胞蛋白质中之一类），以补充当时普通膳食中非常不足的蛋白质、油脂和维生素。当时张树政除指导分析化验工作外，还深入研究了这种酵母菌的代谢机制，在生物化学上做出了水平很高的成绩。

1966 年 12 月，正是“文化大革命”初起不久，张树政在上海“一月风暴”

1957 年 8 月张树政在动物园微生物室（右二为张树政）

前夕来到上海溶剂厂，为解决衣康酸发酵生产必需的原料，研究用糖化酶水解杂粮淀粉木薯代替葡萄糖，这项工作 1968 年 7 月正式投产。这项新工艺为当时我国紧缺、受外国人控制的重要化工原料生产提供了更好的保证。由于采用酶法糖化，葡萄糖节约了 20%，铵盐节约了 50%，又省去了玉米浆原料和精制淀粉的繁重体力劳动。

经过艰苦驻厂创新，张树政领导的科研团队研制出我国第一个糖化酶酶制剂。后来，该研究组经过多年努力，又得到高产糖化酶的黑曲霉，从而将糖化酶菌种更新为黑曲霉，被作为酶制剂生产菌种广泛用于酒精工业。后经进一步选育，又获得酶活力提高 30% 的菌株。以上两个菌种在全国酒精、白酒工业及其他发酵工业上推广应用后，取得了巨大的经济效益。

在酒精工业中，采用以黑曲霉制备的液体曲后，每吨酒精液体曲成本由原来的 27 ~ 28 元降低至 20 元，能源煤耗由 892 千克降至 581 千克（按标准煤计）。在应用固体曲生产酒精的工艺中，加曲量由原来的 3.5% ~ 4.0% 降至 1.8%。每吨酒精耗曲量由原来的 115 千克降至 54 千克。耗电由 41.4 度降至 10 度，耗曲成本由 20 元降至 8.08 元。固体曲应用于白酒生产，加曲量由更来的 15% 降到 5%，提高出酒率1%～5%。自从这一菌种用于酶制剂生产后，由于酶活力高，经济效益显著，年产量直线增加。由 1978 年的 19 吨增至 1986 年的近 2 万吨，占全国酶制剂产量的 2/3。生产厂由一个增加到 100 多个。据 20 世纪 80 年代的调查结果，应用此黑曲酶菌种生产酶制剂后，每年为国家节约资金 1.9 亿余元，粮食 22 万吨。此项成果于 1985 年获国家科学技术进步一等奖。

自己动手做仪器

中国科学院菌种保藏委员会刚刚成立的时候，百废待兴，没有钱买仪器设备，对外交流机会更是有限，先进仪器甚少。1955 年，张树政曾经在北京生物制品研究所学习了纸色谱及纸电泳技术，见过他们那里的滤纸电泳仪，他们无力向国外购买，便决定自己动手做一个。

她和室里的方一澄等科研人员一起分析研究，找了一台报废汽车的电瓶和发报机用直流电源，做出了电泳仪。没有花国家一分钱，也没有聘请任何专家，他们照样能造出自己想要的仪器，照样用得好好的，分析糖化酶的组分，测定它们的活力，一点也不差。

张树政的第一篇文章《霉菌淀粉酶的纸上电泳分离和鉴定》，就是在这个"汽车电瓶电泳仪"分析的基础上发表出来的。这篇篇幅不长、在当时颇具创新性的论文，可能是我国最先公开发表的有关曲霉产生的淀粉酶种类的研究报告。这是张树政开始酶学研究的标志。

1957 年，"国家最重要科学技术任务"中有关中国科学院菌种保藏委员会的研究工作中，将张树政承担的"淀粉酶及淀粉酶菌类的研究"课题列入 2915 号任务，属于"工业微生物在食品及其他工业上的研究和应用"这一中心课题。后来对张树政这一工作的评价是："她在国内首先用纸电泳分离，并用酶谱法和生长谱法鉴定了各种淀粉酶组分"。从这个时期开始，张树政在以后超过半个世纪的研究生涯中，都和糖与酶有着千丝万缕的联系。

方心芳先生的老师方乘教授听说张树政做出了电泳仪，很是兴奋，专门派人从西北大学来北京学习制作电泳仪的技术，于是当时就传出一句佳话——"老师的老师请教学生的学生"。

后来，张树政研究组在实验中需要一台等电点聚焦仪，他们采用了同样的方法，自主攻关，自力更生，协调各方力量，做出了具有同等功效的设备。由此，她带领学生们在国内首先建立了等电聚焦和聚丙烯酰胺凝胶电泳等新技术，应用于红曲糖化酶的研究，并在世界上首次得到了这种酶的结晶。

默默付出　奉献一生

在学部委员推荐信里，张树政得到了这样的评价——她早期研究白地霉木糖和阿拉伯糖的代谢途径、甘露醇的合成途径，证明木糖醇脱氢酶为诱导酶，发现 NADP- 甘露醇脱氢酶。这些研究成果均居当时国际先进水平。在微生物中首次发现了迄今为止专一性最强的 β -D- 岩藻糖苷酶，在国内率先

1977 年，张树政（中间站立者）与到访的日本妇女科研工作者讨论问题

将黑曲淀粉酶用于酒精生产、红曲糖化酶用于葡萄糖生产，推动了其后糖化酶的研究与应用……这些巨大的成就，来自她几十年为国家的默默付出和执著奉献。

1991年年底，即将步入古稀之年的张树政当选为中国科学院生物学部委员，成为我国第一位女性生物化学家院士，更激发了她为我国科学事业继续奋斗的雄心。从此，张树政以我国最高学术机构成员的身份，成为倡导和推动我国糖生物学的旗手。

令人欣慰的是，在糖工程领域，张树政培养和锻炼了一批青年学术带头人。如今，这批青年人都已经成长为我国糖工程领域的中流砥柱。2012年6月，金城和杜昱光两位年轻的科学家及16位糖生物学领域中卓有建树的年青科学家编著了《糖生物工程》一书，仍尊敬地将张树政定为主编。该著作介绍了这个领域的现状、趋势、需求、技术和应用前景，总结了国内糖生物工程的研究成果和国际最新动态。作为张树政九十华诞的献礼之作，该书反映了老一辈科学家辛勤耕耘和栽培的一个当代科学新领域正在我国迅速发展。

张树政的学生金城研究员回忆起一件令他印象极为深刻的事情：有一次他和一帮学生去张树政家里，张院士眼睛里闪着神秘的光芒，兴奋地对他们说：知道我学会什么新技术了吗？我学会煮方便面了！学生们都笑了。金城说当时他只有一个念头：这位老前辈把所有的时间都献给科学了。

张树政曾经在讲述自己科研与家庭关系时，有这样一段话："过去和现在，我都在尽力对家庭尽责任，然而，事实上，我做得很不够。孩子插队时，我有一回连续打了好几次电话都没联系上，一赌气我登上了北上的火车，下车后，顶着风雪步行看望我那还未完全成年的一双儿女。老伴常年有病，我得来回奔波尽量照顾好他。对孙子辈的，我也帮忙照看过。可是，我这摊子工作，无论如何也不能让我在家务上做得称职啊！"

张树政这一辈老科学家生在旧社会，长在旧社会，经历了异常动荡的岁月，饱尝了生活的艰辛和苦涩。他们眼见外族入侵，亲人离去，生命凋亡，他们背负苦难徐徐前行。新中国那高高飘扬的火红旗帜像温柔的母亲一样把他们拢在怀抱里，他们所得到的那种心灵的安宁和踏实是外人无法体会的。正是这份感情点燃了他们的责任心和意志力——他们像一匹匹埋头拉车的马儿，无论背负多重，无论是否吃饱，都始终脚踏实地，奋力前行，从不叫苦。

　　2016 年 12 月 10 日，94 岁高龄的张树政去世。她告别了她的实验室，告别了她的试剂，告别了她的菌种，告别了她为之奋斗一生的研究所，但是她没有告别也永远不会告别的，是她一直深深地爱着的这个伟大的祖国。

 相关阅读

张树政的诸多"第一次"

程光胜　纪海丽

　　巴尔扎克曾有这样一句名言："聪明才智是拨动社会的杠杆。"聪明，是张树政院士最明显的标签之一。她虽然身材娇小，言语不多，却极具智慧。正如契诃夫所言，人在智慧上、精神上的发达程度越高，人就越自由，人生就越能获得莫大的满足。

　　张树政的聪明和智慧，令人赞叹，令人钦佩。我们从她人生中诸多的"第一次"中可以观其端倪。

第一次上学

　　张树政幼年居于河北老家，父母工作繁忙，居所不定，因此她直到 9 岁时才到北京和父母兄妹全家团聚。由于在老家有一些基本的基础学习，因此，到北京后，张树政的父亲和国立北平师范大学附属第二小学的孙校长联系，请求在该校插班上三年级。这所小学成立于 1909 年，是当时北京，乃至全国著名的好学校。孙校长认为从农村转学来此的学生，通常只能降级插班，很难升级就读。她父亲要求校长先行测验，然后做决定。结果经过学校严格测试，张树政顺利通过，直接上了三年级。这在当时成了学校的一大新闻，张树政成了学校的"小名人"。

第一次走进中国科学院

张树政在日记中写道："1954 年 1 月 18 日（星期一）上午到重工业部人事部转关系，到科学院报到，下午到西郊公园（北京动物园旧称）菌种保藏委员会报到，就算是正式调到科学院来了。方先生谈到工作学科方面，这是新的工作的开始，19 日未上班，去所里搬家，20 日（周三）正式上班，听报告第一个五年计划基本任务。"

这是一次值得纪念的人事调动，整个过程迅速又高效，总共只花费了几天的时间，也谱写了中国科学院人才引进的一个传奇。究其原因，主要是我国工业微生物奠基人方心芳院士在重工业部综合工业试验所指导张树政开展丙酮丁醇发酵研究的过程中，有感于张树政的科研智慧和学术素养，果断决定，要将这不可多得的人才迅速引进到中国科学院。

第一次自己研制设备

开始研究工作后，方心芳给张树政他们的课题是筛选糖化酶活性强的曲霉。经过不间断的反复实验，最终确定了黑曲的优越性并筛选到一批优良的菌种。

1956 年在北京召开的中国微生物学会第二届全国会员代表大会上，张树政和她的同事方一澄发表了他们比较研究几株酒精工业上常用的曲霉淀粉酶性质的结果。于是他们想到用当时的新技术纸上电泳来分离和测定它们的活性。可是当时在菌保会没有电泳仪，也无力向国外订购，于是他们设法自己动手制作一台，其电源开始用汽车上的蓄电瓶，后来用发报机上的将交流电变直流电的变压器。

1957 年《科学通报》第 10 期，联名发表了《麴霉淀粉酶的纸上电泳分离及测定》一文，这篇篇幅不长、在当时颇具创新性的论文，可能是我国最先公开发表的有关曲霉产生的淀粉酶种类的研究报告。这是张树政开始酶学研究的标志。

可以看出，张树政他们自己研制的设备，在科研工作中发挥了非常巨大的作用。

第一次学习俄语

1955 年，张树政到菌保会工作之后，被派去脱产学习俄语。这之前，她从 1949 年产假期间已经开始收听俄语广播，俄语的基础仅此而已。可是在实际的学习中，她展现了非常的智慧，表现尤为突出，在不长的学习时间之后，她就可以辅导其他学员并且讲课。

在同事的心目中，当时的张树政极富语言学习的天赋，很快就能把刚刚学到的俄语应用到工作中，并且在之后的工作中，能够作为翻译陪同捷克专家外出讲学和游览。

她的聪慧和天赋可见一斑。

陆婉珍：石油分析领域的先驱

■ 褚小立（石油化工科学研究院）

陆婉珍（1924—2015），祖籍上海川沙县，1924 年 9 月 29 日生于天津。1946 年重庆中央大学化工系大学毕业，1949 年获得美国伊利诺伊大学化学硕士学位，1951 年获得美国俄亥俄州立大学化学博士学位，并于 1952—1953 年在美国西北大学从事博士后研究工作，1953 年后期在美国玉米产品精炼公司任研究员。1955 年回国后，历任石油化工科学研究院分析研究室主任、院副总工程师、总工程师、学位评定委员会主任等职务；曾任全国妇联五届执委会委员、中国石化水处理技术服务中心主任、中国石化集团公司科学技术委员会委员、顾问。1983 年获全国"三八红旗手"称号，1991 年被国务院批准享受政府特殊津贴，1991 年当选为中国科学院院士。

出身名门的大家闺秀

陆婉珍 1924 年 9 月 29 日出生于天津市，祖籍上海市（原江苏省川沙县）。陆婉珍的父亲陆绍云是一位留学归国的纺织实业家，也是我国著名的纺织技术与管理专家。父亲的一言一行对年幼的陆婉珍产生了许多潜移默化的影响，例如科学救国的思想和以人为本的企业管理理念等。陆婉珍的母亲出身于常州当地的一户望族人家，受过良好的高中师范教育，知书达理，不但没有裹脚，还写得一手好毛笔字。陆婉珍的幼年大半是由祖母照管的，祖母天性善良，性格温婉，尽管没读过书，但是一位颇有见识的女性。她对孩子十分慈爱，几乎不发脾气。祖母一生十分勤俭，所有日常生活也从不要人帮助。从祖母身上，陆婉珍感受到了中华民族世代相传的智慧和哲学，祖母反对过度极端，主张对任何观点都采取"既不可不信，又不可全信"的中庸之道，给年幼的陆婉珍留下了极其深刻的思想烙印。祖母和母亲身上所具有的中国传统女性的优秀品德一直留在陆婉珍的脑海里，使她终身受益。陆婉珍一生生活俭朴，她淡泊名利、温和儒雅、为人正直的性格多半是在这样的身传言教中逐渐培养起来的。

陆婉珍在重庆南开中学完成了初中和高中学业，接受了系统全面的素质教育，这对她青少年时期的身心健康成长起到了很重要的作用。她具有的优秀素质和很强的学习、工作能力，并一直坚持的爱国强国的思想，都与她在南开时期所受到的全面素质教育有着渊源的关系。陆婉珍每每回忆起在南开中学度过的愉快时光，总是说中学阶段是一个人受教育过程中承上启下的很重要的时期。

1942 年夏，陆婉珍以优异成绩考取了重庆中央大学化工系。陆婉珍在中央大学化工系幸运地遇上了杜长明、张江树、倪则埙、赵廷炳、高济宇等学界一流的老师，以及刚从国外归来的年轻学者时钧老师，这些名师的启发与训导不仅使陆婉珍奠定了扎实的化学和化工功底，还使她接触到了学术领域前沿的课题，引发了她对化学科研事业的早期兴趣。抗战时期的重庆中央大学，虽然生活条件艰苦，但受多位名师的言传身教，42 级化工班的莘莘学子在科学专业知识方面打下了异常扎实的基础，在工程技术方面也受到了非常严格的训练。加上个人的聪明才智和刻苦奋斗，在日后的求学和工作中，这个班级的同学都非常出色，有四位成为了中国科学院院士：闵恩泽、楼南泉、陆婉珍及梁晓天。

1947 年初，23 岁的陆婉珍做出了一个让家人十分震惊的抉择，她不顾家人和亲友们的良言相劝，执意只身一人赴美国求学。好在父亲眼界开阔，没有拦她。最放心不下的是一直疼爱陆婉珍的祖母，在老人眼里美国是那样的遥远。临行前，祖母送给她了一个金戒指，说"你这次远行，可能再也见

1948 年陆婉珍在伊利诺州斯普林菲尔德市

1952 年陆婉珍与丈夫闵恩泽在美国

不到我了，这点东西也许当你在远洋那边无助时有用。"五十多年后陆婉珍提起这件事，也感慨地说："想想，我那时的胆子还是够大的。只想读书，就去闯美国。"这一年，陆婉珍通过考试取得了公派留学的资格，并收到了美国伊利诺大学的入学通知书。经过 1 个多月的海上航行，1947 年 9 月陆婉珍来到了位于美国芝加哥郊外的伊利诺伊大学。

在美国，陆婉珍先后在伊利诺伊大学取得硕士学位、俄亥俄州立大学取得博士学位，并于 1952—1953 年在美国西北大学从事博士后研究工作，随后，在玉米产品精炼公司任研究员。在美国期间，陆婉珍有幸聆听了气相色谱创始人、诺贝尔奖获得者马丁（A. J. P. Martin）教授的学术报告，马丁从液－液色谱到气－液色谱的研发历程让陆婉珍深深懂得，科学研究工作既长又苦，而且一项研究成果很可能要过很久才会体现出其经济和社会价值。在美国玉米产品精炼公司，陆婉珍对企业研发有了深入了解。企业为获取高额经济效益，就必须通过先进的科技手段不断开发出新产品，研发的产品不仅要紧贴市场需求，还要重视个性化产品的开发。美国企业对产品品牌以及研发过程中的知识产权的重视程度也给陆婉珍留下了极其深刻的印象，这些理念在美国学校里是很难学到的，但对陆婉珍回国后的工作却起到了非常重要的作用，陆婉珍一直认为这是她留学美国八年最大的收获。

我国石油分析学科的开拓者

陆婉珍热爱祖国，1955年10月，她与丈夫闵恩泽毅然放弃在美国的优越生活和科研条件，克服重重困难辗转香港回到祖国。1955年底，陆婉珍被分配到石油部石油炼制研究所筹建处，具体负责油品分析研究室的筹建工作。从那时起的半个多世纪里，陆婉珍便一直从事与炼油和化工有关的分析工作。随着筹建工作的深入开展，陆婉珍逐渐认识到，她的任务就是建立一个能够对石化产品及各种催化剂、添加剂进行质量控制和质量保证的平台，这需要延揽高素质的人才和引进高水平的仪器设备，还需要有针对性地开发高效的分析方法。于是，陆婉珍千方百计从人员培养、仪器购置、项目安排等诸多方面同时入手，在短短几年时间内建成门类较为齐全、人员配套完整的分析研究室。

根据学科和任务情况，陆婉珍在石油分析研究室内相继组建了原油评价、重油组成、轻油组成、气体组成、光谱分析和元素分析等课题组，搭建起了较为完整的油品分析技术平台。从20世纪60年代初开始，在分析研究面向经济建设和分析为工艺和生产服务的思想指导下，该平台在喷气燃料会战、配合"五朵金花"炼油技术的研究开发以及原油加工方案的制定等重大科研工作中发挥了重要作用，为保障这些技术的顺利完成和实施立下了汗马功劳。60年代，陆婉珍亲自参加我国第一套自行设计的催化重整工业装置在大庆开工和我国第一套流化催化裂化工业装置在抚顺开工，主持分析工作，她利用气相色谱技术发现并解决了我国第一套催化重整工业装置开工期间遇到的重大产品质量问题，为装置的顺利投产起到了关键的作用。在此基础上，她主持编制了《近代仪器分析在石油工业中的应用》《重整分析方法汇编》和《石油化工分析方法汇编》等著作。

由于石油化工样品的特点，气相色谱技术从一诞生就与石油工业有了不解之缘。1979年，国外发表的一篇制作石英毛细管柱的报道引起了陆婉珍的高度关注。与传统的玻璃色谱柱相比，石英色谱柱具有无可比拟的优点。多年的色谱研发工作经历让陆婉珍意识到，这是一项有前途和实际应用价值的技术，将会给色谱技术带来了一场重大技术革新。1979 年 5 月中科院兰州化物所的俞惟乐研究员去西德参加国际第三届毛细管色谱会，带回了一段石英毛细管色谱柱拿给陆婉珍看。这根实实在在的小柱试样让陆婉珍感受到石英毛细管柱的时代已经到来了，必须组织我国的科研人员基于自己的技术实力研发这种色谱柱。1980 年，陆婉珍带领科研人员在我国首次开发出了弹性石英毛细管色谱柱，这是我国气相色谱技术发展的一个里程碑。随后，针对复杂炼厂气和汽油中不同烃类组成，她又指导研究生研制出了多孔层毛细管柱和填充毛细管柱，为我国重大新型炼油工艺的开发及时准确地提供了分析数据。80 年代中后期，她带领科研人员解决了液相色谱中定量检测的问题，可对分离所得的各类烃类直接进行定量分析，之后又在液相色谱柱研制方面做了大量有创新性的研究和应用工作。

原油评价是石油炼制加工流程研究的"龙头"，是炼油科研工作的基础，因此，其位置和作用是极其重要的。陆婉珍长期主持我国原油评价工作，逐步建立了完整的原油评价体系，并对我国发现的各种原油进行了科学系统的评价，组织汇编了 8 册《中国原油评价》。这些系统、完整的评价数据为合理利用我国原油资源发挥了重要作用，被列入国家重要科技成果。结合原油评价过程中遇到的新问题，她指导科研人员和研究生开展了具有前瞻性和实际意义的基础研究工作。对于原油及其馏分油中的非碳氢元素定量分析问题，成功研制出电量法测定硫、氮、氯、水、盐和痕量砷的分析技术，为工艺过程的控制做出重要贡献，在国内各大炼厂得到推广应用，填补了我国的技术空白，其中的不少方法都具有创新性，处于当时国际先进水平。

1991 年 9 月 11 日，国际石油炼制和石油化工学术会议暨展览会（Interpec China 91）在北京召开，这是中石化成立以来举办的首次大型国际学术会议，500 多名著名的中外学者、专家与会，陆婉珍受邀做了题为"Evaluation of Chinese Crudes（中国原油评价）"的报告，系统回顾、总结了中国原油评价走过的近半个世纪的历程和成绩，尤其介绍了我国新疆原油资源情况及其性质特点，受到了与会代表的广泛肯定。在这次会议上，陆婉珍自豪地告诉国外友人，中国凭借自己的技术实力已经建立了从天然气到渣油的整套组成和性质分析方法，其中不少方法都有一定的创新性。这一年的年底，陆婉珍当选为中国科学院（化学部）学部委员。

20 世纪 80 年代后期至 90 年代中期，结合石油化工中各类添加剂及助剂的需求，陆婉珍综合应用各种分析仪器研究其组成对使用性能的影响。对解决渣油催化裂化中重金属污染催化剂引起的中毒问题，她担任金属钝化剂矩阵组的协调人，从组成及结构出发，协调钝化剂的研制、评定、工业生产、质量控制、推广工业应用和售后服务，取得了可观的社会效益及经济效益。为解决炼厂循环水系统的结垢、腐蚀、菌藻生长等问题，她组织研究了各类水处理剂的组成与性能间的关系，主持研制出了 RP-51 等多种水处理剂，为提高工业水处理水平，保障炼油和石油化工装置安、稳、长、满、优运转做出了贡献。

我国近红外光谱技术的领路人

1994 年，71 岁的陆婉珍独具慧眼，决定组建一支新的研发团队，开展一项新型分析技术的研究工作，即在当时很多人并不看好的近红外光谱分析技术。凭借对油品的认识、炼油工业对分析技术的需求，以及对光谱结合统计学理论的掌握，她认为近红外光谱是一项极具发展和应用前景的技术，尤其是在石化分析领域，极有可能掀起一场分析效率的技术革命。

尽管当时国外已有较为成熟的近红外光谱仪器，但由于该技术的特殊性，陆婉珍经过深思熟虑，还是决定基于国内的研发力量，开发成套的近红外光谱分析技术。她根据当时国内仪器研制水平和实际应用需求，确定了固定光路结合 CCD 检测器的仪器研制方案。她组建了研发团队，采用产、学、研、用相结合的方式，完成了该技术必备的硬件、软件及油品分析模型的研究和商品化，研制出了成套的实验室型和在线型近红外光谱仪，并在蒸汽裂解、催化重整和汽油调合等工业装置得到了实际应用，为炼厂的先进控制和优化控制系统及时、准确地提供分析数据，给企业带来了可观的收益。如今，在她的指导下已建成了包括原油在内的较为完备的油品近红外模型数据库，不仅用于炼油企业，而且在国防建设上也得到了应用。目前，该团队已申请发明专利 50 余项，发表国内外学术论文近百篇，出版 6 本专著，获省部级科技进步奖十余项。

陆婉珍是我国公认的近红外光谱学科的创始人之一和我国近红外光谱技术

2005 年陆婉珍参加博士学位授予仪式

的领路人。为推动近红外光谱技术在我国的发展，她培养近红外光谱专业研究生、撰写综述性论文、组织编写近红外专著、倡议召开全国性学术会议、领导成立近红外光谱学会、召集筹备香山科学会议、设立近红外光谱奖项，这些工作处处体现出一位科学家的远见卓识与智慧。陆婉珍院士胸怀宽广，只要有利于我国近红外光谱事业发展的科研项目、奖励、出版基金和学术活动，她都欣然推荐，她用实际行动影响并团结着广大近红外科技工作者。陆婉珍院士还做了大量的技术咨询和顾问工作，她高瞻远瞩，传授知识从不保守，深受近红外同行的尊敬与爱戴。在近红外光谱研究中，陆婉珍主张"研以致用、以用促研"，她总是告诫慕名而来的拜访者，研究基础理论本身不是目的，研究的目的是开发用于生产实际的新技术和新产品，从而促进生产力的更大解放。陆婉珍院士情系国产分析仪器，崇尚"工匠精神"，她生前曾多次表示，愿意出资设立分析仪器研制方面的奖励基金，鼓励更多有才华的人把分析仪器的关键器件做精做透。今天，我国在近红外光谱技术研发和应用领域呈现出的欣欣向荣局面，与陆婉珍的辛勤开拓与耕耘是密不可分的。

淡泊名利　豁达人生

陆婉珍在起起伏伏的人生修炼过程中，一点一滴地积累着坚韧与坦然，心胸豁达、宁静淡泊逐渐成为了她生活和工作中最基本、最自然的人生态度，微笑也自然成为了她的日常习惯。1971 年，陆婉珍被下放到湖北潜江五七干校劳动，面对身体和精神的双重磨难，陆婉珍没有抱怨，处处体现着一种胸怀坦荡和淡定从容的精神风貌。豁达也是健康长寿的养生要诀。1986 年，陆婉珍被查出患了肾癌，但她并没有胆怯，而是积极配合医生治疗。她对前来看望的领导和同事们说，"切了一侧肾，我还有另一侧呢，没什么大碍。"在以后很长一段时间内，尽管经常感觉腰部不适，但在生活和科研工作中她仍保持着从容淡定的心态，为了不让家人和同事有思想负担，陆婉珍丝毫未流露出任何的不适"迹象"。科研和日常工作都没有受到影响，很多人都感到"不可思议"。2001 年，陆婉珍又被查出患了肺癌，可她依然是遇险不惊，处之泰然，大家看到的还是她习惯的微笑。经过半年的治疗，她又一次成功战胜了病魔。

虽然子女不在身边，但陆婉珍家里却常常是笑语不断、高朋满座、胜友如云。陆婉珍喜欢亲朋好友、学生、同事来家做客，她起身相迎，挨肩而坐，清茶一杯，谈笑风生。跟学生们、青年人谈天说地、海阔天空是两位老人最开心的事。从股票到 CPI，从奥巴马到萨科奇，从春节晚会到诺贝尔奖，从色谱到光谱，从油品到催化剂……年轻人都喜欢听听他们的见解。而年轻人的一些观点，也常给他们带来思索和快乐，仿佛自己年轻了许多。陆婉珍很理解如今的年轻人，她说："一代人有一代人的生活环境，想法不同是自然的，不必斤斤计较，要相互平等地交流"。在她心里，学生如同自己的孩子。正是在这种平等的交流过程中，年轻人学会了如何做人，如何做学问。她强调："要乐于做铺路石，把机会让给年轻人，让他们脱颖而出。"为了年轻人的待遇和前途，她也"争"，甚至跟人家去吵。但她自己从不为名和利去争，陆婉珍一生鲜有几个高级别的奖励，大都是部级的二等和三等科技进步奖，且以三等奖居多。对此，陆婉珍常以淡泊豁达的态度处之。

她也常劝一些焦躁的年轻人："科学成绩是常年的累加，而不是一朝一夕的辉煌。

年轻人要在大环境中找到自己安身立命的地方，不要为了追求某些不值得的东西花太多的精力。""要想成功，必须抛却功利心。不论做学问、做人，都不要太功利，不要太浮躁，要顺其自然，从点滴做起，功夫到了，自然会积涓流以成大海。""年轻人要懂得宽容，与人交往时要知道合作的重要性，这样才能团结别人、融入集体，共同努力。"宽容、豁达、有原则、有远见、淡泊名利，正是这些优秀的品质，把一大批志同道合的同事、学生团结在一起，形成了异常有战斗力的科研团队。

陆婉珍淡泊名利、乐于助人。她全力支持丈夫闵恩泽院士拿出积蓄在石油化工科学研究院设立"闵恩泽科技原始创新奖"、在四川省立成都中学设立"闵恩泽奖学金"，与中国石化、中国工程院联合设立"闵恩泽能源化工奖"，面向全国奖励在能源化工领域做出突出贡献的优秀科技人员。

斯人未远　精神永存

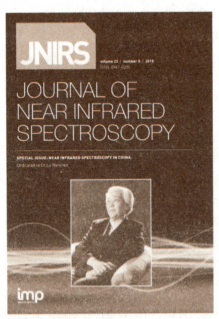

《国际近红外光谱杂志》（JNIR）为哀悼陆婉珍院士出版的专辑

2015 年 11 月 17 日凌晨 2 时，陆婉珍院士在家中走完了辉煌的一生，平静安详地离开了我们。陆婉珍院士骤然谢世，走得坦荡、自然，但噩耗传来，却给每一位熟识她的人留下了无尽的悲伤和永不磨灭的追忆。11 月 21 日，陆婉珍院士的遗体告别仪式在北京八宝山殡仪馆举行，上千位来自石油化工、分析化学以及仪器仪表等领域的社会各界人士冒着雨雪前往北京八宝山送别陆婉珍院士，深深悼念这位为中国分析化学和石油化学事业做出突出贡献的科学家。

陆婉珍院士尽管离开了我们，但她的精神永在，教诲长存。她对事业的热爱，对科学执著的探求精神，对工作认真负责、鞠躬尽瘁的优秀品格，将永远留在我们心中。"落红不是无情物，化作春泥更护花。"陆婉珍院士最后的"新青胜蓝惟所盼"的心愿将时刻激励我们前进，她留下的事业将永无止境。

 相关阅读

应做有科学精神的人

陆婉珍

一旦有了科学精神的武装，大家会更自觉地学习科学知识，树立科学观念，掌握科学方法。研究生训练就是要使就学的同学进入这种反复循环的提高，这也是研究生教育的成绩。

科学精神的内涵十分丰富，但总结起来不外乎德、智、体、美四个方面。

一个有着科学精神武装的人，必然会理解人类社会有着一定的道德原则，这些原则是正直、诚信和理性。只有大家都按这样的标准处事，社会才会有序地前进。

一个有着科学精神武装的人，必然会知道我们必须继承前人的成果，不断探索、创新，并在探索过程中必须学会格物致知。分时、分阶段地去探索不同的目标，并及时做好归纳与总结。

一个有着科学精神武装的人，必然会理解身体是为人类服务的最基本的条件。同时，万物都是在不停地运动中，包括我们的肉体，因此我们要注意各方面在运动中的平衡，任何疾病都是人体不平衡的结果。

一个有着科学精神武装的人，自然会理解在空间中存在着最完美的线条、声音和色彩。这些线条、声音和色彩，有时需要我们去创造，有时需要我们去俘获。但只要它们显现在眼前，就使我们感到赏心悦目，身心恢复平衡。

徐晓白：不惧朔风暗香来

■ 胡晓青（中国科学院大学）
黄艳红（中国社会科学院马克思主义研究院）

　　徐晓白（1927—2014），1927年生于江苏苏州，1948年毕业于上海交通大学化学系，毕业后在上海中央研究院化学所任职。1949年中华人民共和国成立以后，先后在中国科学院物理化学所、中国科学院长春应用化学所、中国科学院化学研究所以及中国科学院生态环境中心工作。徐晓白在无机化学和有机化学领域都有所贡献。她科研生涯的早期，曾在荧光材料、稀土二元化合物以及在原子能方面配合核燃料后处理工艺做出了贡献。1975年以后，致力于发展环境有机毒物的痕量分析、环境行为与生态毒理研究。1995年，徐晓白当选为中国科学院院士。2014年3月27日徐晓白在北京去世。

小荷才露尖尖角

徐晓白（后排中）大学时期与父母及弟弟妹妹合影

　　徐晓白出身于书香门第。父亲徐祖藩是民国时期交通部吴淞商船专科学校校长，还担任过台北港务管理局局长、前招商局总船长等职务，是一方名人。父亲才学横溢，对家里的孩子要求非常严格，这样便养成了徐晓白好读书、求上进的性格和习惯。

　　1944年，徐晓白以优异的成绩从南洋模范中学第一届女高中毕业，走出中学校门的她，没有多做思考，偏好理科的她选择了以化学作为毕生职业，以全校第二名的成绩考入了国立上海交通大学化学系就读。这位性格活泼又好强的女孩和时下大多数选择

1944年徐晓白在南洋模范中学女高中毕业合影（第三排左一为徐晓白）

科学为职业的女学生一样，自求学以来便以居里夫人为女性追求科学、追求独立精神之偶像。青春少艾的女孩对未来充满了向往，她憧憬自己将来能和居里夫人一样，在科学上有所建树。求学期间，她按照"以完成一日设定目标来安排就寝"的方法，常常通宵达旦刻苦读书。她那时候的室友笑谈：徐晓白读书特别刻苦，无论什么时候，哪怕是夜里一觉醒来，她都会抓起书本阅读。正是因为下了苦功夫，徐晓白的成绩在班级里总是名列前茅。

1948年徐晓白从国立上海交通大学毕业，走上了工作岗位。她的第一份工作是在上海的中央研究院化学所担任助理员，当时吴学周所长本来让她跟随柳大纲做研究，因为当时柳尚在美国，于是让她先跟随分析化学家梁树权。甫出校门便得遇明师，梁树权的教诲令徐晓白终生难忘。她一开始从事的是有关钨、钼、硫等测定方法方面的研究，在梁师门下，徐晓白掌握了从事化学研究的基本

青年徐晓白

方法，打下了坚实的化学基础，这段经历对她后来的事业发展影响颇大。

中华人民共和国成立以后，中国科学院接收中央研究院在上海的化学、植物、动物和工学四个研究所，成立了上海中国科学院物理化学所，徐晓白在新单位里展开了新的事业。1950年，徐晓白正式投入到柳大纲门下，从事物理化学和无机化学方面的研究工作。在柳大纲的引领下，徐晓白进入到了无机化学的另一个研究层次，真正开始了自己事业的起步。跟随柳大纲的步伐，徐晓白从上海的物理化学所，调入到长春应用化学所，后来又回到北京的中科院化学所，他们既有师生之情，也有朋友之谊。

20世纪50年代初期，新中国百废待兴，基于国家必须迅速自主研制发光材料的需求，柳大纲带领徐晓白等青年学者，试制了以硫化锌、镉为基底的X射线荧光料。在系统考察了荧光料发光性质对其组成和制备条件的依赖关系以及荧光光谱分布与参杂锑、锰相关的规律后，该课题组首次研制出卤磷酸钙新型日光灯荧光材料，并向南京灯泡厂推广成功，后来又在北京推广，从而结束了我国生产有毒、价格昂贵的硅酸铍系日光灯荧光料的历史，为我国日光灯照明工业发展做出了突出贡献。这个项目的成功让徐晓白在她的科研生涯中第一次收获到了巨大的喜悦，她投入科研的决心和劲头更加足了。

在事业发展的初期，徐晓白紧追柳大纲的脚步。她的研究方向曾经因为国家需要而面临过多次调整，但她并不计较个人得失，每次都欣然接受组织的委派，哪里有需要，她就去哪里，绝不会因为个人的专业发展而无视国家的需求。例如，因国家大规模工业建设及保护古建筑的需要，虽然并非土建工程师，但徐晓白毫不犹豫，毅然跟从柳大纲圆满完成了唐山林西煤矿风井流沙层和佳木斯糖厂厂房地基的土壤加固工程。1956年，徐晓白跟随柳大纲展开盐湖化学研究，同时她还翻译一本俄文小册子——伊凡诺夫（苏）著《天然矿物盐》出版；1957年，她和苏联专家妮娜·彼得罗夫娜·鲁日娜娅一起开展熔盐体系研究。1958年，为了稀土资源的开发和利用，徐晓白开拓了稀土元素二元高温化合物的系统研究，完成了一系列稀土硼化物和若干稀土硫化物等的制备、反应机理、元件成品加工、物理化学性能以及其化学行为的研究。徐晓白等人制备出的六硼化镧电子发射性能好，曾分别为有关研究所、工厂的大功率电子管和真空电子束焊接机试生产中用作阴极材料，获得满意结果。20世纪60年代初，她又因配合国家原子能任务的需要，研究了核燃料前处理和后处理中的一些化学问题，例如，她负责了四氟化铀到六氟化铀之间的中间氟化物的合成，为氟化动力学研究提供了 X 射线相分析的标准样品，阐明了氟化工艺的优选条件。徐晓白的工作得到了国家和科技界的认同，1959 年，她作为"群英会"的代表之一，荣获了"全国三八红旗手"的光荣称号，1978 年，她又成为中国科学院重大技术成果奖的获得者之一。

从无机到有机

　　1975 年，"文化大革命"余波未熄，徐晓白已人近中年。徐晓白曾经希望自己能去上海硅酸盐研究所，继续她的无机事业。然而，一纸调令，她被派往新成立的中国科学院环境化学所参加工作。尽管这意味着重新开始，徐晓白还是欣然前往，并没有什么犹豫。她珍惜这来之不易的工作机会，决心要好好弥补这些年被耽误了的时光。但一开始徐晓白并没有被安排合适的科研工作。在等待新的工作安排之际，徐晓白没有荒废时光，她有一个计划，便是着手翻译 A. A. Levin 所著《固体量子化学》一书。她参考了这部书的英译本和俄文原著，并请教了学术界的同仁。这本小册子的内容与徐晓白的本职工作关联并不大，很多都是物理学的知识，但徐晓白却无比投入，她沉浸于翻译的世界里，并把这件事当成了一种休闲和享受。而这部书在 1982 年得以正式出版，也标志着徐晓白从此告别了从事近三十年的物理化学和无机化学的研究，踏上了环境有机化学新征程。

　　徐晓白深知专业转换给她带来的不利，为此，她争取一切可以争取到的学习机会，希望能在有机化学中也闯出一片天地。1980 年，徐晓白得到了一个难得的学习机会，已经到知天命之年的她背上行囊，踏上了去美国加州大学伯克利分校做访问学者的行程。早在青年时代，徐晓白便憧憬着有朝一日能够赴美留学，可是一直到了中年才得以

徐晓白在加州大学伯克利分校的实验室工作

成行。她非常珍惜这来之不易的机会，在美国的实验室里，她如鱼得水。在南洋模范中学和上海交通大学打下的良好英语底子，帮助她能够顺利和美国的学者交流。在美国加州大学做访问学者期间，她首次报道了从柴油机颗粒物中检出强致癌物2-硝基芴，继而又详细报道了50多种硝基多环芳烃以及含氧硝基多环芳烃等直接致突变物，这是关于柴油机排放颗粒物环境风险研究的重要突破，有关结果已被百余篇国外文章引用，它是当时美国有关部门决策是否实施柴油机化的重要依据之一，对其他国家的大气污染研究也有重要参考价值。这是徐晓白在环境科学上的一次重大突破，此后，她在环境化学这条路上走得更远。

与环境化学有缘

徐晓白的后半生一直在和环境化学打交道，她感到自己要做的事有很多。徐晓白敏锐的学术思考力告诉她，随着国家改革开放的深入，社会经济的发展，带来的人和环境之间的互动将越来越多。出于科学家的责任感和道德感，借鉴国外已有的经验和教训，徐晓白认为，如果不注意环境保护，我国也将会重蹈发达国家经历的"先污染、后治理"的弯路，因此环境保护在现代中国是刻不容缓需要解决的大问题。她敏锐地察觉到：环境化学将是一门大有可为的新学科！经过数

徐晓白参加中国履行斯德哥尔摩公约国家实施方案第二次技术协调会合影（第一排左六为徐晓白）

十年的发展，环境化学从一门边缘学科渐渐发展、壮大，也证实了徐晓白的高瞻远瞩。从 20 世纪 80 年代后期开始，徐晓白主要从事的是对有毒有机化合物的环境化学行为、生态毒理与分布调查等交叉学科的研究。1991 年，她作为主要负责人开展了"八五"国家重大基金项目——"典型化学污染物在环境中的变化及生态效应"，该项目的实施进一步拓宽了我国环境科学学科的交叉与融合，建立了一套综合研究污染物化学行为和生态效应的方法体系，为阻断及防治相应污染等提供了科学依据，也为国家环保决策部门、环境监理部门等带来了重要的实用价值。这个项目在 1999 年获得中国科学院自然科学一等奖，徐晓白为获奖第一人。

1995 年，徐晓白做了一件非常重要的事。她受国家环保局委托，开展了中国持久性有机污染物的初步调查，为中国代表团参加有关持久性有机污染物的国际公约谈判提供了重要科学资料。徐晓白根据多年从事持久性有机污染物的研究成果和中国持久性有机污染物环境污染和生态影响现状，组织业内专家，联名给政府上书，呼吁中国尽早加入《关于持久性有机污染物的斯德哥尔摩公约》。该项公约意在关注和限制持久性有机污染物（POPs）污染问题。如果加入《斯德哥尔摩公约》，中国便需要在《公约》生效当日起计的两年内制订国家实施方案（NIP），采取必要的法律和行政措施，以安全、有效和对环境无害化方式处置 POPs 库存

徐晓白院士（左三）八十华诞

及废弃物，达到持续减少并最终消除持久性有机污染物的目的。这是徐晓白为环境发展做出的一次重要努力，并取得了成效。2001 年 5 月 23 日，中国政府签署了《斯德哥尔摩公约》。2004 年 8 月 13 日，中国政府向联合国交存了批准、接受、核准和加入书。《斯德哥尔摩公约》于 2004 年 11 月 11 日正式对中国生效。

不仅如此，徐晓白在大气污染、水污染等方面也做了许多工作，并提出了切实可行的有效防治方案，她的科研成果在推动环境保护等方面起到了重要作用。

曾有人称赞徐晓白为成就卓著的巾帼豪杰，她的坚强、厚德让每一个认识她的人都难以忘怀。晚年的她，除了坚持参加各项学术活动，把很大一部分精力都放在了培养学生上，她甘于做一个辛勤的园丁，培养了许多环境化学事业的优秀接班人。徐晓白一直工作到了她的身体不允许自己再辛劳的那一刻，她耗尽了生命的最后一点火花，带着事业未竟的遗憾，2014 年 3 月 27 日徐晓白溘然而逝。

相关阅读

朴实无华徐晓白

胡晓菁　黄艳红

当笔者第一次见到徐晓白院士时，她已经因身患"阿尔茨海默病"卧床多年。这位曾经无比坚强的女性因疾病折磨而瘦弱、憔悴，但她的面容却显得慈祥、温和。她的丈夫是在 20 世纪 50 年代留苏归来的无机化学专家胡克源研究员，对笔者讲述了妻子的点滴往事。

从老照片上那位衣着时髦、落落大方的闺秀到后来那位衣着普通、甚至有些土气的老妇人，笔者赫然发现，原来每个人背后都有许许多多的故事。随着资料掌握的深入，对徐晓白院士了解得越多，笔者越发感慨——这位女科学家的一生既平凡却又不易。她只是时代洪流中的一叶扁舟，虽免不了随波逐流，但却因为掌舵者的坚定而有自己的方向和轨迹所寻。

　　人生有起有落，徐晓白都淡然处之。她性格乐观，亲友和学生几乎从来没有听到过她的抱怨。几乎每一个晚辈提到她，说起的都是她的慈爱。每一个朋友谈起她，想到的也是她的宽容。她为人低调，即使评上了中国科学院院士，她的名字仍很少在大众中提起，各种媒体、舆论对她的宣传也是少之又少。

　　徐晓白的朴实让每一个人都难忘记。女儿胡永洁回忆母亲：她很少关注自己的衣着打扮，对生活也没有什么要求。即使是徐晓白的院士标准照上，她也没有刻意打扮自己，而是以一副朴实的状态出镜。对于评上院士这件事，徐晓白只是淡然一笑：可以不用退休，继续工作了！徐晓白几乎把所有的时间和精力都花费在科研工作上了，也因此失去了许多个人的生活乐趣，但她不以为意，在她看来，科研工作便是她人生的最大价值。

　　忘不了徐晓白的人生格言——"一个向着目标奋进的人，世界也会给他让步！"徐晓白就是这样想的，她也是这样做的。她一旦确定了目标，便坚韧不拔，她的坚定帮助她攀登上科学的一个又一个高峰，为她的人生绘下了绚丽的画卷。

叶叔华：星路漫漫　上下求索

■ 杨玉德（中国科学院上海天文台）

　　叶叔华，1927 年出生，天文学家，中国科学院院士，第一届全国十大女杰。20 世纪五六十年代建立并发展了中国的综合世界时系统。70 年代早期，推进有关新技术在中国的建立，负责中国甚长基线射电干涉网的建设。90 年代开拓天文地球动力学研究，负责"现代地壳运动和地球动力学研究"攀登项目并取得了重要成就，发起和创建"亚太空间地球动力学"国际合作项目，担任首届主席。1985 年当选英国皇家天文学会外籍会员。1988—1994 年当选为国际天文学联合会副主席。曾任中国科学院上海天文台台长，全国政协委员，中国科协副主席，上海市科协主席等职。1994 年经国际天文学联合会有关委员会批准，紫金山天文台把该台发现的小行星 3241 号命名为"叶叔华星"。

女人当自强

1949 年 6 月，国立中山大学理学院数学天文系颁给叶叔华的临时毕业证书上的毕业照

　　叶叔华 1927 年 6 月出生于广东省广州市，由于受生计和战乱所迫，叶叔华从小随家人辗转于广州、香港、韶关、连县等多地才念完了小学和初中。回忆起颠沛的童年和青少年时代，叶叔华平静而又和缓地说："只有体会过什么是亡国奴滋味的人，才知道什么是青年科学工作者的爱国热忱，才会理解我们为什么在国内严酷的政治斗争中棒打不走、棒打不散，才会明白科学没有祖国，但科学家有祖国。"

　　从中山大学数学天文系毕业后，叶叔华与其在大学求学期间相识相知的丈夫程极泰一同回到香港，并找到了一份稳定的工作。新中国成立之后，叶叔华夫妇对祖国的前途和未来充满了憧憬，报效祖国的渴望之情油然而生。1951年8月，他们毅然离开香港，来到上海。程极泰经人介绍前往复旦大学数学系任教。而当叶叔华满怀信心敲响徐家汇观象台的大门找工作时，却遭到了婉拒。这对初入社会的叶叔华来说，无疑是一个重大的打击。但富有倔强个性的叶叔华没有气馁，她毅然向当时的老台长毛遂自荐，直言上书，写了一封很不寻常的信推荐自己。最终，她的诚意和坚持换来了成功。

1951年1月叶叔华在香港

初入徐家汇观象台，叶叔华的第一份工作就是观测恒星，然而这份工作却未如叶叔华想象中一样浪漫，每日重复性的观测让人感到异常的乏味。但是，随着时间的不断推移、工作的不断深入，叶叔华在枯燥的数字记录中逐渐理解了天文工作的意义。

1958年起，徐家汇观象台着手筹建我国自己的世界时综合系统。深感精确的时间对人们日常生活和国家发展的必要性和迫切性，叶叔华勇挑重担，带领课题组利用当时紫金山天文台和徐家汇观象台仅有的少数几架仪器进行观测试验。落后的技术和陈旧的设备给科研工作带来了很大困难，最后，经过一年多时间的反复测算和分析研究，叶叔华和同事们终于找到了适用的数学模型。

"你只要有一点点疏忽，数据上就会产生很大的差异。"对着这样一份近乎呆板的工作，叶叔华和同事们投入了极大的热情。功夫不负有心人，随着观测台站的不断加入，观测仪器的不断增多，我国世界时综合系统也越来

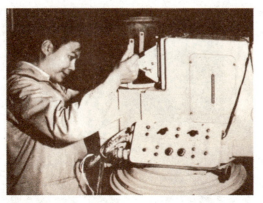

1964 年，叶叔华在中国科学院上海天文台的丹容等高仪上进行观测记录

完善，从事世界时工作的人员也越来越多。自 1964 年起，我国世界时测量精度便跃居到世界第二位，并在此后一直保持国际先进水平。1965 年，我国的综合世界时系统通过国家鉴定，正式作为我国的时间基准向全国发布。并正式提供大地测量、国防军工和科学实践等应用部门使用，满足了全国多方面的需求，为国防和国民经济建设做出了重大贡献。

战略眼光推进新技术发展

20 世纪 70 年代初，刚走出牛棚的叶叔华，就跑去了图书馆。在积满灰尘的书堆里翻阅国外天文学杂志，急于知道外国同行这几年到底在做什么。甚长基线干涉测量（VLBI）技术和激光测距等空间技术就此进入了她的视野。这些空间新技术将测量精度一下子提升了一个数量级以上。叶叔华真切地感受到：随着这些新技术和新方法的出现，再墨守成规，迟早要被世界所淘汰。

1973 年，叶叔华大胆地提出要在我国发展甚长基线干涉测量技术，该建议得到上海天文台领导的重视和支持，并成立了一室射电组。但当时要建立我国的 VLBI 系统，面临着诸多困难，例如：对于新技术没有经验、高档的电子元器件和测量仪器欧美国家对我国禁运、天文界同行对于在我国是否发展 VLBI 有不同看法以及科研经费不足等等，叶叔华必须全力以赴去解决这些问题。她想到了"请进来、派出去"的策略，即走国际合作路线，不仅亲自前往国外向同行学习先进经验，同时也邀请国际著名专家来华讲学，从很大程度上推动了我国 VLBI 课题研究工作的进展。

1975 年 12 月，一室射电组提出"关于在我国开展长基线干涉工作的论证和有关建议"。随后不久，1979 年，6 米射电望远镜在上海建设完成。25 米射电望远镜也于 1987 年建成，次年即开始参与美国 NASA、欧洲网及中日 VLBI 合作项目等国际联测，引起了国际上很大的关注度。

1986 年 1 月，在叶叔华的带领下，上海天文台完成了"关于发展中国 VLBI 网的建议书"，规划了中国 VLBI 网的概貌：新建乌鲁木齐 VLBI 站、改建昆明 10 米天线为 VLBI 站、升级上海 VLBI 数据处理中心等。该建议经过天文委员会推荐，中国科学院同意立项，确定为天文口"七五"期间重大项目，项目命名为"VLBI 网二期工程"，并确立了工程总负责人为叶叔华。正是她不懈的努力和战略的眼光，让上海天文台和中国天文界，迅速赶上了 20 世纪八九十年代国际天文从经典观测转向空间观测的潮流。

与叶叔华共事过的人都说她的眼光总是看得很远，她自己却说："机会就在你的眼前，怎么可以不抓住它！"台湾"中研院"地球科学研究所所长赵丰，曾在美国宇航局工作。他回忆起叶叔华赴美参观正在建设中的世界最大望远镜，"100 米的望远

1990 年，叶叔华在美国新墨西哥州参观最大的射电望远镜阵列

镜，可以想象它有多高大，要爬起来也是很可怕的。"赵丰说，"当我在底下准备开爬，并且考虑自己能爬多高时，已经看到叶先生爬了一半，她毫不迟疑地就上去了。最后她爬到最高的地方，我只爬到一半。"

亚洲第一的射电望远镜——天马望远镜的建成，也是叶叔华抓住了机会。2008 年 1 月，上海市领导接见本市参与嫦娥一号卫星任务的有关单位领导和代表时，叶叔华提出了建设更大口径射电望远镜的建议并被采纳。同年的 11 月正式成为一项"院市合作"的重大工程建设实施。这台 65 米口径的射电望远镜于 2012 年建成后，不仅圆满完成了嫦娥三号的测轨任务，更在国际 VLBI 网中发挥着主将作用。

将"中华牌"拓展为"环球牌"

1991 年叶叔华院士联合中科院、国家测绘局和国家地震局等单位，主持了国家攀登项目——现代地壳运动和地球动力学研究，把全国有关天文与地球科学的力量集中起来，开展我国在现代地壳运动和地球动力学方面的研究，大大推动了中国天文地球动力学学科的发展。此后，叶叔华就努力把该项目研究推广到亚太地区。因为亚太人口密集，地质构造复杂，自然灾害频发，急需国际合力研究。而在亚太地区，中国所占的位置是非常重要和有利的，研究结果也必将对国家大有好处。怀着这样的心，叶叔华开始筹划亚太空间地球动力学国际合作计划。

终于在 1995 年第 21 届国际大地测量和地球物理联合会（IUGG/IAG）上，叶叔华舌战群儒，正式在会上提出了"亚太地区空间地球动力学计划（APSG）"，并通过据理力争，正面回应了各方提出的质疑，得到该联合会第四号决议支持。该决议确定由叶叔华领衔组织实施这项国际合作计划。此后，她趁热打铁于 1996 年 5 月在上海召开了 APSG 计划的成立大会，将 APSG 中央局总部设在上海天文台。共有中国、美国、澳大利亚、日本、韩国、俄罗斯、德国、法国、印度尼西亚等近 20 个国家和地区的学者与专家参加了该计划，这是国内极少数几个以我国为主的大型国际合作研究项目之一。叶叔华连任 APSG 执委会主席至 2008 年，如今虽早已年逾八旬，但仍然相当关心 APSG 的进展及各项任务和研究计划的落实。

叶叔华是大力提倡国际合作的科学家，在她的努力下，中国天文界与国际天文界建立了广泛的联系与交流。20 世纪 80 年代，她积极组织全国力量参与"国际地球自转联测"项目，取得了多项重要成果。

为恢复中国天文学会在国际天文界和国际天文学联合会（IAU）中的合法席位，1978 年叶叔华作为中国天文学会代表的成员之一，参加了在加拿大蒙特利尔召开的第 17 届 IAU 大会。在她与代表团其他中国成员的坚持下，IAU 通过了以中国（南京）天文学会和中国（台北）天文学会共同参加 IAU。1985 年 11 月，中国天文学会组团出席在印度新德里召开的第 19 届 IAU 大会，根据大会决议，叶叔华被选为本届 IAU 财务委员会主席，从此，在 IAU 的各种学术会议上有了来自中国的声音。

此后，中国多次举办 IAU 各种学术会议，1988—1994 年，叶叔华当选第 20 届和第 21 届 IAU 的副主席，这是中国天文学家在国际天文学联合会中担任的最高职务，成为中国天文界进入国际天文组织高层领导的第一人。在此期间，她抓住时机，与各国开展了一系列国际合作观测与研究项目，不断提升我国天文事业在国际上的影响力。

积极参与科普和妇女事业

叶叔华潜心于天文事业研究的同时，也是一名热心社会科普事业的"志愿者"。她经常在百忙之中抽出时间为青少年学生指导科学实验活动、做科普报告、在广播和影视媒体上讲课，并参与编辑了新版《十万个为什么》等科学普及著作。她常说，科学工作者自身就是科普的最大受益者，自己从一张白纸到成为天文学领域的专家，也是受到大量天文科普作品的启发和影响。

她在中国科协工作期间，分管科普工作，曾主持大学生"挑战杯"竞赛。她作为领队，参加中科院天文口组织的漠河日全食观测。上海天文台曾有一位年轻的天文工作者对她说，"叶先生，你知道吗，就是因为当年我有机会作为一个业余天文爱好者和您一起去漠河，亲眼见证了日全食的整个过程，被天文的魅力深深感染，才从此决定了自己未来要走的路。"

1996—2001 年，叶叔华兼任上海市第六届科学技术协会主席，其间她已年逾七旬，但她仍然积极推动科协工作。在任职主席期间精心组织科技论坛，邀请政府领导人、国内外知名科学家以及诺贝尔奖获得者等来做报告，传播知识，当然她也曾多次亲自上台讲解科学知识。叶叔华做的科普报告总是深入浅出，通俗易懂，给人留下了深刻的印象。她曾为了说明没有物质运动就没有时间，举例说："记得孙悟空拜师学艺那天，师傅让他半夜来访吗？那时悟空既没有钟，也没有表，怎么计算时间？后来他就算呼吸、数脉搏，终于盼来了半夜。"

从 20 世纪 80 年代开始，叶叔华以著名科学家的身份出任社会工作。在人大，

2000 年 11 月，时任上海市科协主席的叶叔华联合广大科学家精心组织了以"世纪之交的思考"为主题的上海市科技论坛

或者在政协，叶叔华都以科学家的严谨深刻和女干部的通情达理、善解人意，成为公认的具有相当影响力与权威感的领导者。

作为女性杰出人物，叶叔华对女性问题，其中包括女性参与经济、社会发展、女性成才等方面的问题，自然格外关注。1995 年 9 月，她出席了在北京举行的第四届世界妇女大会非政府论坛会议，应邀为会议组织的"议员日"活动发表演讲。她对世界妇女的现状和发展，怀有真诚的关切与思虑。她认为，随着人类的进步和社会文明的提高，女性冲破"玻璃天花板"的例子比比皆是，而能不能冲破"玻璃天花板"，关键还在于个人。

1998 年，经原理事长、著名女科学家周光宇教授推荐，叶叔华担任中国人力资源开发研究会女性人才研究会理事长。任职期间，她在研究会理事和秘书处的支持下，先后成功组织召开了第二届理事会第一次会议暨"面向 21 世纪女性人才发展高级研修班""中国西部女性人才开发研讨会"，并代表女性人才开发研究会出席了在中国重庆举行的"中国西部开发国际研讨会"。在她的带领下，女性人才研究会空前活跃、蓬勃发展，努力为女性人才开拓了发展空间。

"在科学领域，女性与男性的机会是均等的，且女性有着精细、敬业的先天优势，只要你锲而不舍地去做，总会有属于你自己的成就。"

相关阅读

做好本职工作就是一种奉献

杨玉德

　　如今已是耄耋之年的叶叔华，在深究深悟天文学的这条道路上走了大半辈子。在这位女性身上，可以同时发现凡人的伟大和大家的平凡。说她是平凡的科学家，是因为她是从普通的科研工作起步的。她刚到徐家汇观象台工作时，就是一位极其普通的天文观测员。冬天观测，天气很冷，手脚都冻得发麻，但不能戴手套，因为戴了手套，操作望远镜的手指就不那么灵活了。夏天观测，蚊虫又经常会来干扰。平时还要承担大量烦琐的计算工作，这对于刚踏上工作岗位的她来说，需要克服怎样的困难是可以想象的。但她并没有因为工作的困难而打退堂鼓。她曾经说过："每个人把自己的工作做好，都是一份很珍贵的贡献"，真实反映了她从事科研工作几十年以来始终坚持的信条。说她是伟大的科学家，是因为她的战略眼光非常敏锐，总是能捕捉到未来的发展方向在哪里，并适时与国际接轨，谋划长远发展。同时，她既懂用人，更懂领导，在担任上海天文台台长期间，带领大家踏踏实实做研究，为发展我国天文事业做出了很大的成绩和贡献。平时，大家都习惯称她为"叶先生"，女性，被称为"先生"，是一种尊称，我们从心里都是十分敬佩她的。

　　在做科研工作时亲力亲为，从不畏惧艰难，总是迎难而上。而在做人方面，她也有她独特的个人魅力。现任上海天文台台长洪晓瑜回忆说，"她总是很真诚、很用心地对待他人。以前有比较好的朋友要送走的时候，我们还会送到机场。在对方办理完登机手续后，一直要到对方入关看不见了，安全了，她才离开。"正是因为她的这种以诚待人，把外国合作者也当作朋友来看待，所以她在中国乃至世界天文界的威望也非常高。她的日常生活十分简朴。家里的沙发还是20世纪80年代的，我们都说你应该换一个，她却说，"很好啊，我们还能坐，能用就用"。

　　总的说来，她能够事业有成绝不是偶然的，这是她几十年兢兢业业、坚持不懈的结果。还记得我们在资料采集工作中，有一位被采访者谈到："叶院士说，办一件事，如果只有40%的把握，而你停止在这里不动，也就会慢慢变到20%，最后就是零。如果你是积极争取，可以将其变成60%、70%，最后就搞成了。"或许这就是她能不断取得成功所坚持的信念吧！

尹文英：山高水长路多花

■ 熊燕（中国科学院上海生命科学信息中心）

尹文英，动物学家，中国科学院院士。1922 年出生，1947 年毕业于国立中央大学生物系。历任中央研究院动物研究所助理研究员，中国科学院水生生物研究所助理研究员，中国科学院上海昆虫研究所副研究员和研究员，中国科学院上海生命科学研究院研究员。早年从事鱼类寄生虫和鱼病防治研究，奠定了我国鱼病学研究基础。1963 年起，开创了我国原尾虫系统分类和演化研究，建立了原尾纲系统发生的新概念和新分类体系，并开拓了六足动物的起源与演化研究。1985 年起，推动和组织了全国土壤动物的调查研究，对我国土壤动物学的建立和发展做出了重要贡献。曾获国家自然科学奖二等奖、国家科技进步奖二等奖、中国科学院科技进步奖一等奖和二等奖、何梁何利基金科学与技术进步奖等多项奖励。

"创新是科学发展的灵魂，勤奋是事业成功的保证。"
"科学研究是我自幼梦寐以求的终生选择，也是我最爱的工作。"
"时间是无限的，空间是无限的，科学技术的发展也是无限的。"

——尹文英

战乱时代坎坷求学

1922 年，尹文英出生在河北省平乡县的一个小村庄。父亲在她不满一岁的时候即赴法留学，长年不在家，母亲每天忙于大家庭的家务和针线活没有时间照顾小孩，让小小的尹文英在毫无约束的环境中长大，养成了她热爱自然、活泼善良与乐于助人的性格。

尹文英的父亲尹赞勋，是我国著名的地质学家和古生物学家，我国地质事业的开拓者和组织者之一。父女二人都在各自领域为我国的科学事业做出了突出贡献，都成为了中国科学院院士，这也在我国科学界传为一段佳话。

1931 年 5 月，尹赞勋获得法国里昂大学理学院地质学博士学位后回国，就职于北京地质调查所。随同母亲来到北京时，尹文英已有 10 岁，插班进入到北京第二小学五年级读书。之前的尹文英没进过学校，仅上过几年私塾。刚从私塾教育过渡到学校教育的初期，有些功课赶不上，尹文英感到无所适从，忐忑不安。父亲不仅经常鼓励她，还通过自己的一言一行潜移默化地影响她，这对尹文英后来的成长产生了极大的影响。

中学时期的尹文英

结束了自由自在的童年生活，等待尹文英的是一段极其坎坷的求学之路。从 1934 年秋考入华光女中，到 1943 年国立二中毕业的八年间，她先后就读过五所中学。在这期间，也是国家承受着巨大伤痛的灾难时期。

1936 年春，由于父亲工作调动，尹文英随父母去了南京，插班汇文女中。1937 年，卢沟桥事变爆发，淞沪战争烽火再起。为躲避日益频繁的日本飞机的轰炸，父亲带着一家人从南京去安庆避难。同年 11 月，父亲赴南昌担任江西省地质调查所所长，母亲带着尹文英她们去南昌与父亲会合。此后，随着父亲单位的迁移，尹文英从南昌到安源煤矿，再到泰和县的小塘洲村，过起了一段动荡不安的生活。1939 年，父亲被调任实业部地质调查所昆明办事处主任，只身前往昆明。作为长女的尹文英一个人带着全家住在广西桂林，小小年纪就成了家中的主心骨，半年后父亲又调到重庆北碚，尹文英带着全家赶去与父亲团聚，生活才暂时安定下来。

到重庆后，尹文英插班到合川国立二中女中分校读书。虽然条件艰苦，但当时国立二中的几位校长都是战前江苏省几所著名中学的校长，许多教师也都教学经验丰富。老师们认真备课，学生们用功读书。尹文英发奋图强，学习成绩一直保持在全班前三名。最重要的是，苦难的经历不仅练就了她坚强的意志，由于自幼受到家庭的熏陶，特别在父亲和父辈们执著于科学的思想的影响下，此时的她已懂得了"国弱被人欺，国强才自立"的道理，从此立下了"科学救国"的志向。

大学时期的尹文英

1943 年，尹文英以优异的成绩高中毕业，听从父亲的建议，考入了从南京迁到重庆的国立中央大学。虽然一直向往地质系，但报到时却被理学院院长欧阳翥先生"拉"到生物系，从此与生物学结缘。

当时，中央大学虽然校舍简陋，但对教学质量的要求极其严格，实行非常"残酷"的淘汰制。尹文英所在的动物学科入校时全班有 12 人，到毕业时仅剩下了尹文英和另一名男同学。当那名男同学生病请假时，她就独自享受"研究生待遇"。在极为艰苦的条件下，尹文英始终咬紧牙关，勤奋好学。抗战胜利后，尹文英和同学们经历千难万险回到南京，终于能在教室里安心上课，再也不用战战兢兢地生活了。在南京成贤街中央大学的生物大楼，尹文英完成了她最后一年的大学学业，顺利从中央大学毕业，为未来从事生物科学研究打下了良好的基础。

龙王庙里鱼病防除

1947 年尹文英大学毕业前留影

1947 年夏天，尹文英即将从中央大学毕业，学校安排她接待中央研究院动物研究所的访问学者——英国寄生虫学家史若兰，当即被史若兰看中选做助手。1947 年 8 月 1 日，尹文英来到上海岳阳路 320 号中央研究院动物研究所 3 楼 123 号史若兰实验室，从此踏上了科学研究之路。从史先生那里，尹文英学到了做学问的方法，懂得了做人的道理，更收获了母女般的情谊。从报到那天开始，直到 1962 年初史若兰回国的 14 年间，二人亲密无间，尤其是在 1956 年水生生物研究所搬迁到武昌珞珈山以后，为了照顾年届花甲的史若兰，研究所分配给她们俩共用一套住房，两人生活在一起达五六年之久，无论是工作、还是生活，更是形同母女。

1949 年上海解放后，动物研究所改制为中国科学院水生生物研究所。为了解决当时我国浙江一带淡水养殖鱼类死亡率过高的问题，1952 年年底，水生所与浙江水产厅和湖州菱湖镇政府协商，在我国最主要的淡水养鱼区浙江菱湖创建鱼病工作站，开展鱼病防治研究。翌年春，水生所即派尹文英等 5 人到浙江开始"菱湖鱼病工作站"的筹建工作。

工作站的创建是异常艰苦的。当地镇政府虽然非常支持他们的工作，但确实能力有限。当时摆在尹文英和同事们面前的第一个难题就是没有办公场所。菱湖镇是个水乡，由纵横交错的水网组成，只能行船，不能行车。在镇旁的一条主河道的中央建有一座镇河的龙王庙，四面环水。全体研究人员经过考察，向镇政府提议将龙王庙作为水生所的工作站，镇政府马上答应了他们的请求。这样，龙王庙的三间房子就暂时成了水生所专家们的"栖身之地"，新中国的第一个鱼病工作站也在这小小的龙王庙里"安营扎寨"。

工作站的任务是鱼病防治试验、鱼病门诊，间或需要出诊。尹文英和同事们一起，巡视鱼池，检查寄生虫，披星戴月，周而复始。后来，应"鱼农"的要求，他们不仅在工作站开设了接待鱼病检查的门诊室，还从上海购买了一条装尾机的木船到各乡去"巡回治疗"。在菱湖鱼病工作站三年里，对于鱼病防治始终坚持"无病先防、有病早治"的工作方针。全站同志们先后发现了近 20 种危害严重的鱼病防治方法和措施，后来在全国各养鱼区推广使用。另外，在分析大量科研数据的基础上，结合群众养鱼经验的总结，他

1950 年尹文英在上海岳阳路 320 号大院留影

们还制定出"三消四定"的养鱼防病措施，成为当时我国池塘养鱼科学操作规程中不可或缺的部分，并由水产部向全国推广，对我国淡水养鱼业的发展发挥了重要作用。

1956 年，菱湖鱼病工作站撤销，全部研究人员回到水生所后，开始分工编写《鱼病手册》《鱼病调查手册》和《中国淡水鱼类养殖学》，由尹文英执笔撰写的关于"鱼病的防治"的内容成为以后我国水产院校编写《鱼病学》教材的基础材料，为创建我国"鱼病学"奠定了基础。

■ "虫"源新说"天下独步"

1963 年，尹文英被调到中国科学院上海昆虫研究所工作，结束了与丈夫夏凯龄先生"牛郎织女"的生活，也是这一年，她与此后倾注毕生精力研究的原尾虫相遇了。这年夏天，尹文英与昆虫研究所杨平澜所长一行 5 人到浙江天目山采集昆虫标本，偶然发现一个"小白点似的虫子"，竟然是我国尚未见专门报道的原尾虫。当时没有文献资料，尹文英就主动向丹麦和日本的原尾虫分类学家 Tuxen 和 Imadaté 借阅资料进行研究，并在当年发表了她原尾虫研究的第一篇论文《中国原尾目昆虫的两新种》。这篇论文发表后，尹文英从此像着了魔一样，全身心投入到原尾虫研

尹文英在野外采集标本

究的世界中。在近 50 年的时间里，她和同事们踏遍祖国的大江南北、高原山区，先后采集到原尾虫标本 3 万余件，共报道原尾虫 190 余种，其中新种 168 个、新属 19 个，并建立了 4 个新科，极大地丰富了我国原尾虫的物种数量。

1965 年夏天，尹文英在上海松江县东佘山采集标本时，在竹林里发现了一只身披"铠甲"、形态独特的原尾虫，这只难以分类的棕红色小虫子，就是让尹文英的研究蜚声海内外的"红华蚖"。经过深入的研究，尹文英发现这是原尾目的一个新科，并骄傲地为它取名叫"华蚖科"。《中国原尾虫的研究Ⅱ．有管亚目的一新科》的论文一经发表，便引起了国际学术同行的极大兴趣，同时关于华蚖科的地位问题也成为国际争论的焦点。华蚖科的发现是对著名昆虫学家 Tuxen 博士所建立的经典分类系统的挑战。Tuxen 博士一直密切关注着尹文英这个原尾虫研究领域的后起之秀，为她的研究提供了很多帮助，尹文英也视其为自己的异国导师。但在华蚖的归属问题上，尹文英与 Tuxen 博士产生了根本上的分歧，他坚持不同意尹文英将华蚖归于古蚖亚目的主张。尹文英与 Tuxen 博士在哥本哈根和上海经过几次讨论，各执己见，一直无法形成较为一致的意见，于是双方认定必须再寻找更有说服力的证据来解决歧见，Tuxen 博士还向她提出了 17 个关键性问题，这促使尹文英开始了长达 10 年的原尾虫比较精子学的研究。

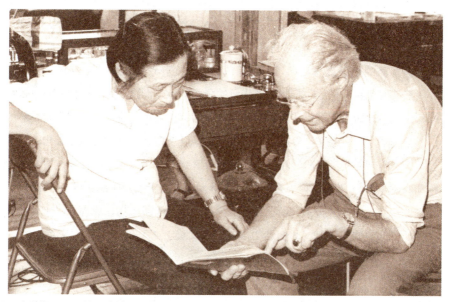

尹文英与 Tuxen 博士讨论

尹文英在国际会议上做报告

　　尹文英清楚地意识到，只有准确地回答 Tuxen 教授的 17 个问题，才能让学界心悦诚服，新的分类体系才能真正确立起来。尹文英从紧张的研究经费中挤出一部分购置设备，摸索新的技术，迎难而上，对体长仅有 1～2 毫米的原尾虫精子的超微结构进行观察。至 20 世纪 90 年代初，尹文英和她的团队先后对 8 科、16 属 20 种原尾虫的精子进行了超微结构的比较研究。结果发现，原尾虫每个科甚至属的精子都有其独具的特点，无论是在外形还是结构上都极富多样性。这些研究结果不但进一步阐明了华蚖的分类地位，而且为深入分析原尾虫各科、属之间的亲缘关系提供了有力的证据。此后，尹文英对原尾虫不同类群系统地进行了解剖学、形态学、细胞学、比较精子学以及内部器官的亚显微结构等方面的研究，发现在其高级阶元的分类系统上有重新考虑的必要。1996 年，尹文英在意大利佛罗伦萨召开的第 20 届国际昆虫学大会上提出了原尾纲 3 目 10 科的分类系统的观点，这一分类系统现已被各国同行专家学者所采用，成为原尾虫系统分类学研究的重要里程碑。著名动物学家伍献文院士在 1983 年写给尹文英的信中就说："对原尾虫而言，你可以说独步天下了，方惊后生可畏，钦佩不已。"

　　在尹文英及其同事的努力下，中国原尾虫分类学研究得到了全面的发展，一直处于国际领先水平。在进行大量调研和分类研究的同时，尹文英也非常关注国际生物系统学理论和方法的发展动态和热点问题的讨论。早在 1997 年，尹文英就开始采用分子遗传学的方法，进行 DNA 序列测序，构建原尾虫的分子进化系统树，为澄清原尾虫与其他无翅昆虫、甚至有翅昆虫之间的亲缘关系提供理论依据。2001 年，尹文英提出的"现生六足动物高级阶元系统进化与分类地位的研究"也获得国家自然科学基金重点项目支持。通过近半个世纪对原尾虫形态学、胚胎学、比较精子学等的研究，结合目前分子系统学的一些研究结果，尹文英有个大胆的假设：原尾虫可能既不属于六足纲，也不属于多足纲，是节肢动物里的一个单独的类群，是否可独立为"亚门"或"门"。当然，这么一个非常特殊的类群，如何确定它的进化地位还需要深入探索更多的方法，找到更多的证据，这也为尹文英和她的团队未来的研究工作提出了新的挑战和方向。

心系国土动物调查

尹文英在研究原尾虫的同时，也关注到土壤动物学的研究，并意识到这一研究领域的意义和我国在该领域与国际的差距。20 世纪 80 年代初，她主动联合复旦大学、华东师范大学等有关单位的学者组织起了全国大协作，并于 1982 年在上海举行了一次全国土壤动物学术交流会。会后，由尹文英牵头，协同 6 个兄弟单位，在国家自然科学基金的资助下，开展了"亚热带森林土壤动物区系及其在森林生态平衡中的作用"的研究。项目历时 5 年，共采集标本 30 万号，标本涉及 8 个动物门、20 个纲、71 个目的 600 多种动物。

1993 年，尹文英又联合国内有关专家共同开展"中国典型地带土壤动物的研究"项目。

尹文英在实验室工作

这个项目的工作烦琐而庞大，有9家单位、60多位学者参加，还聘请了十几位中、外专家参与标本鉴定。他们选择了高寒草原区、温带林区、暖温带林区、中热带雨林区和北热带滇南河谷区等五个典型地带，同步进行调查研究和分析比较。此外，在温带（长白山）、亚热带（杭州）和热带（海南）同时进行土壤动物生态学方面的试验研究，并在中部地区进行重工业污染和农药污染对土壤动物影响的调查研究。

为了扩大影响，同时为同行研究提供参考，尹文英在完成上述一系列项目的基础上，于1992年主编出版了《中国亚热带土壤动物》一书，1998年和2000年又分别主编出版了《中国土壤动物检索图鉴》和《中国土壤动物》两部专著，对我国土壤动物学的发展起到了重要的推动作用。

如今，已是耄耋之年的尹文英仍然在为这个领域的发展奔走呼吁，"现在土壤污染严重，但是土壤生物却有监测、指示、缓解和清洁污染的作用！因此，研究土壤动物学至关重要啊！"

尹文英一向为人谦和、做事低调。2011年是她90岁华诞，在弟子和学生的再三要求和坚持下，先生才答应把她60年发表的文章汇集成《尹文英文选》。昆虫学家杨星科研究员在文选的"序"中这样写道：先生为科学做出了卓越的贡献，她是"国际公认的原尾虫研究专家；我国六足动物起源与演化研究的第一人；中国土壤动物学的奠基人；鱼类寄生虫和鱼病研究的开拓者。"寥寥数语，却是对尹文英一生学术成就和重要贡献的真实写照和客观评价！

 相关阅读

我的学术和人格导师

陈立侨 [1]

我至今仍清晰地记得第一次见到尹先生时的情景。其时我刚来上海华东师范大学做堵南山先生的博士后，想尝试申请上海市科委的

---

[1] 作者系华东师范大学教授。

"青年科技启明星计划"。我带着一份不成熟的申请书，惴惴不安地去见尹先生，想请她指点并帮忙写一份推荐信。去的路上我一直很忐忑，但见到先生的那一刹那，我所有的紧张感一下子消失了。她那和蔼可亲的面容，随和的举止和言谈，给我一种从未有过的如同遇到亲人般的感受。先生问了我的近况和课题设想，让我稍等一会，便回书房去写推荐书。不到半个小时，先生一面说"让你久等了"，一面拿着亲笔写的推荐信给我。推荐信的字迹娟秀有力，意见丰富又中肯。她还对我的课题提了不少很有价值的建议，我的惊讶和崇敬之情不禁油然而生。惊讶的是尹先生在这么短的时间就完全抓住了我的研究目标和主攻关键；崇敬的是先生竟然放下手上的工作，特地亲笔一字一句地写推荐书给我。这对我这位刚毕业进入社会的学子来说，印象极为深刻。类似的小事，我想先生大概早已淡忘，但却一直记在我心上。近30年来，尹先生始终给我们这些晚辈无私的关心和帮助，其学识和人品都是我们的榜样。

尹先生常说，一个学者要取得一点成绩，除了天赋、勤奋外，还要注重创新。在技术、方法上，更重要的是在思维上，永远不停滞，才能始终活跃在科学发展的前沿。她曾写过："创新是科学研究的灵魂，勤奋是事业成功的保证"，并以此来自勉。她虽年事已高，却仍有敏锐的思维、宽阔的视野和对国际热点把握的精准，也因此使我国六足动物的系统等研究在国际舞台上占有重要的位置。她对我国动物学的基础研究、人才队伍、学科发展等都非常关心。但自己却安贫乐道，从不计较个人生活待遇、职位高低，一心致力于科学研究。引用昆虫学家杨星科教授的话，"先生留给大家的不应该仅仅是成果，更多的应该是思想、精神和智慧"。

我还记得2002年时，80岁高龄的尹先生亲自主持国家自然科学基金重点项目"现生六足动物高级阶元系统演化与分类地位的研究"。无论是选题的目标、新方法和技术的建立、多学科的协作，还是组织召开学术交流和评估会，包括后来专著《六足动物（昆虫）系统发生的研究》出版，事无巨细，先生都要亲自策划，精心安排，参与组织和实施。

2004年岁末，先生因身体欠佳，需要做手术。手术前的检查适应期，我和课题组的其他成员一同到医院去探望她。她告诉我们，她在抓紧时间推进项目协作，开展相关试验工作的同时，还花了许多精力全面搜索、阅读了国际上有关核基因，特别是 Hox 基因在节肢动物系统发生研究中的应用与进展，并已经完成了著作分配章节中近一半内容的编写。听罢，我们几位年轻人深受震动。83 岁高龄的她，尚能亲力亲为完成任务，我们这些所谓体力正当年的后生，又有什么理由和借口来推诿呢？

先生为我国科学事业做出了卓越贡献。在 70 年的科研生涯中，她开创了我国低等昆虫－原尾虫、跳虫和双尾虫系统分类和演化等方面的工作，是国际公认的原尾虫研究权威专家，也是我国六足动物起源与演化研究的第一人；20 世纪 80 年代初，尹先生积极推动和组织了全国土壤动物学的调查研究，为中国土壤动物学的奠基人；先生早年根据国家经济建设的需求，积极投身到水产第一线，从实践到理论，从技术到科学，在鱼类寄生虫和鱼病研究方面完成了开拓性工作。我虽无缘直接跟从先生，但承蒙先生的错爱，近 20 年来一直受到先生的指导和无私的帮助。在我的人生旅途和科研生涯中，先生是我最敬仰的老师之一。我由衷地感谢先生在学习上对我循循善诱，悉心教诲，先生严谨的治学态度令我折服；在生活，先生教会了我如何做人，使我深深懂得在人生的旅途上，无论做什么事都要有决心、恒心和耐心。先生为人谦和的风格将使我终生难忘，并激励我不断向前。

陈文新：踏遍青山为中华

■ 何志勇（中国农业大学）

陈文新，土壤微生物及细菌分类学家。湖南省浏阳县人，1926年9月23日出生于革命烈士家庭。1948年考入武汉大学。1954年到苏联季米里亚捷夫农学院留学。1958年获理学副博士学位回国，在北京农业大学（现中国农业大学）工作至今。

自20世纪70年代起，陈文新开始从事根瘤菌－豆科植物共生体系研究，历经30余年，完成了全国范围内豆科植物结瘤情况调查，发现了一批珍贵的根瘤菌种质资源，建立了目前世界菌株数量最大（12000余株）、宿主种类最多的根瘤菌菌库。先后主持国家科委、国家自然基金委一系列课题及国际合作项目，其成果获省部级一、二等奖6项，并获2001年度"国家自然科学二等奖"。2001年当选中国科学院院士。2009年被授予新中国成立60周年"三农模范人物"。

辗转求学　烈士遗孤自图强

1926年9月23日，陈文新出生在湖南浏阳镇头镇炭坡。其父陈昌（字章甫）是中国共产党早期湖南学运和工运的领导者之一，曾参加北伐战争、南昌起义，也是毛泽东当年在湖南第一师范求学时的同窗挚友。

1917年，陈昌与毛泽东同在湖南一师附小任教，同住长沙青山祠，一锅吃饭，亲如一家。1920年，毛泽东跟杨开慧的婚事，也由陈文新的母亲毛秉琴一手操办。

不幸降临，1930年初，陈昌同杨开慧一起惨遭反动派杀害。从此，母亲毛秉琴一人艰苦求生，抚养姐妹三人。父亲牺牲前对母亲的唯一嘱托是："好好抚育三个女儿，继承父志。"母亲含辛茹苦，千方百计让三个女儿多读点书，她知道有了知识、有了本领才能自立于社会。

早早识得人间艰辛的陈文新从小就学会上山拾柴火、下水捞鱼虾，种菜、养猪、抬土、担粪，样样农活都干过。白天，她跟着在小学教书的大姐上学，晚上则伴着妈妈的纺车借着微弱的灯光学习。大姐所在的小学只有四年级，没有高小。为了能继续读书，大姐带着她跑遍了长沙、浏阳，寻找可以免费借读的学校。这样，从高小到初中 5 年的课程，她只断断续续读了 3 年。

这时，侵华日军进犯湖南，长沙学校大举外迁。1942 年，陈文新远赴武冈战时中学——国立第十一中学求学。这所中学名师荟萃，德高望重的老师们诲人不倦的精神给陈文新留下了深刻印象，成为她终身学习的榜样。

抗日战争时期，章寿衡老师（右四）带领陈文新（左三）前往国立第十一中学求学

1945 年抗战胜利，陈文新高中毕业回到家乡教了两年小学，她把工资积攒起来，于 1948 年考入武汉大学，靠勤工俭学维持学习。

进入武汉大学，陈文新选择了农学院的农业化学系，她出于两个考虑："第一，我是农村长大的，对农村和农民的情况比较了解，觉得中国的农民很苦，农业比较落后，所以想学农；第二，我上中学的时候比较喜欢数学、化学，所以报了农业化学系。"

当时学农的学生不多，整个农学院只有两个年级（农学院 1947 年开始招生），30 多名学生，而陈文新所选择的农化系只有 5 个人。

第一堂课上的是著名植物生理学家石声汉教授讲授的《植物生理学》。"石老师在黑板上画了一株有根、茎、叶和花的向日葵，画得很漂亮，给同学们仔细地讲植物的生理过程"，这堂课陈文新至今还记忆犹新。

这让当时的她兴奋不已，觉得上大学"真是件幸福的事情"！

在这所学术殿堂，陈文新开始了自己新的求学之路。大三时，著名植物病毒学家高尚英讲授《普通微生物学》、著名土壤微生物学家陈华癸讲授《土壤微生物学》，这些专业课教师很多都从国外留学归来，不论是教学方法还是内容的讲授，都能让同学们大开眼界，也能轻松地理解、吸收。

　　1949 年 9 月，农业化学系更名为土壤农业化学系，这让对土壤研究产生浓厚兴趣的陈文新如愿以偿。"当时有很好的业务学习条件，每个课程有理论讲授，也有实验操作"，回忆那段如饥似渴的求学时光，陈文新依然印象深刻，"图书馆藏书丰富，环境幽静，真是个进德修业的好地方。我感到很新鲜，每天学习很紧张，但很有兴趣。"

■ 留学苏联　毛主席教诲牢记心

　　1951 年 4 月，正在武汉大学读书的陈文新为母亲代笔，给毛主席写了封信，在信中她向毛主席汇报了自己上学的情况。5 月初的一个早晨，她收到毛主席的亲笔回信："希望你们姐妹们努力学习或工作，继承你父亲的遗志，为人民国家建设服务！"

　　这年七一前夕，在北京华北农科所（现中国农业科学院）实习的陈文新受邀到毛主席家做客。毛主席说："你父亲为人民而牺牲，要学习你父亲的精神"，并为她写下了"努力学习"四个字。陈文新暗下决心牢记毛主席的教导，为人民和国家服务。

　　1954 年，正在北京留苏研究生预备班学习的陈文新再次应邀到毛主席家做客。这次，毛主席和她进行了一次深入的谈话，主题是农业生产。毛主席问了很多问题，从土壤结构、培肥地力、土壤的矿物质成分，到植物营养吸收和中南地区的土壤改良等，还询问了全国学习土壤学的人数。毛主席语重心长地说："要增产，不研究土壤怎么行呢！应该有更多的人学农。"当谈到土壤改良时，陈文新谈了从书本上

1951 年，毛泽东给陈文新的来信

学到的有关苏联草田轮作制的原理和做法。毛主席说："我们农民才几亩地，都拿去种草，吃什么呀？我们又没有什么畜牧业，种的草拿去干什么？"陈文新为自己脱离实际之谈感到很愧疚，但毛主席简单的话语却让她懂得了脱离中国国情照搬苏联是不行的，理论必须联系实际。

这一次见面长达6小时，他们聊了很久。陈文新发现，毛主席对农业、对土壤改良十分了解，他甚至还谈到了苜蓿、根瘤菌、固定空气中的氮等问题。毛主席对陈文新上了根瘤菌的第一课，他讲了空气，说豆科植物固氮是把空气中间的氮气变成肥料，工业和农业都应该多利用空气。

这次谈话后不久，陈文新便前往苏联进入季米里亚捷夫农学院学习土壤微生物学，成为土壤微生物学家费德罗夫博士的第一名研究生。

费德罗夫博士的研究方向是生物固氮，其专著《普通微生物学》和实验课本后来翻译为中文，成为我国大专院校教材。在苏联，中国留学生接触到了全新的研究思想，也学习到了新的研究方法。"瓦波呼吸器、土壤气体成分分析仪等，在国内我们都没有使用过"，陈文新感觉到："我们能学到更多东西"。

费德罗夫导师给陈文新定的毕业论文课题是《有芽孢和无芽孢的氨化细菌生理特性的比较研究》，研究这两类菌不同的生理特性和它们对分解蛋白质的功能差异。

经过3年的坚持研究，通过大量的实验，陈文新在论文中对土壤里两类细菌

1984年，陈文新在苏联季米里亚捷夫农学院与导师费德洛夫（左三）及其他研究生在一起

对各种有机物质作用的特点和差异，对材料分解的速度、产氨量等进行了全面阐述。同时，她还研究了这些细菌对无机盐、含氮化合物在土壤里如何转化，也清楚了两类细菌转化氮的方法。

1958年岁末，陈文新的论文顺利通过答辩，获得副博士学位。

安贫乐道 30年执著根瘤菌

1959年，陈文新学成回国后，进入北京农业大学从事教学和农业科研工作。不料这一时期无休止的政治运动阻断了科研工作。直到1973年恢复工作，陈文新选择了"既艰辛耗时又偏僻生冷"的研究——根瘤菌。

根瘤菌是一类共生固氮细菌的总称，这类细菌在许多豆科植物的根或茎上形成根瘤并固定空气中的氮气供植物营养，这种高效、节能、环保的微生物能够为农田生态系统提供其所需的80%的氮，并在极大程度上改良土壤结构。自从19世纪发现根瘤菌的固氮作用以来，人类对它已进行了100多年的研究，但人们对这类资源依然没有完全认识和了解。

从此，陈文新带领学生并组织同行100多人，开始了在中国的土地上进行豆科植物根瘤情况的调查和采集工作。30多年来，陈文新科研团队对32个省（区、市）、700个县市、不同生态条件下的各种豆科植物结瘤情况进行挖掘调查，采集植物根瘤标本1万多份，其中300多种植物结瘤情况未见记载；分离、纯化并回接原寄主结瘤确认后，入库保藏根瘤菌12000株；通过对7000株菌的100多项表型性状分析，发现了一批耐酸、耐碱、耐盐、耐高温或低温下生长的抗逆性强的珍贵根瘤菌种质资源。

在全国根瘤菌资调查的基础上，陈文新建立了国际上最大的根瘤菌资源库和数据库，菌株数量和所属寄主植物种类居世界首位（此前国际公认最大的美国USDA菌库存量为4016株）。与此同时，陈文新率先在我国建立具世界先进水平的细菌分子分类实验室，这是当时国际上两个最主要的根瘤菌分类实验室之一；确立了一套科学的根瘤菌分类、鉴定技术方法及数据处理程序。

1988年，经过8年枯燥、烦琐的重复性实验，陈文新发现了第一个新属——

1985年，全国生物固氮师资讲习班合影（前排右二为陈文新）

当时世界已知的第四个根瘤菌属"中华根瘤菌"，这是第一个由中国学者发现并命名的根瘤菌属。陈文新率领课题组在对2000株根瘤菌进行多相分类研究后，又相继描述并发表了另一个新属——"中慢生根瘤菌"和15个新种，占1984年以来国际上所发表根瘤菌属的1/2、种的1/3。

陈文新一手创立了中国农大根瘤菌研究中心，并成为我国现代根瘤菌分类学的开拓者，一度引领国际根瘤菌分类的潮流。该中心的研究结果为现代根瘤菌分类体系的发展做出了重要贡献。

这期间，陈文新发表的论文有80多篇被最权威的国际科技文献检索系统SCI收录。1998年，她受邀撰写有"细菌学圣经"之称的《伯杰系统细菌学手册》的根瘤菌部分内容。

见微知著　根瘤菌做出大学问

陈文新在祖国丰富的自然资源中挖宝探秘，最终使我国的根瘤菌分类研究进入了世界先进行列。通过30多年漫长枯燥的研究，陈文新团队获得了对根瘤菌－

豆科植物的共生关系的新认识，修正了国际上的一些传统观点。

——证明根瘤菌–豆科植物的共生关系的多样性。100多年来，根瘤菌的"宿主专一性"被看作为根瘤菌的一个重要特性。每个根瘤菌种都只与特定的一种或数种植物结瘤固氮，反之，每种植物也只与特定的一种根瘤菌共生。陈文新的研究证明，一种植物可与多种根瘤菌共生，上述传统观念不能准确归纳根瘤菌与豆科植物共生关系。

——揭示了根瘤菌的生物地理学特征及与之相关的基因组差异。针对中国不同地理区域不同植物共生根瘤菌的分布研究，揭示出其生物地理学特征。陈文新进而提出，进行根瘤菌选种时必须注意菌株对地区的适应性。

——揭示近源菌株与植物不同品种间的共生有效性差异巨大，并已分析确定部分相关基因簇。陈文新据此提出，在应用方面我们特别强调必须针对作物品种进行菌株筛选，如能筛选到品种广谱高效菌株则更方便于工厂大规模生产。

——对根瘤菌共生机制的进化提出了新观点。近年来，国际上存在"多样的根瘤菌共生机制与根瘤菌的物种系统发育历史无关"的认识。通过比较基因组学分析，陈文新团队在2012年发现：在根瘤菌适应共生互作和其他环境条件的过程中广泛调用了系统分支特有的基因，这个过程受着根瘤菌物种形成机制的调控，而这个过程本身也可能就是根瘤菌物种形成与分化的重要途径。

——发现禾本科植物与豆科植物间、混种植可以排除根瘤菌"氮阻遏"的障碍，并且两者互作共高产。多年来，陈文新带领团队通过小麦蚕豆盆栽实验、内蒙古苜蓿田间小区实验、冀鲁田间大豆选种接种实验证明了豆、禾间作有互惠共高产的效果，并开始探索其作用机理。

"我们对根瘤菌的认识还是很不够的，但在研究过程中认识不断提高，新问题也不断出现，从而研究领域不断拓宽，又进一步获得新的认识，这就是不断地积累，不断地创新"，回顾30多年的研究历程，陈文新感悟："对自然现象的研究必须从大量的资源入手，先获得它最基础的信息，结合其生态环境，多方分析，逐步深入，最终才能对它有本质的认识，才能有更多理论和技术的创新"。

付出总有回报。2001年，陈文新主持的"中国豆科植物根瘤菌资源多样性、分类和系统发育"课题荣获国家自然科学奖二等奖。2009年，她被授予新中国成立60周年"三农模范人物"。

初衷不改　让小豆科发挥大作用

中国地域辽阔，拥有复杂的生态环境和丰富的生物资源。其中，尤其是微生物资源还没有被充分认识和利用。几十年来，陈文新踏遍青山采集根瘤菌、研究根瘤菌，就是想让这种看不见的微生物在祖国大地为人类做贡献。

近年来，陈文新对我国农业生产中过量施用化肥农药，已造成严重的环境面源污染和土壤肥力水平下降而忧心忡忡。根瘤菌的固氮作用可以减少化肥大量使用造成的环境污染，提高土壤肥力，改善生态环境。当她发现豆科与禾本科植物间作能克服"氮阻遏"，促进豆科植物更多结瘤固氮时，她兴奋不已。

1999 年，70 多岁的陈文新听到国家"西部大开发"的号令后，她邀请几位科学家共同上书国家有关领导和部委，建议将"根瘤菌－豆科植物共生体系"纳入西部种植计划，让小豆科在西部大开发退耕还林还草中发挥大作用。

21 世纪以来，陈文新积极组织力量进行豆科植物根瘤菌共生体系机理研究和应用基础研究，多次向党中央、国务院建议：充分利用豆科植物根瘤菌共生固氮作用，优化我国农牧业种植系统，以减少化肥用量、改善土壤性状、减少环境污染，保障我国农业可持续发展。

2013 年 11 月，陈文新在《中国科学报》撰文呼吁《发展新型无废弃物农业，减少面源污染源》，她指出我国农业存在"作物重茬，病虫危害，滥用农药，由此导致病原菌和害虫抗药性的提高；残留农药进入水体和食物链，造成食品安全隐患，威胁到人民的身体健康"两大问题。她提出"有机肥与化肥结合，种地与养地结合；充分利用生物固氮，减少氮肥用量；豆科与其他作物间套轮作，发挥生物间互惠作用；豆、禾间作混播，发展草地农业"等建议，希望保持我国"种养结合，精工细作，地力常新"的经营无废弃物农业传统，为实现我国绿色农业可持续发展和改善城乡人民生活环境提供可靠的保证。

"我国每年消耗 5900 万吨化肥，占世界消耗总量的 35%，比起 30 年前增长了 2 倍，造成了严重的环境问题"，2014 年 11 月，陈文新不顾舟车劳顿，赴武汉出席全国土壤微生物学术研讨会。她在大会报告中呼吁重视生物固氮：农业需

1984 年，陈文新在海南省五指山采集根瘤菌

要可行的技术方案来降低生产中对化肥、农药的依赖，从而构建起支撑我国人与自然和谐相处、永续发展的生态与环境基础。

如今，已经年近九旬的陈文新依然精神矍铄、思维敏捷，她还以极大的热情工作着、呼吁着，为开拓一条将根瘤菌资源优势、认知优势转化为生产优势的成功之路而努力着。

 相关阅读

板凳坐得十年冷

宁秋娅 ①

在中国院士中，很多人虽然在学术上名扬中外，但他们的坎坷经历却鲜为人知。陈文新院士就是其中之一。

---

① 作者系中国农业大学党委副书记。

"既艰辛耗时又偏僻生冷"——谈及当初选择根瘤菌研究为自己科研事业的方向时，陈文新如是说。的确，在20世纪70年代，在选择根瘤菌为研究方向的过程中，她真的遇到了不少思想障碍。

刚开始，有的领导部门不支持根瘤菌的研究，说"根瘤菌是老掉牙的问题，有什么好做的？"受传统细菌分类工作的影响，认为分类工作枯燥无味，同事们对此也不感兴趣。当时，遗传学、基因工程等都是科学研究的热门，很有诱惑力，很多人也建议陈文新转行做遗传学研究。

经过认真考虑，陈文新最终认为土壤微生物中最有用的菌群要数根瘤菌，她想起了与毛主席的那次谈话，下决心认识根瘤菌，研究并应用根瘤菌。

开始这项工作之初，陈文新的老师陈华癸院士对她说，"做分类要'安贫乐道'"。"安贫乐道"，这句富有哲理的话语使陈文新坚定了做分类研究的决心。她坚守这个信念，不辞辛劳，耐住寂寞，坚定不移地做了下去。

每年豆科植物开花的季节，是根瘤菌的旺盛生长期，也是陈文新漫游天涯海角的季节。30多年野外的艰苦研究工作，陈文新巾帼不让须眉。野外采集选点大多在人迹罕至的荒山僻岭或自然保护区。天山南北、五指山麓，都留有陈文新的足迹。

在实验室，对采回的每个根瘤都要先进行外部消毒，然后压碎、稀释、平板培养、找出菌落，并回接在原豆科植物上结瘤，以鉴定是不是该豆科植物的根瘤菌。大量枯燥、烦琐的重复性实验，陈文新一做就是8年，终于发现了第一个新属——"中华根瘤菌"，这也是第一个由中国学者发现并命名的根瘤菌属。

数十年的执著探索，陈文新总结了四点做科学之道：勤奋、求新、认真、求实，她的科学之道正体现在她的坚守和毅力。

陈文新常说，认定有意义的事情就要坚持做下去，不怕困难，不怕麻烦；搞科学研究要耐得住寂寞，不赶时髦，不受干扰；还要以平和心态对待"得失"，受得起赞誉，更要经得起失败，坚持不懈。当年在排除偏见选择根瘤菌作为科研方向时，陈文新就选择了"板凳坐得十年冷"，她吃得了辛苦，守得住清贫，耐得住寂寞。

　　一项科学新发现，往往是在肯定、否定、肯定——反反复复之中确立起来的。当陈文新发表了中华根瘤菌新属时，国际上对中国大陆并不是那么瞧得起，不相信能做出这种发现，有人还发表文章反对这一发现。她的一些同事很泄气，陈文新的态度就很冷静：相信科学的先进技术能最终证明事物的真实结果。果然，1994年通过使用更全面的方法进行检验，又重新认定了这个属。

　　80多年的人间沧桑，陈文新对人生有着科学家独到的感悟，正是在这种思想境界和远大抱负的驱动下，年岁已高的陈文新一刻也没有停下自己前进的脚步。

董玉琛：情系嘉种　矢志不渝

■ 刘　旭（中国农业科学院作物科学研究所）

董玉琛（1926—2011），作物种质资源学家，我国作物种质资源学科奠基人之一，中国工程院院士。1950年毕业于河北省立农学院（今河北农业大学），进入华北农业科学研究所（今中国农业科学院）参加工作。1959年毕业于苏联哈尔科夫农学院，获农学副博士学位。自1959年，在全苏植物栽培学研究所（今瓦维洛夫全俄植物栽培科学研究所）进修后，历任中国农业科学院作物品种资源研究所副所长、所长，中国农学会遗传资源学会理事长，中国作物学会常务理事、荣誉理事长，中国生物多样性保护委员会委员，国家生物物种资源保护专家委员会委员等。一生致力于作物种质资源研究，为我国作物种质资源学科的形成和发展做出了突出贡献。

"我愿把一生的力量放在农业科学上"

董玉琛1926年出生于河北省保定市高阳县邢家南镇季朗村，从小接受良好的教育，1932年考入高阳县两级女校。1937年，抗日战争爆发，高阳县城遭到日军的轰炸和侵占。为了躲避日军的扫荡，董玉琛随家人辗转逃难。目睹日军的暴行，给董玉琛幼小的心灵留下了痛苦而深刻的回忆。1938年冬，董玉琛被接到北平（今北京），与父母相聚。1939年3月，董玉琛考入志成中学女部。经历了战火中的逃难，董玉琛十分珍惜难得的学习机会，埋头苦读。

1941年6月，董玉琛从志成女中毕业。9月考入北京师范大学附属女子中学（今北京师范大学附属实验中学）。北京师范大学附属女子中学是有着光荣革命传统的学校。虽然在沦陷区日伪政权的统治下，但师生中已经有人秘密加入了中国共产党，还有不少进步学生。她们秘密传阅《大众哲学》等进步书籍，还在学校演出话剧《雷雨》，组织进步社团——海燕。在进步同学的影响下，董玉琛的思想也发生了变化，从埋头学习、不问世事到开始关心社会时事，追求进步。

1944年，董玉琛高中毕业，考入了北京大学医学院药学系。在这一年，北京师范大学附属女子中学共有 6 名同学考入北京大学，她们大多已是中国共产党党员，或是中国共产党的重要干部的亲属。其中与董玉琛一同考入药学系的何钊，已经是中国共产党党员。在大学一年级期间，何钊便秘密去了解放区。1945 年 10 月，何钊从解放区回到北平，董玉琛积极向何钊询问参加革命的原因和解放区的情况。何钊便毫无保留地与董玉琛分享在解放区的见闻感受，还推荐一些革命书籍和杂志给董玉琛。何钊经常与董玉琛一起分析各种社会现象，向她宣传解放区的政策。在何钊的影响下，董玉琛逐步成为希望参与革命、参

1944 年董玉琛北师大女附中高中毕业照

加党的工作，去解放区学习的积极分子。在北京大学医学院，董玉琛和何钊一起办壁报，宣传进步思想，开展群众工作。学习一年后，董玉琛感觉到有些课程不合自己的志愿。另外，她通过何钊得知当时北京大学农学院的地下党组织力量薄弱。恰逢北京大学农学院招考编级生，董玉琛经过再三考虑后，决定和何钊一起转到农学院。1945 年 9 月，正值国民党接收北京大学，管理比较混乱，董玉琛和何钊借机转入农学院，董玉琛进入农艺系，何钊进入了农业经济系。在转入农学院农艺系二年级后，董玉琛觉得农艺系的许多课程都令她满意，如有机化学、植物生理等课程都引起了她的极大兴趣。从此，董玉琛开始与农业科学结缘。在党组织的领导下，董玉琛和何钊在北京大学农学院积极开展"反甄审"斗争、组织成立"耕耘壁社"，出版壁报，团结群众，并介绍同学去解放区。通过参加一系列的革命活动，董玉琛更加认同中国共产党的政策。她看到身边的共产党员作风正派、待人诚恳，尤其是共产党人"吃苦在前，享乐在后"的精神深深地感染了她。董玉琛便暗下决心要向共产党员学习，争取早日成为他们中的一员。1945 年12 月 12 日，在何钊和李龙的介绍下，董玉琛成了中国共产党预备党员。1946年 3 月 12 日，董玉琛通过了组织的考察，顺利转为正式党员。

　　1946 年 6 月，蒋介石撕毁停战协定，大举进攻解放区，内战全面爆发。国

民党统治区亦掀起了"白色恐怖"的高潮，国民党反动派大肆抓捕、屠杀共产党人。在北京大学，学生和进步分子遭到国民党特务的严格监视。何钊身份不幸暴露，组织上要求她立刻转移到张家口解放区去。董玉琛虽然没有暴露，但怀着对解放区的强烈向往，她主动要求与何钊一起奔赴解放区。经组织同意后，她们向解放区进发。根据组织安排，她们先到保定安国，联系上冀中区党委书记林铁，然后由林铁书记派人将她们送到城工部。在接到晋察冀中央局城工部的指示后，董玉琛和何钊便收拾行装，秘密离开学校。她们先坐火车到达保定，然后坐胶皮轱辘车到安国，冀中区党委书记林铁接应了她们。在集合了从各地分批到达的 20 多人后，她们被一起送到了冀中区蠡县。到蠡县后，晋察冀中央局城工部派来了交通员魏啸天，负责带领她们穿越平汉铁路封锁线。据何钊回忆，当时的平汉铁路已经中断，铁路两旁有国民党挖的封锁沟，每隔三五里地就有国民党的炮楼，要穿越封锁沟十分危险。她们在民兵的护送下，来到封锁沟附近，为了防止暴露，她们将白毛巾、白茶缸子都收到背包里，而为了防止被敌人冲散，她们定好了统一的接应暗号和集合地点。在一切都布置妥当后，她们趁着夜晚天黑，依次溜下封锁沟，但由于封锁沟又陡又深，再爬上去非常困难，在对面接应的民兵就一个一个地将她们拉上去，才通过了封锁沟。刚过封锁沟，还没有脱离危险，她们不敢懈怠，连夜赶路九十里到达了平西。平西是山区，道路难走，又赶上了雨季，泥石流多发，队伍走走停停，有时一天只能走二三十里路，行进速度很慢。直到 8 月，她们才到达位于张家口的晋察冀中央局城工部，见到了城工部部长刘仁。

不久，根据战争需要，解放军准备撤出张家口。刘仁在仔细了解各人情况后，决定在北平已经暴露的同志留在张家口解放区，没有暴露有条件的同志回北平，继续开展地下工作。何钊已经暴露了，只能留在解放区。董玉琛没有暴露，家又在北平，组织上便安排她回北平。董玉琛在到达解放区以后，心情很畅快，希望能够留在解放区工作，但组织上却要求她回北平，她有些失落。董玉琛认为自己不适合在国统区工作，更适合在解放区工作。而且自己已经失去了在北京大学的学籍，不知道回去该做什么，她甚至认为组织上不照顾自己。由此，董玉琛产生了不愿意回去的情绪，并且在组织上和她谈话时，哭过数次。不过，董玉琛最后还是服从了组织的安排。8 月下旬，她在青龙桥火车站坐上了回北平的火车。

　　董玉琛回到北平后，由于没有参加北京大学的期末考试，失去了学籍。她只能暂时闲住在北平的家中。由于没有能够留在解放区工作，董玉琛在家时的情绪还比较低落，加之她没有独立开展革命工作的经历，与组织的联系便少了。正在董玉琛着急的时候，她的地下领导人告知她去报考河北省立农学院。董玉琛在后来回忆时曾写道："这个学校是抗日战争胜利后，1946年冬恢复招生的。我以为自己以后就要以革命为职业了，只要有个接近群众的身份就好，尽管我在北大已读完二年级，还是愉快地考入了河北农学院一年级"。1946年11月，河北省立农学院举办招生考试，经组织安排，董玉琛报名参加了考试。1947年1月，董玉琛顺利考入了位于保定的河北省立农学院（今河北农业大学）农艺系。

　　在河北省立农学院，董玉琛一方面坚持革命工作，一方面系统学习农业科学知识。在保定解放前夕动乱而危险的环境下，董玉琛通过组织音剧社团结群众，并介绍同学去解放区。保定解放后，董玉琛担任河北省立农学院解放后第一个党支部的第一任支部书记、中国新民主主义青年团河北农学院支部书记，直至毕业离校。在学习上，董玉琛认真刻苦，取得了优秀的成绩。通过在河北省立农学院的4年学习，董玉琛系统地掌握了农业科学知识，为以后从事农业科学研究奠定了基础。同时，董玉琛也加深了对农业科学的兴趣，树立了献身农业科学研究的志向。她在1950

1948年10月，大学学习期间董玉琛（右二）与同学留影

年的《自传》中写到"我愿把我一生的力量放在农业科学上，但是自己的知识是太有限了，又是太粗浅而不结合实际了。我下定了决心，要从头学习，深入钻研，用科学来提高农业生产的技术，老老实实地为人民服务好。"

留学苏联　情定作物种质资源

1950年，董玉琛大学毕业后来到华北农业科学研究所（今中国农业科学院）作物系，担任技术员。此时，新中国刚刚成立，董玉琛非常高兴，她决心在科研岗位上报效祖国。她先后参加了"中央农业部农业技术考察团"、"米丘林农业植物选种及良种繁育讲习班"，由于工作突出，董玉琛被国家选派到苏联学习。1954年，在以优秀的成绩完成北京俄文专修学校（今北京外国语大学）的学习后，董玉琛被派往苏联南部的哈尔科夫农学院（今乌克兰哈尔科夫国立农业大学）攻读副博士学位。

在苏联老师和同学的热情帮助下，董玉琛很快适应了哈尔科夫农学院紧张的学习和生活。在研究方向的选择上，虽然在出国前，董玉琛更倾向于学习棉花选种与栽培，但当组织上安排她学习小麦育种的时候，她服从了组织的安排。

董玉琛的导师是苏联著名小麦育种学家、院士 В．И．尤利耶夫（Юрьев），但当时尤利耶夫年事已高，对董玉琛的学习只做原则性的指导。董玉琛的学习和科研主要由副导师伊里银斯卡亚·层蒂洛维奇具体指导。伊里银斯卡亚·层蒂洛维奇工作严谨，和蔼可亲，她要求董玉琛牢记科研的每个环节都必须十分严格，教导董玉琛如何科学分析调查数据，逐字逐句地为她修改论文，尽心帮助董玉琛提高科研能力。董玉琛的研究题目是"冬小麦正反交杂种越冬性的形成"。1955年冬天，苏联哈尔科夫地区遭遇冻害，冬小麦全部冻死了，董玉琛的试验麦苗也没有幸免。董玉琛的试验陷入了困境，她有些气馁，甚至想转做棉花。但是，天无绝人之路。1956年春季，董玉琛利用空闲时间出差到奥德萨全苏育种遗传研究所，在那里，她的试验迎来了转机。奥德萨全苏育种遗传研究所副所长 D．A 多尔古辛院士在听到董玉琛遇到的困难后，主动提出为董玉琛提供做小麦杂交的试验材料，并帮她选配杂交组合，这使董玉琛的试验得以继续。在试验迎来转机的同时，董玉琛又遇到了留苏期间的一件重要事情。1956 年 2 月，朱德元帅以团长的身份率领中国共产党中央委员会代表团和中华人民共和国政府代表团友好访问苏联。2 月 12 日，为庆祝 2 月 14 日《中苏友好同盟互助条约》签订 6 周年，朱德应邀到莫斯科电视台向电视观众讲话。在朱德访问苏联期间，接见了在苏联的留学生，董玉琛作为代表参加了会见，并留下了珍贵的合影。

在试验完成后，为了更好地收集资料撰写论文，董玉琛于 1957 年 10 月来到莫斯科列宁图书馆，查阅资料撰写论文。在莫斯科期间，借住在季米里亚捷夫农学院的中国同学宿舍里，每天乘坐公共汽车和地铁去列宁图书馆，查阅俄文文献，撰写论文。这样一直持续了约一个月的时间，她阅读了大量的文献，并写成了论文的初稿。在这期间，董玉琛还巧遇了毛泽东主席访问苏联。1957 年 11 月 17 日，在莫斯科大学礼堂，董玉琛和其他中国留学生一起聆听了毛泽东主席充满激情的演讲。她在留苏回忆手稿中记载了这段珍贵的经历和当时激动的心情："在莫斯科的日子里，我喜出望外地遇上了毛泽东主席接见我国留苏学生。11 月 16 日我从列宁图书馆回到学校宿舍，看到中国同学个个喜气洋洋，谈明天毛主席要在莫斯科大学礼堂接见留学生，我们兴奋得一晚上都没睡踏实。第二天大早，天蒙蒙亮，我们便成群结队地奔向莫斯科大学。到了那儿，大礼堂里早已坐满了人，我们几个人赶紧跑到楼上去，挤到前面，为的是看得清楚些，等待幸福时刻的来临。大约 9 点多钟，毛主席和一些中央领导同志来了，顿时整个礼堂响起了雷鸣般的掌声，毛主席没有坐下，始终在主席台上走来走去。他讲了不少话，但他那很重的湖南口音，我听懂的不多，好像说现在世界上有两大阵营，社会主义阵营和资本主义阵营，社会主义阵营的头就是苏联……然后讲了那句对青年人的名言'世界是你们的……'会散了，我们几天都沉浸在幸福的欢乐中。"

在董玉琛留苏期间，国内正在开展农作物种质资源的收集与整理工作，

1958 年，董玉琛与胡含先生结婚纪念

由于当时我国作物种质资源研究尚处于起步阶段，缺乏专业的科研人员。而在著名植物学家瓦维洛夫的领导下，苏联已将作物种质资源建设成为一门学科，并开展了一系列研究，许多方面处于国际领先地位。在董玉琛博士论文答辩前夕，中国农业科学院作物育种栽培研究所领导来信，希望正在苏联留学的董玉琛，毕业后就近学习苏联对作物种质资源管理和利用的经验。董玉琛得知这一消息后，经组织同意，联系了在全苏植物栽培学研究所（今瓦维洛夫全俄植物栽培科学研究所）工作的专家伊万诺夫。1959 年 1 月，在伊万诺夫的推荐下，董玉琛用留学期间省吃俭用攒下的生活费，自费来到了位于列宁格勒的全苏植物栽培学研究所进修。正是这段进修经历，让董玉琛将此后的研究方向确定在作物种质资源上，并坚守一生。在全苏植物栽培学研究所，董玉琛着重了解小麦种质资源，并到研究所的每个系室访谈，了解他们的研究目标、设施条件、主要成果以及工作经验。全苏植物栽培学研究所的成就深深地感召了她，特别是看到该所保存的 30 余万份材料的种质管理有序和丰富多彩的标本室时，更使她热爱上了作物种质资源这门学科。她深知这项工作的重要性，认识到"作物种质资源是千百年来自然选择和人工选择的产物，是改良作物品种的基因来源，任何种质一旦从地球上消失，它携带的基因便不能再人工创造出来"。从此，董玉琛将研究方向确定在作物种质资源，并为作物种质资源学科的发展贡献了一生的精力。

"为科学献身是我的历史责任"

1959 年 5 月，董玉琛从苏联学成归国，回到中国农业科学院作物育种栽培研究所，担任原始材料室副主任。从此，董玉琛在我国作物种质资源研究和学科发展上奉献她的智慧和精力。1959 年，她首先提出将"原始材料"改为"品种资源"，并得到了科技界的认可和接受。此后又在第一次全国育种工作大会上提出了中国作物品种资源工作的任务以及国内收集、国外引种（检疫）、保存、登记编号、建立档案、特性鉴定、深入研究、编制品种资源目录、编写品种志、提供利用等种质资源研究的工作细则，为我国作物种质资源工作的开展指明了方向。董玉琛带领课题组的成员研究、保存和利用小麦种质资源，为"欧柔"等小麦优良品种在全国小麦育种中发挥重大作用做出了突出贡献。在"文化大革命"期间，她依然坚持作物种质资源的研究，带领课题组成员更新保存了大量小麦种质资源，组织编写了《全国小麦品种资源目录》、翻译了瓦维洛夫的名著《主要栽培植物的

1979 年董玉琛（骑马者）在滇西北考察小麦种质资源

世界起源中心》（1982 年出版）、还与同事合译了苏联乌克兰栽培育种遗传研究的 C．B．拉宾诺维奇所著《小麦的现代品种及其系谱》（1977 年出版）和全苏植物栽培学研究所主要小麦专家编写的《世界小麦》（1982 年出版），并与许运天合著现代农业科学讲座丛书《作物品种资源》（1981 年出版）。这些译著对我国小麦育种和品种资源研究起到了相当大的借鉴和推动作用。

　　1978 年，我国作物种质资源研究迎来恢复和发展的时机。董玉琛积极推动成立作物种质资源的研究机构——作物品种资源研究所，协助召开全国品种资源工作会议，参与学术刊物《作物品种资源》的创建，出国考察交流，建议改进我国作物品种资源工作，促使我国作物种质资源工作体系逐步形成。在董玉琛的建议和不懈努力下，1986年，我国建成了可保存 40余万份种质资源的现代化国家种质库。此后，我国作物种质资源研究进入大发展阶段，董玉琛学术生涯也进入巅峰时期。在作物种质资源学科发展上，她主持制定了全国作物种质资源繁种入库的技术路线，完成了 30 余万份作

1986 年董玉琛（右一）在内蒙古锡林郭勒草原考察小麦种质资源

物种质资源的编目、繁种和入库，为作物种质资源学科的持续发展提供了保障；她首次系统阐明了作物种质资源的含义、工作内容和程序等，并构建了作物种质资源的工作体系，为作物种质资源学科的进一步发展奠定了理论基础。在作物种质资源的考察收集和研究上，年近60岁的她先后带队开展了对我国云南、新疆和北方地区小麦野生近缘植物种质资源的考察收集，她指导学生发现了小麦属间杂种染色体自然加倍的种质，为大量进行人工合成小麦创造了条件；开展了广泛的小麦远缘杂交，成功实现了小麦属间杂交；带领团队制定了我国农作物种质资源技术规范，构建了我国小麦核心种质，并对我国小麦遗传多样性开展了深入研究。她的很多研究都取得了世界性的突破，使我国作物种质资源的研究水平处于世界前列。在董玉琛主持（或参与）完成的研究项目中，共获得近十个国家、省部级的科技进步奖励，其中包括国家科技进步一等奖（集体）1项，国家科技进步奖二等奖2项。1999年，董玉琛当选为中国工程院院士。

董玉琛在学术上循序渐进、勇于创新，为人襟怀坦荡、淡泊名利，为我国作物种质资源学科的发展付出了大量的心血，贡献了她毕生的才智。为了我国作物种质资源学科的发展，董玉琛具有强烈的历史责任感，正如她所说"为作物种质

董玉琛（左二）在实验室指导学生张学勇、孔秀英实验

资源学科献身是我的历史责任，也是我最大的快乐"。在董玉琛年逾八旬之时，她还表示"我仍愿和全室同志、全所同志，乃至全国同志一起，在学中干，在干中学，为我国的作物种质资源事业奉献余生，报效祖国"。

 相关阅读

董玉琛院士在中国农业科学院建院五十周年庆祝大会上的讲话

各位领导，各位来宾，同志们，朋友们！大家好！

今天和大家欢聚一堂，庆祝我们中国农科院建院50周年，我非常高兴。在这喜庆的日子里，我作为一名在中国农科院成长起来的科技工作者，不禁心潮澎湃，思绪万千。回想中国农科院50年的历程是不平坦的，特别是前20年。遭受多次精简和恢复，有一次，原作物所这样一个农科院的大所，由100多人精简到只剩58人。以后刚刚恢复元气，又遇到"文化大革命"。大部分所下放到各省。作物所和蔬菜所、农经室下放北京市。植保所去了河南，土肥所去了山东，畜牧所去了青海，一去就是八年。直到1978年，改革开放，才迎来了科学的春天。这一年中国农科院收回了下放所，作物品种资源所应运诞生了。此后的30年就一年比一年好，这是大家有目共睹的。

我自己在中国农科院50年，受到了培养和锤炼，由一个刚出校门不久的青年成长为一名农业科学家。这些年里，我4年多在国外学习，前后4年多在农村蹲点，10年多到野外考察，每年去一两个月。其他大部分时间在试验地、实验室工作，有时参加国内外学术交流。我对农业科研工作的体会是要脚踏实地，勇攀高峰。脚踏实地就是立足于我国农业生产的大地，实实在在地工作；勇攀高峰就是发扬我国农业的优势，吸取世界先进经验和最新成就，在解决一个个农业生产上的技术难题时，解放思想，精益求精，不停地追求达到科学高峰。

　　现在我已经很少在科研第一线工作，我已经 80 多岁。但是，我深深感到我们非常幸运，因为正生活在国家欣欣向荣的年代。我国科研形势空前好，我院科研条件空前好，我院科研经费空前多，我院科研队伍空前强。特别是最近刚刚闭幕的党的十七大提出了科学发展观，以人为本，建设和谐社会等等建国方略，这就让我们看到了更加美好的前景。我衷心希望我院的全体科研人员紧紧抓住这难得的大好时机，振奋精神，拼搏奉献，团结全国农业科技工作者，共同为我国的振兴作出辉煌贡献。祝大会圆满成功！谢谢！

郑儒永：名门俊彦自在行

■ 纪海丽（中国科学院微生物研究所）

郑儒永，系统真菌学家。1931年出生于香港，1953年毕业分配至中科院真菌植病研究室。历任中国科学院微生物研究所学术委员会副主任，国际真菌协会亚洲国家发展真菌学委员会副主席等职务；现任中国科学院微生物研究所研究员。在国际上首次发现高等植物中的内生毛霉，首次报道了我国特有的人体病原毛霉新种和新变种；1987年主编完成《中国白粉菌志——白粉菌目》，成为国际公认的白粉菌目检索书。1999年，当选为中国科学院院士。

■ 出身名门　心系科学

1931年1月，新年的钟声敲醒了沉睡的香港，民众沉浸在迎接新年的喜庆气氛中，罗便臣道102号郑氏家中，一个婴儿呱呱坠地。全家人欢欣愉悦，拍手相庆，在她之前，已经有了七个兄姊，她的到来，无疑又为这个大家庭锦上添花。她便是后来成为我国著名真菌学家的郑儒永。

郑儒永的父亲郑铁如生于1897年，广东潮阳人。早年入读上海梅溪学堂，后肄业于苏州东吴大学，辛亥革命后留学美国，1915年毕业于俄亥俄州立大学商科，此后前往宾夕法尼亚大学商学研究院继续深造，先后攻读货币、银行、会计和国际汇兑专业。1917年回国，曾任著名实业家张謇的秘书、北京大学讲师及教授等。1921年后，历任中国银行汕头支行行长、汉口分行副行长，1927年后转任中国银行香港分行经理。1973年5月18日，郑铁如先生在香港逝世，终年86岁，周恩来总理发去唁电表示深切悼念，电文追述及赞扬了他为新中国做出的贡献。中央特派

年轻的郑儒永泛舟湖上

专机护送其骨灰至北京八宝山革命公墓安葬，为港澳人士中第一人。郑儒永的家族，深究起来，可以上溯到南宋，被称作郑氏金浦系。该家族支脉深远，杰人辈出。郑儒永的母亲谢纫瑜，北京师范大学第一届毕业生，出身江苏武进谢家，亦是名门闺秀。

郑儒永出生时，父亲位居香港中国银行经理，因此，她从小便衣食无忧，成长的环境充满了爱和阳光，养成了高雅娟秀的气质和温和善良的品格。

1937 年 7 月，抗日战争全面爆发，日军在大亚湾登陆，并迅速攻占广州及邻近地区，之后南下至深圳河北岸，与英军为界。剑拔弩张，战争一触即发，却保留着战争之前双方抗衡的宁静。就在这个空隙里，6 岁的郑儒永就读于香港圣士提反女校幼稚园，后升入香港圣士提反女校，读完了一至二年级。1941 年 12 月，港督杨慕琦代表英国殖民地官员向当时总部设于九龙半岛酒店三楼的日军投降，从此揭开香港三年零八个月的日治时期，香港沦陷。

沦陷后的香港，生灵涂炭，郑铁如因不愿与日本合作，被日军囚禁，郑儒永母亲携全家逃难至广西桂林，后又逃难到贵州贵阳和四川重庆。郑儒永就在这颠沛流离的逃亡路上，间歇地读完了初中三年级。抗战胜利后，考入广州最好的女子学院——真光女子中学。为了不远离母亲，让父母安心，郑儒永放弃了一直心仪的清华大学，改考校址设在广州的岭南大学农学院，入学成绩为第一名。

在科系的选择上，郑儒永没有选择父亲的老本行——金融，而是选择了植物病理，这不单单是因为该系教授数量多、名望高，更多的是她对科学的浓厚兴趣。也正是这个选择，让她踏上了为之奉献一生的科学道路。

心思沉静　埋头科研

1953 年，郑儒永大学毕业后，进入中科院植物所真菌植病研究室（中科院微生物所前身）工作，成为中科院植病研究室研究实习员，师从北京中国农业大学植物病理系主任兼中国科学院真菌植物病理研究室主任戴芳澜教授。戴芳澜教授是我国著名真菌学家，是中国真菌学创始人、中国植物病理学创建人之一，他1913 年结业于清华学校留美预备班。1914—1919 年留学美国威斯康星大学、康奈尔大学和哥伦比亚大学研究院。1948 年选聘为中央研究院院士。1955 年选聘为中国科学院学部委员。

名师出高徒，此言甚是不虚。

此前，在岭南大学农学院（后改为华南农业大学）植物病理系，郑儒永的老师有林孔湘、范怀忠和陆大京三位著名教授；工作之后，又有戴芳澜教授指导，加之她本人对科学的浓厚热爱和兴趣，科研水平日益精进。

郑儒永和导师戴芳澜在一起

可是，戴芳澜老师并未让她在科研上崭露头角，而是把她安排在标本室。这个标本室保存着从清华大学农学院、中央研究院、北平研究院等几个单位整合而来的重要标本。因为每一个单位来的标本，包装不一样，有的是用盒子装，有的用口袋装，有的大，有的小，为了便于科研，要进行统一。郑儒永的工作就是给这些重要标本打标签、贴标签、重新包装。为了把中央研究院的标本集中到北京，她还与一位女同志赴南京农学院，把存放在那里的真菌标本拣出装箱运回。

听上去，这是一项简单的工作，实际上，这也是一项简单的工作。

刚刚毕业的时候，郑儒永有出国留学的机会，可是她为了能够陪在父母身边，也为了能够更好地报效祖国，毅然决然地放弃了出国留学的机会，可是，未曾想，等待她的科学研究，竟然是每天陪伴标本的重复而又简单的工作。

郑儒永没有一丝一毫后悔，也没有一丝一毫哀怨。相反地，她沉下心来，认认真真完成每一份标本的整理鉴定工作。那时候没有中文打字机，每一份标本都要手写，然后自己设计标本的包装，给它们穿上同样的衣服，一点一点规整，一点一点完成。

就这样，郑儒永在标本室整整待了 4 年。如今的中国科学院微生物研究所标本馆里，还保存着郑儒永当年手写的很多标本标签，这是非常珍贵的历史和科研资料。

郑儒永回忆起这默默无闻、潜心研究的 4 年，脸上常常带着幸福又平和的笑容，她说：我的工作主要是整理从各单位集中到中科院的近万个真菌标本，以及处理全室与课题外群众的书信往来，在别人眼中，这是最单调、最"低级"的工作，而恰恰是这份工作，让我有了更多的"充电"的机会。

这是心思沉静的 4 年，这是扎实积淀的 4 年，在这 4 年里，郑儒永在科研这片沃土里，扎下了很深很深的根，外人也许看不到她的成长，但是当破土而出的那一天，便是厚积薄发的开始。有了这深厚的积淀，她能够比别人走得更远，也有更加充沛的动力，攀登上别人不可企及的科学高峰。

厚积薄发　享誉国际

戴芳澜老师培养学生自有一套，他不教学生解决研究课题的具体问题，而是要求学生看大量的文献，跟课题没有关系的文献也要看，不断给学生打下坚实的基础，要求学生对学科的认识要广。郑儒永院士回忆：戴先生要求我们每个礼拜到他的家里，轮流做报告，做读书报告，就是让我们看很多文献，他也不告诉你要看什么，只给你一个题目，你自己去查文献，自己综合来讲，因为我学的文字多，别人没像我学那么多文字，我德文、法文、拉丁文、日文，什么文字都学了很多，所以我能看的文献的范围就大。不过我也帮别人，别人不能看，我就整篇翻来让他看，所以我跟我的同门师兄弟关系也都很好……戴先生不仅对科学研究非常严谨，对自己手下的学生和研究人员也严格要求，他指导工作不是用命令式，而是用启发式，让学生自己去思考探索，直到豁然贯通。因此，他培养的科研人员都能独立思考并完成工作，戴先生的严厉在学生中名气已久，这使很多学生都对他心有畏惧。

在戴先生的指导下，加上自我不断用功苦读，郑儒永的学术水平有了突飞猛进的发展。4 年沉寂之后，郑儒永被聘任为中科院应用真菌学研究所的实习研究员兼真菌室业务秘书，并且在从"幕后"转到"前台"之后，短时间内就发表了第一篇论文《植物病害与真菌标本的采集、制作、保管和邮递》；随后，又与王云章、陆定安、姜广正、余茂效合译了 A. H. 拉依洛原著《镰刀菌》，与戴芳澜、相望年合编了《中国经济植物病原目录》，此两本书皆由科学出版社出版。

　　1958 年 12 月，中国科学院应用真菌学研究所与北京微生物研究室合并成立中国科学院微生物研究所，郑儒永跟随应用真菌学研究所进入中国科学院微生物研究所，成为微生物研究所的一名科研人员。从此，她便一直在这个研究所辛勤工作，50 多年从未离开。

　　三年自然灾害期间，郑儒永未放松学习和科研，她在工作之余认真学习日语，在戴先生的指导下，完成了《中国毛霉目的分类》和《中国小煤真菌科的分类》的部分编写工作，同时将英文版《中国的真菌》全部翻译成中文。1964 年，33 岁的郑儒永开始接连不断地发表有关毛霉目的研究论文，即便不断参加绿化、卫生劳动队、"四清"运动、到安徽支农，都没能打乱她发表论文的节奏。1973 年，戴芳澜先生病逝，郑儒永在极其悲痛之余，用一己之力，担起整理戴先生遗著的重任。她认真梳理毛霉目的相关资料，严格核查，将中国毛霉目已知种类总结到戴芳澜所写的英文版《中国真菌总汇》内。在"五七"干校时，郑儒永依然坚持每天阅读文献，编写了《真菌名词与名称》半数以上的名词条目并审订了全部名词条目。她用女性特有的认真细致和执著坚忍，为我国真菌分类研究做出了巨大的贡献。

　　1977 年，郑儒永关于白粉菌属（Erysiphe）的研究结出累累硕果，接连发表多篇重量级研究论文，并于第二年作为"中阿文化交流协定项目"的组长，赴阿尔及利亚讲学和帮助建立微生物实验室。在接下来的几年时间里，郑儒永在白粉

1978 年作为"中阿文化交流协定项目"组长赴阿尔及利亚（左二为郑儒永）

菌属的研究方面，累计发表了十几篇重要论文，在国内外产生了深远的影响。在白粉菌各个属的分类研究中，从种的界限的确定、命名法规的处理以及有关订正研究中，郑儒永均起到重要作用。她对过去国内有关本属白粉菌的标本资料进行全面的整理鉴定订正，最后确定白粉菌属真菌，在我国 33 科 103 属 226 种和变种的寄主植物上共有 52 种和 5 变种，其中新种 22 个、新变种 4 个、新组合 5 个。著名真菌学家 O. Eriksson 主编的 *Systema Ascomycetum* 是反映子囊菌分类系统的一种重要刊物。他在 1983 年访华时看到了郑儒永后来在 1985 年的 *Mycotaxon* 上发表的"白粉菌的属"一文的底稿时，立即要采用作为 *Systema Ascomycetum* 上白粉菌的分类系统并沿用到现在。十多年来，*Systema Ascomycetum* 发表有不少重要的白粉菌著作，包括 U. Braun 在 1987 年出版的白粉菌世界性专著在内，但是始终采用郑儒永的系统不变。

郑儒永对待科学研究尤其精益求精，她思路开阔，善于独立思考，不畏挑战权威，从而在研究领域取得累累硕果。1985 年，郑儒永提出的白粉菌科属级分类系统，澄清和订正了许多国际上有争议的问题，保持了多年的国际领先地位；1987 年与同事合作并主编完成了中国第一本完全经过直接研究写成的真菌志——《中国白粉菌志（第一卷）白粉菌目》，得到了国际著名专家的广泛赞誉。

时至今日，郑儒永关于白粉菌科的属级分类系统，仍保持着国际领先水平。

作为一个出身大家族的名门闺秀，郑儒永身上丝毫没有富家小姐的娇弱之气，面对科研，她不怕困难，坚忍不拔，敢于挑战。她曾经这样说过："哪个行业都有各自的困难，也各有各的乐趣，你只要有兴趣，就不会觉得困难。我觉得，如果你做那些一点没有困难的工作，那才叫淡而无味。我就愿意挑难一点的工作做。因为有难点，你才有东西去解决，你才能做出高水平的工作。"

在实际工作中，郑儒永经常要到偏远的山村和林区去采集真菌标本，所有的行李都是自己双肩挑，经常在雨后的田间小路上滑倒摔伤。在野外，她也经常风餐露宿，吃野菜，吃野蘑菇。郑儒永总是和大家一起奔波劳苦，从不落后。她说："不能因为你是一个女同志，就提出什么特别的要求，科研工作者最不应该害怕的，就是吃苦，最应该习惯的，就是吃苦。"

2016 年 1 月，郑儒永院士度过了她 85 岁的寿诞，在耄耋之年，她仍然没有丝毫懈怠，一如往常地每天上班，步履蹒跚地走过车流熙攘的马路，来到实验室，在显微镜下一站就是几个小时。因为长期使用显微镜的缘故，很久很久以前，郑院士的腰部就受到了损伤，不能久坐，而真菌标本的观察和鉴定又需要在显微镜前长久保持一个姿势。因此，郑院士只能站在架高的显微镜前，这一站就是十几年。

"从工作里爱了生命，就是通彻了生命最深的秘密。"

请允许我们把纪伯伦的这句话，献给为中国真菌学奉献一生的郑儒永先生，她站在显微镜前瘦弱的身姿，是我们心中最美好的画面。

 相关阅读

郑儒永先生二三事

纪海丽

腰杆很硬

郑儒永先生毕生致力于真菌分类系统的合理化与完善，其多项科研成果，曾获得中科院科技成果奖、科技进步奖和自然科学奖。她几十年的科研生涯中，硕果累累，在真菌学领域做出了巨大的贡献。当然，她最离不开的就是显微镜。

郑儒永先生有一台很古老的显微镜，这台显微镜伴随了她十几年，她每天陪伴显微镜的时间甚至超过了陪伴她的老伴黄河研究员。

可是，也正是在显微镜前忘我的工作，使得郑儒永院士患上了骨质疏松和腰椎半滑脱症。2004年，她的脊柱被"钉上"了2根钢柱和9颗钢钉，医生告诉她：每天只能坐一小时，其余时间只能站着或者躺着。有学生打趣道，郑院士的腰杆现在是最硬的了！

正因为如此，郑先生基本无法坐着工作，从那时起，她老人家垫高了自己的办公桌和实验台，每天站立八个多小时，无论是观察显微镜还是撰写论文，无论是手绘真菌图谱还是查阅文献，都是站立完成，这对于一个七八十岁的老人来说，如果不是对工作特别热爱，如果没有超越常人的执著与坚持，很难想象可以做到这一点。

也正是这种执著和坚持，才能让她持续不断地获得崭新的研究成果，获得所有人的敬佩和爱戴。

郑儒永院士在人民医院治疗腰椎间盘突出期间，结识了几位人民医院的医生，他们成立了一个基金会，免费给西部贫困地区腰椎间盘疾病患者做手术，郑儒永被他们的职业精神所打动，一次性捐款10万元。十多年前，这对只拿工资的郑儒永而言，绝不是一笔小数目。当周围同事对她的慷慨大方表示惊叹时，她只是淡淡地说了一句："这个数还是拿得起"。

爱好很多

郑儒永先生是一位杰出的女性科学家，她除了在科研上成绩斐然，在其他方面也有很突出的"成绩"。

郑儒永先生爱好设计。起初，她最想读的专业是清华大学的营建系，学习建筑物的外形设计和绘制。后来报考岭南农学院时，她最开始选择的专业就是自己非常喜欢的园艺设计。据郑先生的老伴黄河研究员介绍，郑先生的设计才能非常突出，她常常看到一个很好的设计之后，能过目不忘，在自己脑海中会形成新的思路和创意。目前郑先生的居所，就是她自己亲自设计的，经常有人到她家学习取经，还拍照作为装修居室的参考。

除了设计之外，郑儒永先生还爱好编织毛衣，织出的很多花样都是自己设计的，身上穿的好多衣服也都是自己设计和自己剪裁的，各式各样的编织手法，看过一遍就能过目不忘，并因此免费给同事们开过一个"技术指导班"。郑先生身边的朋友，有很多都穿过她织的毛衣或剪裁缝制的衣服。例如微生物所张树政院士很喜欢的一件紫红色的毛衣，就是郑儒永先生送给她的，在很多重要场合，张院士都拿来穿一穿。

绘画也是郑儒永先生的爱好之一。中国科学院微生物研究所档案室里至今保存着郑先生手绘的真菌图谱，每个细节、每根线条都能做到精益求精，每一个菌株在她的笔下都变得栩栩如生，令人叹为观止。"发表论文时，我们要画很多真菌的形态线条图。我的文章很容易通过审稿，有一个原因就是我的图画得很好。从这个角度来讲，我的这点天分对工作也是有帮助的。"说起这些，郑先生脸上浮现出孩童般天真的笑意。

此外，郑院士对音乐也很有兴趣。年轻时她学过很多年的钢琴，也很爱听音乐。工作后因时间关系早已不再弹钢琴，只有周末或假期还能偶尔听听音乐。但是这份爱好却始终没有改变。

但是，为了全心全意搞好科研，做好自己的本职工作，多才多艺的郑儒永还是放弃了很多爱好和天赋。"做过科研的人都知道，做科研是很花时间的，必须全力以赴。我早就没有工夫管那些个人爱好了"，郑儒永说。

就这样，绘画、音乐等在她的生活中渐渐隐退，让位于日复一日的研究工作。

生活朴素

郑儒永先生出生在20世纪30年代的香港，父亲是著名的银行家、金融家，从小家庭条件优渥，可是她丝毫没有富家大小姐那种娇惯之气，反而生活朴素平淡，执心恬静。郑儒永说：我父亲廉洁得不得了，也"迂腐"得不得了。我可能遗传了他的这些特点吧。

无论在生活中还是工作里，郑儒永都非常节俭，在保证做好科研的前提下，绝不多花国家一分钱。此外，身为院士，"功成名就"的郑儒永从没有在任何地方兼职，从不拿工资以外的报酬。"遇到不能推脱的请求时，我会帮助他们，不过这些都是白干的，不会收任何报酬。"郑儒永清廉的品质、淡泊名利的态度和朴素简单的处世原则令人肃然起敬，难怪有人赞她是"纯粹的科学家"。

夏培肃：恬淡人生

■ 祁威（中国科学院计算技术研究所）

夏培肃（1923—2014），我国计算机研究的先驱和计算机事业的重要奠基人之一。先后就读于国立中央大学电机系、交通大学电信研究所、英国爱丁堡大学。1952年，夏培肃和闵乃大、王传英组成了中国第一个电子计算机科研小组，开拓了我国计算机起步发展的道路。1956年，夏培肃参与筹建中国科学院计算技术研究所，此后6年培养了700多名计算机人才，其编写的《电子计算机原理》为我国第一本正式讲义。1958年主持研制107计算机。1985年获英国赫里奥－瓦特大学名誉科学博士学位。1991年当选为中国科学院学部委员（院士）。2011年获首届中国计算机学会CCF终身成就奖。

立志工业救国

夏培肃1923年生于重庆市一个教育世家。祖父夏风薰从事教育工作40年，推动了江津县的文风。父亲夏鸿儒曾在江津县办学和办实业，母亲黄孝永曾任江津女子小学校长，他们用一套独特的方法教育夏培肃和她的姐妹。夏培肃从两三岁开始就接触古典诗词，四岁起上了四年半小学，此后一直到考上私立南渝中学的高中前，她的大部分知识都是在家里面学习的。母亲为她精心安排课程，挑选老师，遴选课外读物，使得她从小就博览群书，了解了历代仁人志士的精神风貌，认识到中华文化的博大精深，无形中培养了爱国主义情怀。

夏培肃从小就展露了她的数学天赋。她的家庭数学教师认为数学教育有重复之处，就把当时初、高中的数学知识融合在一起，夏培肃仅用了一年半的时间，就把代数、平面几何、立体几何和三角都学完了，还做了《欧氏几何》《范氏大代数》中的不少题目，其中一些难题连她的老师都做不出来，这大大提升了夏培肃的思维逻辑性，并且激发了她对数学的浓厚兴趣。

抗日战争期间，日本人在中国的暴行肆无忌惮，正在求学的夏培肃目睹民不聊生的动荡局势，心中无比愤慨。由于她在南开中学和国立九中的理科成绩优异，便下定决心报考工科院校，长大后投身工业，实现工业救国。1940 年，夏培肃高中毕业，考入当时赫赫有名的重庆国立中央大学电机系。电机系的课程繁重，教科书都是英文的，教师用中文夹英文讲课，学生必须用英文写实验报告。夏培肃在这里发现了自己的特长和兴趣所在，她最喜欢的课程是交流电路，特别是对电路瞬变过程的分析，她的毕业论文就是关于电机工作过程的分析和测试。

夏培肃 1945 年中央大学毕业照

1945 年，夏培肃从中央大学毕业，经推荐，免试进入交通大学重庆分校电信研究所攻读研究生。这期间，夏培肃系统地学习了电机方面的全部课程，并一直保持着数学成绩的优异。同年春天，在夏培肃 22 岁的时候，她遇到了生命中的另一半——中央大学校友杨立铭。研究生毕业后，夏培肃赴英国爱丁堡大学电机系攻读博士学位，与先前在英国读书的杨立铭于 1950 年结为伉俪。杨立铭后来成为我国著名理论物理学家，他和夏培肃兴趣相近，知识相通，学业、科研和生活的完美结合成就了他们相知相爱的一生。

巧遇机缘回国

夏培肃在爱丁堡大学主要研究电路理论、自动控制和非线性常微分方程及其应用，1950 年获哲学博士学位，1951 年成为博士后，在英国的学习对后来她从事计算机电路研究和设计工作奠定了坚实的基础。

在英国期间，身处异国他乡的夏培肃既感受到了英国良好的学术风气，也感受到了中国人受到的歧视：多少年的闭关锁国让英国普通民众以为中国还是男人抽鸦片、女人裹小脚，穷得没钱点灯……

当时，夏培肃夫妇在科学研究上已取得了多项重要成果，但是他们已经开始考虑回国的事情了。1951 年 10 月，夏培肃夫妇应清华大学校务委员会副主任周培源的邀请回国。满怀建设新中国的热情，他们登上了回国的远洋客轮。夏培肃被安排在清华大学电机系电讯网络研究室任助理研究员、副研究员。1952 年，中国科学院数学研究所华罗庚所长提出要在中国研制电子计算机，他在清华大学电机系物色了三位电信和电子学方面的科技人员，夏培肃被选中。夏培肃曾说："一个人在一生中，常常会有一些改变命运的重要转折点；对于我来说，这个重要的转折点出现在 1952 年秋天的一个晚上，当我第一次谒见华罗庚教授时。"正是这个转折点，使她成为我国计算技术的主要开拓者。

开创我国计算机事业

夏培肃开始研究电子计算机时，计算机方面的资料奇缺，她克服重重困难，一方面从图书馆的英文期刊中查找关于计算机的文章，另外还托国外的同学帮助寻找相关的资料。在逐渐弄明白电子计算机的原理后，为了让更多人知道计算机，夏培肃于 1955 年开始着手编写讲义。当时，计算机的一些基本术语和名词都是英文的，她在编写计算机原理讲义时，反复推敲，将英文专业术语意译为中文，这些讲义在全国一直沿用至今。

从 1956 年 3 月开始，夏培肃举办了一个计算机原理讲习班，听讲的有数十人。除了近代物理研究所的计算机小组和数学研究所的计算数学小组人员外，还有北京大学、清华大学的一些教师和其他单位的有关人员。讲习班讲授电子计算机的基本原理，包括二进制、布尔代数、逻辑电路、四则运算的算法、计算机各个部件的工作原理等，这被认为是中国计算机界的第一个计算机原理讲习班。夏培肃的讲课条理清楚、深入浅出，深受大家的欢迎。4 月，夏培肃参加了《1956—1967 年科学发展远景规划》的制订。6 月，她调入新成立的中国科学院计算技术研究所筹备处，此后一直在这里工作。

处在创建阶段的计算所的首要任务之一是培养我国计算技术的专业人才，因此除了派考察团、实习队和留学生去苏联考察、实习和学习外，计算所还组办了在国内的面向全国的计算数学训练班和计算机训练班，以培养更多的人才。夏培肃被安排专职负责计算机训练班的教学工作。1956—1962年，计算所和清华大学、中国科学技术大学等高等学校合作举办了 4 届计算机训练班，夏培肃主讲《电子数字计算机原理》课程。她花费了很多时间和精力重新编写了《电子计算机原理》讲义，这是我国在计算机原理方面的第一套系统完整、理论联系实际、通俗易懂的原创性自编教材。四期训练班为全国各行各业，包括高等学校、研究所、国防和工业等部门培养了 700 多名计算机方面的专业人才。当时国内的大学还没有计算机专业的毕业生，计算所的训练班在全国来说是开创性的，这些人才后来大部分成了各行各业在计算机方面的领军人物。夏培肃为中国计算机事业奠定了坚实的人才基础，不愧为中国计算机事业的奠基人之一。

主持研制中国第一台计算机

夏培肃在近代物理研究所工作期间，对串行计算机的运算器所执行的四则运算的算法进行了比较深入的研究，初步完成运算器和控制器的逻辑设计，并完成一些基本电路实验。1958年计算所提出要研制一台小型计算机，交由夏培肃负责，该计算机被命名为 107 计算机。

夏培肃负责 107 计算机的总体设计、逻辑设计、工程设计和可靠性设计。107 机是一台小型的串行通用电子管数字计算机，采用冯·诺伊曼体系结构、二进制、定点、字长 32 位、补码。磁心存储器容量为 1024 字节。机器可执行 16 种操作，即：接收、发送、接收反码、逻辑加、逻辑乘、移位、加法、溢出不停机的加法、减法、乘法、除法、无条件转移、条件转移、非零转移、打印、停机。机器主频为 62.5 千赫。这是我国第一台自行设计的通用电子数字计算机。107 计算机工作很稳定，1960 年 4 月机器考试时，连续无故障工作时间为 20 小时 30 分钟。平时机器可以像一台电子仪器那样随时开机和关机，这是当时其他电子管计算机无法做到的。

107 计算机在计算所加工调试后，安装在北京玉泉路中国科学技术大学。中国科技大学结合 107 计算机，编写了计算机原理和程序设计的讲义，作为该校计算机专业、力学系、自动化系、地球物理系的教材，共有 600 多名学生在 107 机上算题。107 计算机除了为教学服务外，还接受了一些外单位的计算任务，它们包括：潮汐预报计算，原子反应堆射线能量分布计算，原子核结构理论中的矩阵特征值及特征向量计算等数十项计算课题。

107 计算机研制成功的意义不仅仅因为它是我国第一台自行研制的通用电子数字计算机，更重要的是它说明了中国人有能力、有志气设计和研制自己的计算机。

夏培肃一生强调自主创新在科研工作中的重要性，她提出使计算机大幅度提高运算速度的最大时间差流水线原理，大大缩短了流水线计算机的时钟周期。她负责研制成功高速阵列处理机 150-AP，150 计算机的运算速度是 100 万次 / 秒，而 150-AP 的运算速度达到了 1400 万次 / 秒，用低成本实现运算速度高于美国当时对我国禁运的同类产品的运算速度，在国际上受到了巨大关注，为我国石油勘探做出了重大贡献。夏培肃在成功研制 150-AP 的基础上，1982 年提出了研制 GF（功能分布式）计算机的设想，她认为新型计算机系统应该是分布式的，不同的部分负责不同的功能，这种设计思想，即使对 21 世纪初期的计算机系统设计，仍然具有重要的指导意义。

夏培肃认为研究工作一定要有很强的超前性，她在 20 世纪 90 年代初即深深体会到高性能计算机的开发和应用关系到国家的整体实力，在推动相关工作的同时提出国家应该大力开展超大规模集成电路的设计和制造，否则将永远受制于人。后来，她培养的研究生在这两个领域均做出了卓越的贡献。

传播科学　甘为人梯

为了配合实施《1956—1967 年科学发展远景规划》的需要，中国科学院于 1958 年成立了中国科学技术大学，夏培肃负责中国科技大学计算机专业的筹建工作，并为此付出大量心血。在中国科技大学的发展史上，夏培肃被公认为是计算机专业的创始人和奠基人。

从 20 世纪 60 年代起，夏培肃开始培养研究生。她共培养了 60 多名研究生，其中有 2 名获全国优秀博士学位论文奖，3 人获中国青年科技奖。夏培肃认为培养研究生主要是为国家培养人才，而不是为了协助导师完成科研任务。夏培肃坚

夏培肃指导学生做实验

信计算机事业要发展，没有新生力量绝对是不行的，而为计算机事业培养人才则是她应尽的责任。

夏培肃根据研究生的能力和兴趣，引导他们从事科研工作。她不但对研究生在业务方面严格要求，更重要的是以身作则，要求研究生有良好的科学道德。她的研究生经常在国际会议和期刊上发表论文，但她从来不允许学生在文章上随便署她的名字，即便她帮助修改了很多次，如果没有做实质性的工作，她也绝不把名字加在上面，这种实事求是的精神对学生的影响很大。

夏培肃对她的研究生满腔热情，她希望青出于蓝而胜于蓝。她深知中国的计算机要进入世界先进行列，不是他们这一代人所能完成的，她希望她的学生或学生的学生能够做到。她认为中国人要攀登世界科学顶峰，需要形成人梯，要具有攀登愿望的人，才可以成为人梯的一部分。她愿意为后来人铺路，或踩在她的肩上爬上去。

在夏培肃的精心指导和热情帮助下，她学生中的不少人都取得了令人瞩目的成绩：李国杰院士领导的曙光系列高性能计算机的研制为打破国外垄断、促进我国高端计算机产业发展做出了重要贡献。胡伟武领导的龙芯团队曾经研制出中国第一枚高性能 CPU 芯片，"龙芯"芯片系列为提升我国信息产业的核心技术、保

夏培肃（左二）与她的研究生韩承德（右一）、李国杰（右二）等人的合影

护国家的信息安全做出了重要贡献。这些成绩都是夏培肃一直倡导自主创新，掌握中国自己核心技术命脉的最好回报。

除了科研和培养人才外，夏培肃还创办了在中国计算机领域最具影响力的《计算机学报》和对国外发行的 *Journal of Computer Science and Technology*，并担任主编，主持编写了《英汉计算机辞典》，担任了《计算机科学技术百科全书》的副主编，负责计算机体系结构分支的最后编审定稿。

1985 年，因为夏培肃在计算技术方面的贡献，英国赫里奥－瓦特大学（Heriot-Watt University）在庆祝该校以蒸汽机发明者瓦特命名一百周年的大会上，授予她名誉科学博士学位称号。当夏培肃把此事告诉华罗庚时，华先生说："这不仅是个人的荣誉问题，是英国人对中国人的友好表示，更重要的是因为中国开始强盛起来了。"这使夏培肃深受教育，认识到只有国家的强盛，才有个人的荣誉。她联想到在英国留学时所受到的种族歧视，更是感慨万千。

2000 年前后，年事已高的夏培肃没有再去牵头申请新的科研项目，逐步淡出了计算机科学技术的第一线科研工作。不过，精力依然充沛的她对计算技术的发展还是一如既往地投入了关注。当时量子计算机比较热门，但主要是物理学家在研究，计算机专业的科研人员难以深入理解。为了破解量子计算机的谜团，需要从计算机专业科研人员的角度重新观察和审视量子计算机。夏培肃在爱人杨立铭的指导下，花了大约一年时间，阅读了100多篇有关论文，学习了量子力学的基本概念，最终撰写了一篇综述性文章《量子计算》，这篇文章发表后，在国内计算机界产生了很好的反响，并被广泛引用。

纪念夏培肃院士从事教育事业50周年

夏培肃一生淡泊名利，为人低调，她除了专注于科研，就是教书育人，传播计算机科学，凡是和她接触过的同行，都对她敬佩有加。1991年，夏培肃当选为中国科学院学部委员（院士），是由和她素昧平生的王大珩院士和师昌绪院士主动推荐，他们的依据是她的学术成就与贡献。

2014年8月27日，夏培肃不幸与世长辞，享年91岁，这位坚信"不义而富且贵，于我如浮云"的老人走完了她人生的最后时刻。朴素的生活，朴素的心灵，夏培肃一生恬淡自如，虚怀若谷；随着历史画卷的徐徐落幕，永远无法遮盖的是她在中国计算机科技发展史上留下的深深印迹。作为老一辈科学家的杰出代表，夏培肃身上默默奉献、自强不息的科学精神必将永恒。

 相关阅读

忆我的恩师夏培肃

唐志敏 [①]

我是 1985 年到中科院计算所跟夏培肃老师读研究生的，毕业后又留在夏老师的课题组里，继续在她老人家的指导下做研究工作。到现在，算起来也有近三十年了。

几年前，中国科协设立了一个项目，撰写老科学家学术成长经历，其中有夏老师的传记。我参加了夏老师学术传记编写小组，写的主要是夏老师在 20 世纪 80 年代以后的学术经历以及培养研究生的情况。这使我对夏老师的学术经历和培养研究生情况有了一个系统的回忆。

回想起来，在跟着夏老师学习的那些年里，她并没有什么轰轰烈烈的举动，也没有慷慨激昂的言辞，但是她的一言一行、一举一动，却如春雨润物一般，虽然细无声，但是却沁人心脾。跟着夏老师，使我学会了如何治学、如何为人。

"严谨治学，亲力亲为。"这是夏老师给我留下的最深刻印象。

1990 年前后，她指导我们设计高速运算电路。当她了解到我们这些计算机专业的学生并不懂得高速数字电路背后的模拟现象时，就亲自给我们讲课，从麦克斯韦方程讲起，什么是传输线和特性阻抗，什么是反射和串扰，匹配电阻怎么安排，噪场容限是怎么回事，等等。那时她已年近古稀，仍坚持每周给我们讲一次课，在黑板上写公式、画波形，从来都是那么仔细、准确。

有一次，夏老师拿来一摞图纸，给每人发了一份。我仔细一看，原来是她亲自设计的 36 位加减法器的逻辑原理图，包括输入端和输出

[①] 作者系中国科学院计算技术研究所研究员。

端的寄存器组、本地相加、先行进位、和的产生等模块。她用 A4 尺寸的坐标纸，清晰地分别画出了 36 位加减法器的总体结构图和各模块的逻辑原理图，再用复印机印了若干份发给大家，请大家一起检查。看到如此规范、工整的图纸，细致到每一个门电路，在座的同事和同学们都惊呆了。她画的图纸，如同现在用计算机上的 CAD 软件绘好图后，再用激光打印机打印出来的一样，是那样地细致、规整。

"谦虚谨慎，不断学习"这是夏老师留给我们的又一印象。

我们都觉得夏老师是见多识广的前辈高人，但她自己却从来不这么看，总是在不断地学习。她不仅通过文献了解学科前沿，也学习一些实用技术。例如，她发现用 LaTeX 排出的数学公式比用 WORD 好看得多，就请人在自己的电脑上安装了 LaTeX 软件，并学习了这个排版语言。夏老师晚年写的好多文章和报告，都是自己用 LaTeX 排版完成的，包括那篇影响很广的《量子计算》论文。

20 世纪 90 年代中期，夏老师担任《计算机科学技术百科全书》副主编期间，在审阅词条时，做了大量的修改工作。有些词条的原稿只有手写稿，她总是亲自把原稿输入到电脑，再在电脑上进行修改，而不是去麻烦原作者提供电子稿。偶尔遇到一些自己难以判断正确性的"小问题"，她会及时向那些有可能比她更了解情况的人士询问，并不介意自己的老前辈和院士身份。她的学生们也经常成为她咨询的对象。

夏老师给我们印象至深的还有"恬淡自如，优雅生活。"

夏老师一生都以学术为重，对学术以外的东西，如行政职务、地位等，都看得很轻。她也这样要求我。她很愿意提携后进，给年轻人更大的舞台，但仍希望年轻人多花时间在学术上，尤其不要为行政事务分心。有一次，上级领导要求她推荐一个学生去担任某个职务，事后，她找我谈话，说她推荐了某某而没有推荐我，因为她认为做好科研工作对我更合适。夏老师的生活很俭朴，但不失优雅。她家里虽然没有什么装饰，却是一尘不染，清新整洁。我去她家里看她，她常留我吃饭。她家的饮食很清淡，夏老师和她的先生都不饮酒，家里的一瓶茅台酒，大半都是被我喝掉的。我年轻的时候，穿着很随便，经常不系衬衫扣子、夏天穿拖鞋去办公室。夏老师教导我，要注意这些小节，尤其是在一些正式场合或出国的时候，千万注意自己的仪表。就是夏老师的这些教导，改变了我。现在，我非常注意穿衣礼仪等，并已成为我的习惯。

夏老师虽然已离开了我们，但她的言传身教，将伴随我的一生。

杨芙清："机遇来自国家需要"

■ 朱郑州　邵维忠　谢冰　王亚沙　赵俊峰（北京大学）

杨芙清，1932年出生，江苏无锡人。计算机软件专家，中国科学院院士（1991年）。1955年毕业于北京大学数学力学系后，再读该系研究生。1957年赴苏联科学院计算中心和莫斯科大学数学力学系学习。1959年至今一直在北京大学从事教学与科研。是新中国第一代计算机科学家和软件学科奠基人之一，也是我国女性科学家的杰出代表。她能够为我国软件技术研究、产业发展和人才培养做出突出贡献，得益于她创新、严谨、求实的科学精神和坚韧、包容、执著的人格魅力，更与她以国家需求为己任的强烈社会责任感和历史使命感密不可分。

学生时代

1932年11月6日，杨芙清出生在无锡市留芳声巷52号的杨家大院内。父亲杨介辰是一位崇尚实业救国的知识分子和实业家，母亲李文英女士是一位知书达理、为人宽厚、传统型的贤妻良母。父母希望她能像出水芙蓉一样清新高雅、品格出众、才气过人，因此给她起名杨芙清。父亲非常重视子女的教育，在日军侵华时为避战祸到上海期间也未曾中断。

1945年抗战胜利，杨芙清以优异成绩考取了当时无锡三大名校之一的无锡市第一女子中学。1948年，杨芙清因品学兼优被保送直升女子一中读高中。她不但各科成绩都很优秀，而且兴趣广泛，既被选入篮球队、排球队，又是舞蹈队、宣传队成员。同学们称赞她是"学习上的小先生，体育场上的健儿，文娱活动的积极分子，党外布尔什维克"。杨芙清在那里经历了无锡市解放的历史变革，受到了良好的基础

杨芙清在无锡第一女子中学时被选为篮球队的右锋

教育，养成了勤于思考、刻苦努力的学习习惯，树立了追求真理、探索科学的远大理想，为她日后献身科学、献身教育奠定了扎实的基础。多年之后，杨芙清回忆起无锡第一女子中学的生活时说，这是她人生道路上的"启蒙、奠基、起步"的重要阶段，她感恩老师们启发了她对知识的浓厚兴趣，调动了她的潜力。

杨芙清从小酷爱数学，1951年，她怀着对华罗庚先生的崇敬之情，报考了清华大学数学系。高考揭榜，她如愿以偿，录取通知书上的一行大字："欢迎你，未来的数学家"更让她踌躇满志，对未来充满憧憬。从此踏上了攀登科学高峰之路。

1952年，我国高等院校进行了一次大规模院系调整，清华、北大、燕大三校数学系合并成立了北京大学数学力学系。杨芙清也从清华园来到燕园，成为了北大数力系的学生。在北大，她不但学习成绩优秀，还是非常活跃的文娱积极分子。被选为校学生会的文化部部长后，她组织戏剧社、舞蹈队等社团一起开展了一系列大型的文化活动，充分展示了其组织协调能力。在大学，杨芙清学会了科学的学习方法。通过数学课的严格训练，培养出严密的逻辑思维，学到了分析问题、解决问题的方法，为以后的科研、教学工作都奠定了扎实的基础。勤奋和严谨的好习惯也是杨芙清在大学养成的，并且一直保持到现在，同时也是她对学生的基本要求。

1955年，杨芙清本科毕业后，师从徐献瑜教授，成为我国第一个计算数学专业的研究生。读研期间，她参加了计算数学教研室的组建工作。新专业创建初期，师资、设备和条件都很缺乏。为了读懂一个计算方法，必须大量演算，当时国内只有手摇计算机，一个一个数字摇，一个一个公式验算，算出一条一条曲线，然后思索、计算、推理。杨芙清回忆说："读研期间，记得徐献瑜教授给我指定了一本苏联教材《线性代数计算方法》，每个礼拜在教研室报告一次，然后让大家讨论，现在回忆起来仍觉得这种方法非常好。"以讨论班的方式让学生提高自主学习能力，是北大数力系的优良传统。

两次赴苏学习和工作

1956年，周恩来总理主持制定了中国十二年科技发展规划，首次把发展电子计算机作为国家重大任务，并决定派出代表团赴苏联学习计算机技术。

　　1957 年 1 月，杨芙清由导师推荐，参加了我国第一个计算机的赴苏学习团，奔赴苏联科学院计算中心，学习计算方法和程序设计。她在学习中认真、严谨、一丝不苟。她编写的第一个程序上机运行时一次通过，当时的苏联指导教师高兴地说：这在他的学生中还是首例。在苏学习时，恰逢毛泽东主席访苏，在莫斯科大学礼堂接见留苏学生。杨芙清早早地等候在礼堂里，占到一个靠前的座位，聆听了毛主席对青年的亲切教导："你们青年人是早晨八九点钟的太阳，世界是属于你们的，也是我们的，但归根结底是属于你们的。希望寄托在你们身上。"激动人心的语言，鼓舞着杨芙清，指引了杨芙清努力的方向。

　　1958 年 4 月，因赴苏学习团合同期满，北京大学周培源副校长安排杨芙清转到莫斯科大学数力系继续进修学习，师从苏联著名的计算科学家米哈伊尔·罗蒙诺维奇·舒拉波拉教授学习程序设计自动化。杨芙清在学习和研究工作中表现出很强的创新精神。在设计编译程序时，她发现程序检验很烦琐费时，就大胆提出一种逆向思维方法，得到导师的鼓励。她独立设计出从后向前的逆向验证方式，大大减轻了验证的工作量。在导师的指导下，杨芙清写出了题为《分析程序》（即逆编译程序）的论文，在莫斯科大学《自动化论文集》中发表后，引起国际学术界的关注，被西方杂志称为"程序自动化早期的优秀之作"。

　　1959 年 10 月，杨芙清满怀报国之心回到了祖国，立志献身于新中国的计算机事业。回国后，她被分配到北京大学数力系任教，协助导师徐献瑜教授辅导"程序设计自动化"等专业课，同时兼任系科研秘书。

　　1962 年，杨芙清作为计算机科学家，被选派到苏联杜勃纳联合核子物理研究所工作。杨芙清深深地体会到，祖国要发展壮大，计算机科学是重要的技术支撑，因此她十分珍惜第二次赴苏工作的机会。在苏联期间，她除了完成日常研究工作外，还经常泡在图书馆里，努力翻阅各种新技术资料，不断研究和总结程序设计的规律，

在苏联，杨芙清与舒拉勃拉老师

积累经验，思考着回国后如何更深入地开展计算机科学技术的研究。

两次赴苏学习和工作是杨芙清学术成长过程中的一个重要阶段，使她进入了一个崭新的科学领域——计算机软件。从此她的人生与计算机软件的研究和中国软件产业的发展结下了不解之缘。

提起两次赴苏经历，杨芙清感慨地说："机遇来自国家需要。只有以国家需要为己任，努力去做，去做好，就是抓住了机遇。我从学习抽象数学到计算数学，又改为程序设计，看起来是偏离了数学的研究轨道，其实是抓住了计算机软件这个新学科发展的机遇。"

操作系统领域的开拓者

20 世纪 60—70 年代，由于西方和苏联的技术封锁，我国计算机事业的发展处于非常艰难的时期。为解决石油勘探等行业科学计算问题，迫切需要独立研制高性能的大型计算机。国务院于 1969 年 12 月向北京大学下达了研制每秒计算 100 万次的集成电路计算机（代号 DJS11，即 150 机）的任务。北京大学联合北京有线电厂（738 厂）、石油部勘探局等单位，组成了研制团队，任命杨芙清担任操作系统（当时称管理程序）组的负责人。在技术资料十分匮乏的条件下，杨芙清带领研制组日夜奋战、锐意创新。联调阶段，硬件还没有完成，杨芙清领导团队在每秒 2 万次的 108 乙机上安装了自行设计的模拟程序，作为虚拟 150 机进行系统软件的调试，仅用 23 天，就完成了操作系统调试，并做了模拟联调。这种用虚拟机仿真的方法，保证了系统软件与硬件制造同步，同时，又以系统软件的调试，推动了硬件系统的调试，解决了资源共享、多道程序协调运行等关键技术问题。在 1973 年成功研制了我国第一个支持多道程序运行、规模大、功能强的计算机操作系统（150 机操作系统）。

150 机的研制成功，缩短了我国与先进国家的差距，在石油勘探领域得到成功应用，使其数据处理发生了第一次"数字化革命"，获得了重大的经济效益和社会效益。该成果获 1978 年全国科学大会奖。2009 年，150 机被列入中共中央党史研究室编写的《中华人民共和国大事记》，《人民日报》在"新中国成立 60

周年"专稿中称 150 机"是当代中国科技发展史上的一项重大成果，堪称中国电子计算机发展史上的一个里程碑"。

1973 年，中国电子工业部根据国际上计算机技术飞速发展的形势，提出了发展中国系列机的计划，该计划包括微机 DJS100 系列和大型机 DJS200 系列。杨芙清被任命为 200 系列软件总体设计组成员，并担任该系列中的 240 机（DJS200/XT2）软件项目负责人。该项目在 1976 年因国家经费困难等原因曾被迫下马，在杨芙清的多方奔波和呼吁下于 1978 年重新启动。其间，她深入研究了计算机操作系统的体系结构，提出了"PCM 设计方法和层次管程结构模型"，并用她与徐家福教授、仲萃豪研究员共同设计的系统程序设计语言（XCY），全部重写了操作系统。

专家鉴定认为"DJS200/XT2 操作系统全部用高级语言编写，具有首创地位，在国际上也无先例。这些成果具有颇为优秀的学术价值和学术水平，有重要的应用意义"。

回忆起这段经历，杨芙清的学生柳纯录深情地说："杨老师对新事物总是能以最敏锐的眼光予以捕捉，以最敏感的思维予以升华，以最敏捷的决断予以培植"。

20 世纪 90 年代开始，计算机软件运行环境从单机发展到了网络。杨芙清及时抓住这一技术走向和战略性发展机遇，带领团队开展软件中间件这一新型网络操作系统技术的研发。该项工作提出并实现了基于微内核的构件化体系、在线演化、互操作、运行时软件体系结构以及系统性能优化等关键技术，研制成功了符合国际主流技术标准、具有完全自主产权的构件化 J2EE 中间件系统 PKUAS。这些自主产权的技术与系统对知名中间件软件厂商（如：中创 InforWeb、中和威 InterWeb、东方通 TongWeb，金蝶 Apusic 等）的转让而形成商用产品，打破了国外产品在中国基础软件市场一统天下的局面。同时，与国际著名开源产品 JOnAS 对等合并，成为国际中间件联盟 OW2 主推的新一代中间件系统 JO2nAS，在国际上产生重要影响并得到广泛应用。

软件工程学科的引领者

1980 年，杨芙清组织和筹办了中国首届软件工程研讨会。她敏锐地意识到，软件必将发展成为独立的产业，因此需要工程化、工业化生产技术和环境来支撑产业的发展。基于长期从事操作系统这类复杂软件系统的研发实践，杨芙清提出：要解决大型复杂软件系统的高（复杂程度高）、长（研制周期长）、难（正确性保证难）问题，关键是良好的软件结

杨芙清（左）在指导学生

构、先进的软件开发方法和高效的软件工具。

自 1983 年起，在国家支持下，杨芙清主持了被称为"青鸟工程"的一系列大规模软件工程技术研究、系统研发和应用实践，提出了软件生产线思想，先后研制成功了软件工程核心支撑环境 BETA-85、支持结构化软件开发方法的集成化软件工程支撑环境青鸟Ⅰ型系统、全面支持面向对象软件开发方法的青鸟Ⅱ型系统和以软件复用为核心的软件开发平台青鸟Ⅲ型系统。

青鸟工程的成果先后获得 1986 年电子工业部科技进步奖一等奖、1996 年电子工业部科技进步奖特等奖、1998 年国家科技进步奖二等奖和 2006 年国家科技进步奖二等奖。

2006 年 5 月 ICSE 大会杨芙清做开幕式主题演讲

在诸多奖励和荣誉面前杨芙清并不满足。她说："得奖就是画一个句号，句号放大就是零。"她带领着团队以"而今迈步从头越"的心态，瞄准软件工程学科前沿，持续不懈地探索和创新。2000 年研制出基于构件－构架的应用系统集成组装环境，实现了过程改进和开发技术的一体化支持；2005 年推出基

于 Internet、以构件库为核心的开发平台，实现了覆盖软件全生命周期的工业化生产支撑功能，形成了基于构件的软件开发方法、平台和标准体系。

上述成果对我国软件产业向规模化、工业化发展提供了基础平台支撑，在国防、航空航天、军工和集成电路设计等领域成为知名软件工具，大幅度提高了国产软件工具产品的成熟度和市场占有率。以神州数码信息系统公司构件化技术改造为例，使该公司软件复用率提升到 60% 左右，统计分析项目成本平均节约 30% 以上，测试工作量平均减少 18%，缺陷数量平均减少 20%。相关工具也在北京 2008 年奥运会信息系统建模以及众多国家重大建设工程中得到广泛应用。

鉴于杨芙清在软件工程领域的学术贡献，2006 年国际软件工程顶级学术会议——第 28 届世界软件工程大会（ICSE）邀请杨芙清做开幕式主题演讲。这是该会议自 1975 年创办 37 年以来唯一的华人学者主题报告。

产业发展的推动者

杨芙清一直以极大热情和精力致力于我国软件产业建设。她认为，软件产业是一个行业渗透性强、技术门槛高的智力密集型产业，需要产业战略与政策、技术支撑和人才培养三位一体的产业体系建设。她长期承担国家软件产业发展规划的咨询建议等研究任务。她的很多建议被国家相关政策所采纳。例如，从"九五"到"十一五"，作为国家发改委高技术产业发展规划软件组组长，她组织完成了产业发展规划的研究任务；2005 年，她承担了中国科学院咨询项目"坚持自主创新，突破我国软件产业发展瓶颈"，用时两年形成 20 余万字的报告，上报国务院后下发工信部；作为中国软件行业协会的创建人之一，她从 1984—2011 年担任中国软件行业协会副理事长，为促进国产软件产品的规范化和品牌化做出了重要贡献。

杨芙清意识到软件产业的跨越式发展取决于软件生产方式的变革。1995 年开始，她亲自带队深入企业开展软件工业化生产技术的调研。1996 年，作为青鸟工程科技成果转化机制，创建了北京大学软件工程国家工程研究中心，其宗旨是服务软件产业，实现科技成果向生产力的转化。科技成果转化过程是一个面向应用需求、技术与需求紧密结合相融的工程创新过程，双方人员密切合作，创新研发出适应应用单位需要的产品（工具、平台、系统）。自 2000 年以来，在她的带领下，软件工程国家工程研究中心以服务的理念、不断融合创新的精神，在软件安全技术、软件过程技术和软件开发集成技术等方面形成了软件开发运行安全一体化平台，在多项国家重大工程中得到广泛应用，承接了国家多个部委和十多个省市区的信息系统建设及推广应用项目，用户达上万家。2012 年，中国软件行业协会编撰出版的《软件构件技术——中国实践之路》对杨芙清领导的构件技术推广工作给予了高度评价："……北京大学等一批高校承担的'青鸟工程'针对软件工程化、工业化生产技术和环境开展了卓有成效的研发工作，为我国软件生产方式的变革提供了理论基础和实践指导。20 世纪 90 年代中期，构件技术的研发和推广，提升了我国软件企业的创新水平和核心竞争力，为我国软件产业的技术革命和形成规模经济起到了很好的技术支持和保障作用。"

软件学科的教育家和探索者

杨芙清认为："教学是要培养学生的思维能力和创新精神。问题从探索客观世界规律而来，因此，任何问题均不是单一的，必然是系统化的，具有结构化特性。要描述清楚，就要从整体上弄清楚其组成成分，去寻找各部分的关联和结构，采用简练的语言、规律化的表述、结构化的框架，体现了软件之美、结构之美、工程之美。"因此，她特别善于使用图表结构表达法培养学生。她说："因为图表构造者要从问题的整体角度，提炼组成成分，找出成分间的关联和结构，从而使线性上升为立体，从分散构建出结构框架，是对问题认识的升华，是对能力的一种提升。开始时会感到无从着手，但当你从乱麻中抽取到一个线头时，会欣喜而豁然开朗，会对问题有了新的理解。"

从 1979 年开始指导研究生起，她共培养了 150 余名硕士、博士和博士后，其中不少已成为学术界的知名学者、学科带头人，或产业界的领军人物。她带动和促进了中国计算机软件学科建设，并担任两届国务院学位委员会委员和三届计算机科学与技术学科评议组召集人。

杨芙清在长期从事计算机软件领域的教学和科研的同时，历来十分重视教

杨芙清和研发骨干谈技术推广、平台部署和软件产业基础设施建设的思路

材建设。1961 年，杨芙清与徐家福等人合作撰写了中国大陆最早的程序设计统编教材《程序设计》；1974 年，在 150 机操作系统科研实践的基础上，撰写了操作系统教材《管理程序》；1986 年，与俞士汶一起编著了《操作系统结构分析》；1998—2013 年，与她的学生邵维忠教授合著了《面向对象的系统分析》《面向对象的系统设计》等多部研究生系列教材，历经多次印刷累计 67800 册；2008 年，主编了中国最全面的软件复用与构件技术丛书。

　　面向国家需求、产业发展和学科前沿培养创新型人才是杨芙清教育理念的精髓。她积极探索与实践高等教育体制改革和专业学位研究生培养机制和模式。2002 年，她创建了北京大学软件学院，提出了"人才培养与产业建设互动""专业教育学分制、素质教育学苑式、产学研用一体化"的教育理念；确立了"坚持创新创业、坚持面向需求、坚持质量第一"的建院宗旨；提出了"面向国家需求、瞄准国际前沿，本着创新创业理念，培养具有系统集成创新能力的高层次、实用型、复合交叉型、国际化工程科技人才"的目标；制定了"德育为先、能力为重、德才兼备"的人才培养规格和要求；构建了以课程体系为核心、注重知识、能力、素质综合提高的工程专业学位研究生培养体系。该学院在教育部组织的示范性软件学院验收评估中综合排名第一，被誉为"示范中的示范"，"北京大学软件与微电子学院——示范性软件学院建设"也获得高等教育国家级教学成果一等奖。2002 年和 2007 年，以她作为学科带头人的北京大学计算机软件与理论二级学科两次以国内同行第一的成绩被评为国家重点学科。

杨芙清认为培养创新型工程科技人才队伍首先要营造一个良好的人才成长、成才的生态环境。2001 年，她就提出三类（理学、工学、工程）三级（学士、硕士、博士）的软件工程教育体系，在《国家中长期教育改革和发展规划纲要（2010—2020 年）》中被采纳；2005 年，她和孙家广、李未、周兴铭等院士联名建议国务院学位委员会设置软件工程学科并试点培养软件工程博士；2009 年，杨芙清作为论证专家组组长，牵头论证了北大、清华、北航等 28 所高校联合上报的"增设软件工程一级学科调整建议书"；2011 年，国务院学位委员会第 28 次会议讨论通过软件工程作为一级学科列入学科目录，工程博士列入专业学位目录，我国软件工程学科建设进入新的阶段。

杨芙清的成长过程，历经并展现了我国计算机科学技术及信息产业从初创、发展到走向成熟的历程。如今她虽已年过八十，但仍然以饱满的精力在坚持工作，为软件工程学科建设、人才培养和产业发展继续贡献力量。

相关阅读

五十七年情
——参加 2014 年北大五四诗会有感

杨芙清

今天是五四运动九十五周年，我参加了北京大学团委组织的"青春中国梦，赤忱五四情——北京大学纪念五四运动 95 周年青春诗会"，参加朗诵了毛泽东同志的词作《沁园春·长沙》和同学自己创作的、表达北大青年之声的《聆听青年》，和年轻的同学们在一起，无拘无束，敞开心扉，我又像回到了学生时代。而更有幸的是，我们国家最高领导人习近平主席来到了诗会，听了我们的朗诵，并亲切地接见了我们，和我们一一握手，称赞朗诵透着自信，表达了强烈的历史责任感和自豪感，并告诉我们，《沁园春·长沙》是毛主席32岁时写的，毛主席的词气势磅礴、前无古人，要我们学习这种精神，要紧跟时代，既创作出优美的文字诗篇，又创作出壮丽的人生诗篇。

我很幸运，这样近距离地和习主席在一起，握着那浑厚、朴实、掌握全局有力的手，激起我奋发的年老少年情和教师的责任感。

我更幸运的是，两次受到了我们国家最高领导人的接见。第一次是在57年前的1957年，我还是一个25岁的留苏学生，在莫斯科大学礼堂，毛主席接见了在苏联的中国留学生，我永远记得毛主席说的话："你们年轻人是早上八九点钟的太阳，世界是你们的，也是我们的，但归根结底是你们的，希望寄托在你们身上"。这激励着我，为建设新中国努力奋斗，奉献终身。第二次，就是57年后的今天——2014年5月4日，在五四运动的策源地，在北大静园草坪五四诗会上，受到了习主席的接见，聆听了习主席的讲话，这次我已是82岁的老教师了。

习主席来北大视察，在讲话中谈到："教师承担着最庄严、最神圣的使命，教师要时刻铭记教书育人的使命，甘当人梯，甘当铺路石，以人格魅力引导学生心灵，以学术造诣开启学生的智慧之门。"这是对我们教师的要求，我一定按照习近平主席的指示，牢记教师教书育人的使命，育人者先育己，不断提升自身的素养；面向国家需求，刻苦钻研，提高学术水平；教学相长，努力培养体现时代精神、道德高尚、立志报效祖国、服务人民、奋发有为、积极践行社会主义核心价值观的国家栋梁之材。师生共同努力，勤学、修德、明辨、笃实，为实现"中华民族伟大复兴"的中国梦，奉献终身。

安静娴：俯仰一世 乐在药中

■ 段芳宇（《华商晨报》社）

　　安静娴（1929—2015），中国制药工业企业第一位中国工程院院士，东北制药高级工程师。1952 年从北京大学毕业后，即进入东北制药总厂工作，长期奋战在我国化学制药科研工作第一线。20 世纪 60 年代，提出并组织实施磺胺嘧啶重大技术路线的改进；70 年代，与中国军事医学科学院合作主持研究发明的抗疟疾新药——脑疟佳、全化学合成黄连素均为世界首创；80 年代，组织和主持头孢类药物、脑血管用药等产品的研究开发，取得显著的经济效益和社会效益，其中头孢噻肟钠、头孢三嗪、头孢他啶、头孢氨苄的成功开发，填补了国内企业头孢类抗生素的生产空白；1993 年开始创新药物尝试，研制成一项拥有自主知识产权的新产品，并通过卫生部专家委员会评审。1997 年当选为中国工程院院士。

　　铁西区，重工北街，广元里。

　　东北制药总厂（以下简称东药）这个年代久远的职工家属区依旧弥漫着浓浓的年味，11 号楼静静地坐落在一片老式楼群中间。

　　4 楼一个房间，夕阳余光透过没有遮挡的窗户折射到墙壁之上，光影斑驳中，墙上那张手绘化学分子结构图静谧而神秘。

　　房间的主人，有一个文雅的名字，安静娴。

　　这位女士是东药的灵魂人物：她是我国头孢菌素系列产品的研发者；她的学术成果始终处于业内前沿、高峰，却从不著书立说；她研发的药品救人无数；她终身未婚，过着极简生活。

　　安静娴，我国化学制药企业唯一的中国工程院女院士，她有着怎样的过往？

■ 56 个春秋

　　时间都去哪儿了？

春晚一首歌中看似不经意的一句歌词，引得众人感叹时光流逝。

对安静娴而言，她的时光与东药的发展融为一体，她的时光与药品研发光影相随，从她的青葱岁月，到耄耋之年。

化学药品研发并不是安静娴最初的主攻方向，她最初的理想是当一名医生；进入东药，也非安静娴心仪目标地，她原本想留在北京的研究所，做纯学术研究。

安静娴身上浓浓的书卷味，与其家学渊源有关。

1929年的大连，位于寺儿沟有一安姓大户人家，2月12日是农历正月初三，喜庆之余，安家当时的当家人安式文有些着急，他的夫人正在分娩，等待中，一个小女孩出生了，兜儿成了小女孩的小名。

起初父母给女儿取名叫安馥芳，是希望这个女孩的人生永远像花儿一样馥郁芬芳。

安家家境殷实，又因为家族中出了很多太学生、贡生，整个家族对教育很是重视，开明的父亲还给兜儿请了家庭教师，安静娴这个名字，就是她的启蒙老师给改的。

安静娴所处年代，女孩子能从小学一直上到大学并非易事，安静娴虽然完整而系统地接受了从小学到大学的学业教育，其过程却艰辛无比，和师承梁思成、一生致力田野考古的哥哥不同，安静娴从小痴迷数理化，这也让她在刚刚有懵懂志向时，将自己未来职业指向医生。

做医生的念头，伴随她升入高中，用安静娴自己的话说，"我最早的时候是想学医的，等我到高中时候，还是在为学医做准备"。

高中二年级，一次偶然外出买药看见的事情，让安静娴重新考虑自己的专业选择。

安静娴的高中是在北京上的，当时北京还没有解放。一天，她去西单附近大药房买药，结果看见所陈列的

青年时期的安静娴在读报纸

163

药都是进口药。不仅如此，即便对家境殷实的安静娴来说，药价也十分昂贵，更别提普通百姓。

其他药房是否也如此？带着这个疑问，闲暇时间又特意去了北京几家大药房，"国产的很少见到，几乎都是进口的"。

药房所见给安静娴的感受很不好，她问了自己一个问题，我成为医生以后，给病人看病开出药方，但药是国外进口的，老百姓吃不起，怎么办？

是否还坚持学医，让她很是纠结。

安静娴所处环境让她可以接触到很多有学识、有见地的人，用现在的话讲，她决定先在自己的圈子里探究探究。

一番下来，她发现无论是自己相熟的，还是朋友的朋友，圈中当时有为数不少的医生，却没有一个是搞药的。

她得出了一个结论，没有国产的药，即使知道病因也没办法医治，很多中国老百姓将因看不起病而等死。

这个结论，让安静娴做了一个决定，"我放弃了当医生的初衷，立志学药，并决定报考北京大学"。

1947年9月，安静娴如愿考取了北京大学药学系，中国从此少了一名医生，却出了一位制药研发的大家。

5年之后，23岁的安静娴进入东北制药总厂，"当时这里是中国制药的旗帜"，那一年是1952年。

安静娴在指导试验

从那一年开始，东药厂区到职工宿舍的两点一线间，一个清丽的女子永远在相同时间出现在人们视线里；日落日出间，厂区在变大，女子头上的青丝，由墨色到灰白直至满头银发，她依旧在相同时间出现在职工宿舍到东药厂区的路上，她就是安静娴。

23岁进入东药，78岁停止工作，安静娴一生未曾离开工厂和生产线。

56个春秋，她身边景象不断变化，心中梦想依旧灿烂。与梦想相随的是，从最初磺胺嘧啶新工艺路线，到抗疟新药脑疟佳的研发成功；从头孢菌素系列产品，到全合成黄连素及新药长春西汀，不断填补着国内空白。她的一生，乐在药中。

中国头孢第一人

在东北制药，"安静娴"这个名字被几代人知晓，可人们都是习惯地称呼她"安工"，一直如此传承。从领导到普通职工，从她的学生到科研团队，"安工"，一声呼唤，饱含了尊敬，也带着不同的崇拜。

她的第一个成果——磺胺嘧啶新工艺路线

进入制药企业偏离了安静娴自己最初的职业规划，"我挺想去科研单位的，去做纯科学研究"。

因为这个想法，安静娴想在实习结束后便离开。多年后安静娴提及这段插曲笑道，"起码有半年，我还老在想，要是有机会我想走了"。

"工厂里整年到头就生产几个品种，同样品种转来转去，我觉得没意思"，安静娴不愿留下的原因并不复杂。

一个工人由于生产线发生爆炸而意外死亡，让安静娴留在东药。

安静娴永远忘不了那个年轻人，尽管与她还不是很熟悉。

二十世纪五六十年代，中国缺医少药。东药生产的药品中有一个化学名叫磺胺嘧啶的产品，是当时治疗一般感染的广谱抗菌药，也是治疗脑炎的首选药，供不应求。

生产线在那个时代的中国已经算是很先进了，但因技术所限，当时的工艺路线反应周期长、原料消耗多、污染严重，技术本身存在安全隐患，动不动就爆炸了。车间的一个工人因为岗位爆炸意外死亡，这件事对安静娴触动很大。

安静娴在学习中

安静娴觉得自己所学是可以解决一些问题的，比如老旧的生产路线是可以改进的，以此改善工人的工作环境。

这个想法不仅让安静娴留了下来，磺胺嘧啶合成新路线的研发也成了她的第一个研发成果。

安静娴把发现磺胺嘧啶新路线形容为"后面有个东西追着似的，非得让你快点走不可。这个过程当然辛苦，可辛苦之余也有乐趣。就是解决完一个困难，大伙还没高兴完呢，第二个困难又来了，再想办法解决。我就觉得又紧张还又挺高兴的。"

可以想见，过程绝非安静娴轻描淡写般简单，仅摸索安全条件反应一项，安静娴在实验中经历了几次爆炸，她自己都记不清了。

无数实验之后，安静娴率先在国内研究合成磺胺嘧啶工艺新路线，工人生产环境得到了极大改善，那一年她刚过而立之年。

脑疟佳——救活中国大使

制药研发注定与危险相伴，无数次的实验，众多化学试剂，成分稍有差池就会爆炸；众多的化学成分中有一些是含有毒性的，每天浸染其中，又有中毒危险。患者所看到的是颜色各异的药片、胶囊，跟随在这一粒小药片背后研发者的艰辛，鲜有人知。

安静娴研发的药救人无数，既有平头百姓，也有达官显贵。

"谷子黄，病倒床，闷头摆子似虎狼"，这是 20 世纪六七十年代我国西南地区老百姓对疟疾的形容。

有关疟疾凶险，曾经参加过安静娴科研项目的陈明山讲述了一个故事，大概在 1977 年，我国时任驻喀麦隆大使陪同喀麦隆总统访华，得了恶性疟，发高烧，尿都是黑色的了，给他用氯喹，没有效果。

穷尽办法之后，有人突然提到沈阳东北制药总厂的安静娴不是研发了一种抗疟新药"脑疟佳"吗，是否可以一试。

有关部门批准后，给这位大使服用了脑疟佳，当天烧就退了，连服3天后大使痊愈。

大使痊愈了，但在这个药的研发过程中安静娴和其他科研成员，是通过亲自试药，得出药品的安全性的。

脑疟佳研发是国家"523"项目的一个成果，是当时一个军工项目，安静娴是项目负责人。

当时治疗疟疾首选药是美国"氯喹"，但许多地区疟原虫对常用抗疟药喹宁和氯喹产生抗药性，寻找新结构类型的抗疟药的任务便落在安静娴身上。

她遇到的首要问题是如何通过大量的定向合成和广筛找出有抑制作用的物质。无数次反复之后，安静娴从5800多个化合物中找出了显示良好抗疟效果的新药"脑疟佳"。

欣喜好像仅在一瞬间，合成时用量多少合适？"做毒性试验的时候，是在医生指导下做的，安静娴带头，我们都试服300毫克，根据我们的体重，300毫克是安全的。但当时确实是冒着风险"，课题组成员陈明山对当时情况记忆犹新。

陈明山说，"为防意外，安静娴和同事们住在医院，服药前、后都要做身体检查的，后来出现点小毛病，个别人眼睛看东西的时候有点变化，别的没有什么反应，还不错，大家都觉得，还算挺安全通过了"。

在陈明山看来，项目组成员之所以敢试药，是因为对安静娴的信任，"她工作非常严谨，试服怎么做交代得非常细致，对可能出现的情况，做了应急预案，大家虽然担着风险，但心里多少都有点底。她把这个队伍组织得非常好。"

以身试险中，安静娴摸清了化合物的毒性，最终确定了易控制、安全的合成方法，成功地拿到成品"脑疟佳"，在当时它被人们称为"中国的抗疟王牌"。

完成脑疟佳研发的时候，安静娴已过不惑之年。

头孢三代——填补国内外空白

药品研发的艰辛，不必赘言。但在安静娴的眼里，制药有着他人无法想象的乐趣。乐趣中，中国药品研发史上一个里程碑式的品种出现了，它就是头孢菌素系列产品。

一般情况下，药品都会有一个化学学名，但对老百姓来说药品化学名是很晦涩难懂。不过也有例外，这就是头孢，老百姓对这两个字很熟悉。

百姓熟知，一方面源于它是广谱抗菌药物，用途广泛，还有一个重要原因就是头孢第三代是我们自己研发的，填补了国际与国内的空白，给百姓带来了很大的用药便利。

填补空白的人，就是被誉为"中国头孢第一人"的安静娴。

今天我们看见的一粒小药片、一粒小胶囊、一支针剂，融入了安静娴多少心血也许只有当事者才最清楚，我们所知的是开始头孢菌素系列产品研发时，安静娴已是半百之人。头孢系列产品中的第一个品种，从论证到向生产过渡历时4年。随后其他4个产品的研发以及对已成型产品的不断改进，贯穿了安静娴整个甲子岁月。

对头孢系列研发当时分歧很大，主流意见是即使我们自己搞替代进口产品，也要从第一代搞起，可以借鉴。当时国外头孢菌素已经上市十多年了，经历了第一代、第二代。

安静娴不同意，"我们不搞一代，也不搞二代，直接搞三代，这样的话我们搞起来就跟上世界的步伐了"。

安静娴在做试验

参与过当时工作的李绍新说，"第三代特点就是比一代、二代的抗菌谱更广了，抗菌活性也高了，另外就是一代、二代用了以后有耐药性，第三代比较少耐药。"

翻阅当时研发记录，里面太多化学分子式、实验数据，对外行人来犹如天书，在这些天书中，头孢系列产品一个个问世，"头孢产品的研制成功，在国内均属首创，头孢产品部分替代了进口头孢药品，促进了我国医药工业发展，提高了我国临床用药水平……"这段直白的语言概括了它的作用和价值。

"头孢产品可以说为人类做出了非常大的贡献"，在陈明山看来安静娴研发头孢系列的贡献不仅限于填补了空白，还救活了困境中的制药企业，"一些药厂就靠这个起死回生"。

1997 年，安静娴当选为中国工程院院士，成为中国化学制药企业唯一女院士，那一年她 68 岁，年近古稀。

极简生活

这是一本质地古朴的相册，里面是安静娴各个时期的照片。

4 岁的安静娴依偎在哥哥身边微笑着，齐耳短发，很是可爱；15 岁的安静娴和父母、哥哥于自家大屋前的合影中，她还是齐耳短发，只是戴上了厚厚眼镜；17 岁的安静娴和同窗被镜头定格在北大红楼前，她依旧短发、眼镜示人……

短发与眼镜，这样的形象成了安静娴的固定标志，"我就没见过她换过发型，永远是齐耳短发，永远是那身款式不变的衣服，鼻梁上永远挂着那副厚厚的老式眼镜，身上透露着老知识分子的浓浓气息"，这是东药党委工作部部长史艳玲眼里安静娴的形象。

她拮据？当然不，她有着高工工资，虽然她从不领每月 13000 元的院士补贴；她不通时尚？家中开过绸缎庄，想必她对衣料的考究不会陌生。

有人说她是不懂生活之人，并有例为证，一根胡萝卜、两块白菜片、一小撮豆芽和大米、油盐混在一起蒸熟。胡萝卜是整根的，白菜是整块的。安静娴说这样的一勺烩优点很多。胡萝卜有多种维生素，白菜含有大量纤维，豆芽是高蛋白，大米是淀粉、碳水化合物……做这种饭，既省时间又保证营养，一举两得。

这位不懂生活的人，精通五门外语，在她满是专业书籍的房间，那本法文的《红与黑》就在她的枕边；这位不懂生活的人，缓解助手紧张情绪的方法是为大家随手勾勒出漫画；这位不懂生活的人，79 岁离开自己岗位时，没带走一个证书，一个奖状，一页手稿……

子曰："吾十有五而志于学，三十而立，四十而不惑，五十而知天命，六十而耳顺，七十而从心所欲不逾矩。"

这句话意为，人在小时候就应该立下自己的目标，冲着这个目标努力，才能取得好的效果。安静娴无疑做到了这一点。

安静娴晚年因身体原因少与人交流。"安工"，每当有人这样轻唤，她眼里瞬间光亮，意味深长。

人生天地之间，"俯仰一世"，安静娴一生乐在药中，除了天性的善良，很大程度上在于她在科研与产品转换中找到了平衡，在帮助别人中找到了生活的姿态和做人的乐趣。

康德说过，世界上最令人景仰的，一是头顶灿烂的星空，另一个则是我们内心的道德文明准则。

相关阅读

和安工一起的美好时光

陈　岩①

安静娴院士离开了我们，离开了她所挚爱并奉献一生的东药。与安工相识的人都在缅怀她，她的崇高风范在激励着每一个人。

"安工归还药典时，总不忘说一声'谢谢'""安工常教导生活要简朴，学习要刻苦，工作要精益求精。""安工还给我介绍过对象呐！"谈起安工，原料检验中心总经理唐奎山、人力资源部刘培暄和采购物流中心的王麟心里有太多的故事。

"安静娴雅"借药典

安工的办公地点在北二路厂区监测大楼的三楼，与唐奎山所在的原质检处同在一栋楼里。2000年前后，安工有几次借阅最新版美国药典，

① 作者系东北制药集团股份有限公司员工。

唐奎山的印象特深："安工来之前，她会先给我打电话约时间。她如约而至，尽管办公室的大门是开着的，但她依旧没有省略敲门细节；查新版药典时，看到办公室有人，她会礼貌地回避，并留下药典的借条，写明归还日

安静娴题词

期；在归还药典的时候，她总是亲自捧着厚厚的药典送到我的办公室，从不爽约。临走的时候，她还会用其特有的少女般柔美的嗓音道一声'谢谢！'"期间，对唐奎山等提出的送、取药典的请求，她总是予以婉拒。这么多年过去了，安工借阅药典时的谦和，连同其学术高度、做人的低调，成为唐奎山弥足珍贵的难忘记忆。

工作细节显温情

1979年末，当时200多名知青应招来到东药，被分配到了各个车间。不久，厂里要从这些人当中招考研究所的试验工。"那天，安工和一名教育科的同志担任考官，安工拿出一本英语书让我朗读了一段。一共有四五个青年参加了考试，最终我和另外一名同志入选。1980年1月，我来到了当时的研究所——安工的试验室工作。"刘培暄回忆道。

数年来，安工都是图书馆、试验室、家"三点一线"，还在每周三下午的"学习日"里讲授有机化学。"当时，安工经常向我教导'工业学大庆'中'三老四严'的经验，还向我推荐小说《红岩》，说'革命'来之不易，她把用钢笔写好的《入党誓词》赠予我，对我进行入党启蒙，并将其装入我的学习档案。"在刘培暄心中，那誓词内容印象深刻，安工娟秀的笔迹至今难忘。"安工教导我生活要简朴，学习要刻苦，工作要精益求精"，刘培暄说。安工的教导深深影响着自己。

"我去过安工先后住过的三个处所，第一处是十马路的'新四楼'。当时安工和母亲一起居住，是一个面积只有六七平方米的单间。第二处是'三号楼'的单间。第三处是在'十一号楼'的小套间。20世纪80

171

年代初安工从'新四楼'往'三号楼'搬家那天，我们研究所的几个年轻人去帮忙。我们看到她没有什么家具，物品都已经用麻袋装好，其中装着包括《英语词典》《俄语词典》等在内的各类书籍就有好几袋子。"刘培暄回忆道。半导体以及自费订阅的《人民日报》《参考消息》成为安工家中固定的摆设，书柜里满满的都是书，陪伴着老人的一生。

精益求精进设备

"七五"期间新科研大楼和实验场建成，各种技术装备分批引进。"1987年，当时任研究所副所长的安工提出了一批拟采购设备的清单，请供应处采购。安工这个采购任务便由我负责。在当时计划经济条件下，查找设备厂家等信息还不是很方便。我按照安工提供的资料认真核对查找，把收集到的结果及时反馈给安工。安工对上百万元的科研经费精打细算。她会问设备的功能是什么，价格是多少，'性价比'怎么样？安工提出了很多建设性意见。安工提出，色谱分析仪有没有输出终端？经查，当时国内没有，这足以看出安工确实站在前沿。最终采购的价值10万元的奥林巴斯显微镜、三四万元的色谱分析仪都是国内一流的。"王麟说，"在前后4个月里，我们接触较多。安工还给我介绍过两次对象呐！虽然说没成，但我心里很感激她对我的关怀。"

最终，王麟圆满完成了包括干燥箱、低温冰柜在内的科研项目的大宗设备采购任务。

安工把自己的一生全都贡献给了制药事业，一位深受员工爱戴的院士，一位令人敬仰的老人，没有索取，全是奉献。

斯人虽去，风范长存。她的精神将激励着一代又一代东药人前行。

张丽珠：中国试管婴儿技术先行者

■ 王传超（中国科协创新战略研究院）

张丽珠（1921—2016），我国著名妇产科学家。抗战期间毕业于上海圣约翰大学，获医学博士学位，后来赴美国从事为期3年的研究工作，主攻妇科内分泌学、局部解剖学和肿瘤早期诊断；之后受聘去英国做妇产科临床工作并通过英国国家考试，获得英国皇家妇产科学院文凭。新中国成立后，她于1951年回国，次年就职于北京医学院第一附属医院妇产科，后来参与创建北京医学院第三附属医院（后更名为北京医科大学第三附属医院、北京大学第三医院）并长期领导该院妇产科的工作，数十年来致力于我国妇产医学的研究和临床工作，并不遗余力地培养人才和进行学科建设，是新中国妇产科学的重要开拓者和现代生殖医学的主要奠基人之一，培育了中国大陆首例试管婴儿。

“全面发展女生”

张丽珠祖籍云南大理，于1921年生于上海。她的父亲张耀曾是同盟会早期成员，民国初年曾三度出任司法总长，母亲赵玟早年曾在日本东京女子师范大学学习幼儿教育。幼年时期她随家人在北京生活，直到1929年父亲决定举家迁往上海。

到上海后，张丽珠进入智仁勇女子中学小学部读四年级，两年后又升入该校初中部。1934年她在上海市教育局组织的初中毕业会考中考取甲等，并获得奖状奖品及报纸表彰，之后她继续在本校高中部学习，直到高二时转学到上海工部局女子中学。她天资聪颖，又有良好的学习习惯，往往能够轻松取得好成绩。当时女中为提高学生们的课业水平和综合素质，经常举办英语演讲等竞赛活动，并聘请社会名流担任评判，她总是能在活动中拔得头筹，颇为引人注目。她自幼性格活泼、体魄强健，学习之余，在课外生活的各方面都是积极分子。她曾作为主力队员进入上海女排参加1935年的第六届全国运动会，并带领全队获得冠军。除排球外，她还是学校篮球队的主力。而从运动场上下来，她又能很快拿起笔杆子，

上海工部局女子中学 1937 届合影（右三为张丽珠）

化身"女秀才"，能文能武，令同学们钦佩。在文艺方面，她也不甘人后，喜欢唱歌，有时还会登台表演话剧。好的条件加上自身努力，高中毕业时，张丽珠被工部局女中评为该年级唯一的"The All-round Girl of 1937（1937 级全面发展女生）"。

毕业后，张丽珠投考了中央大学的航空工程系。在当时，这对一个女生来说，显得有些疯狂。但事出有因，从她个人来讲，无论在家里还是学校里，她受到的教育都是男人能做到的，女子一样能做到；从当时的社会来说，面对日军的步步紧逼，尤其是受 1932 年淞沪抗战时空战场面的刺激，"航空救国"的思想得到很多人的认同。1937 年夏天，张丽珠一边参加上海女排备战第七届全国运动会，一边对搏击长空满怀憧憬，忙碌而充实，内心满怀即将开拓未来的激动。

可 7 月 7 日日寇挑起卢沟桥事变，全面抗战爆发，战局很快恶化。虽然张丽珠如愿以偿地被中央大学航空工程系录取，但当时局面非常混乱，中央大学已着手迁往大西南，要去学校报到颇费周折，更何况当时日军飞机经常深入内地狂轰滥炸，兵荒马乱，路上也不太平。家里人实在不放心让张丽珠一个年轻女孩孤身踏上前途未卜的报到之路，她只好从命，先到暨南大学借读了一学期的物理，之后于 1938 年转学到圣约翰大学去读医科。

1939 年，在完成医预科的学习后，张丽珠通过严格的选拔考试，正式进入医学院学习。圣约翰大学的医学院要求很高，从 1906 年开始，其最低入学要求已达到美国 A 级医学院的标准，教学一般使用最新的外文原版教材，教学活动与日常生活中也全部用英语，与同期美国的医学教育相比也没什么差别。在这样的情况下，医学院的淘汰率是很高的，医预科的 200 ~ 300 人中只有 40 人能进入医学院学习，而这 40 人中也很难全部能坚持到毕业。圣约翰医学院全部 56 年的历史上，毕业生总数仅有 466 人。张丽珠是 1939 级医学院学生中的佼佼者，她在医本科阶段的成绩，除第一学年为全班第二名外，其他三年均为第一。

虽然学习本身对张丽珠来说也许没有太大压力，但在当时外敌入侵的大环境下，学业与生活也并不十分轻松。张丽珠十分珍惜国难当中来之不易的学习机会，埋头学业。圆满完成医学院第四学年的课程后，1943年下半年开始，她到上海红十字会第一医院进行了为期一年的实习。这次实习令她终生难忘，使她感受到作为医生的使命感、荣誉感和责任之重，开始从一名医学生向医生转变。1944年夏，张丽珠终于从医学院毕业并获得医学博士学位，同时还在毕业典礼上收获了该年度最优秀毕业生奖（The Best Graduate of 1944）。毕业后，她经人介绍去沪西产妇科医院担任住院医师。

游学与归国

在医院从事妇产科工作后，张丽珠在看门诊、上手术的过程中不断积累经验，很快成长起来。外部环境也在不断变化，1945年，抗战取得胜利。1946年，随着中美通航的恢复，她准备像无数前辈那样去国外游学一番，以增广见闻、拓展自己的知识结构和业务水平。

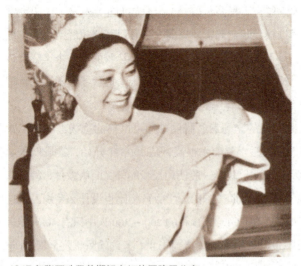

1947年张丽珠留美期间在纽约医院婴儿室

1946年9月，张丽珠乘船东渡美国。抵达纽约后，她决定接受巴克斯顿医生（Charles Lee Buxton，1904—1969）的邀请，先去哥伦比亚长老会医学中心（Columbia Presbyterian Medical Center）进修。巴克斯顿在医学界是一位颇具传奇性的人物，其"最为重要的贡献还是能够敏锐地抓住学科发展当中那些有潜力的研究方向，然后找到合适的人来从事这些方向的研究"。张丽珠到达纽约的时候，他正在开展妇科内分泌学的研究，四处招兵买马。张丽珠幸逢其会，由此开始涉足内分泌学最尖端的研究。在研究的同时，她还努力在附近的高校如纽约大学医学院、约翰·霍普金斯大学进修相关课程。尤其在后者，她在诺瓦克（Emil Novak，1884—1957）、特林德（Richard Wesley TeLinde，1894—1989）、伍德瑞夫（J. Donald Woodruff，1912—1996）等妇产科学界的权威人物指导下，在局部解剖、妇科手术方面获取了大量临床经验，并系统地学习了妇产科病理学、妇科内分泌学的知识。

忙碌起来，时间总是很快，转眼到了 1947 年的下半年，张丽珠的学习已经告一段落。她感觉比起在巴克斯顿的实验室里对着兔子做实验来，自己还是更喜欢做临床，因为能实实在在地为别人解除痛苦，于是就转到纽约医院的妇产科工作，这对她来说压力不大，心情也愉悦。半年后，她觉得自己还有余力做一些研究工作，就到医院对面的斯隆 - 凯特琳癌症研究中心（Memorial Sloan Kettering Cancer Center）与美国人莱斯利（Eugenie P. Leslie）一起研究细胞学检查方法在早期癌瘤诊断中的作用，合写了一篇文章发表在《美国女医师协会杂志》上。

在纽约期间，张丽珠虽然忙于学习和工作，但不再像大学那样独来独往，而是经常参加一些社会活动。其实她的性格一直比较外向，只不过抗战时期在日伪统治下才难以发挥，到了美国的广阔天地，很快就活跃起来。当时，她经常参加中国学生基督教协会组织的活动。这是中共领导下的一个外围组织，新中国成立后曾与留美科协一起积极组织留学生回国参加新中国建设。在这些活动中，张丽珠听了不少关于国内的时事报告，由此接触到毛泽东《新民主主义论》等著作，这些都潜移默化地影响了她对国内局势的认识。

1949 年，张丽珠突然接到了英国伦敦玛丽居里（Marie Curie）医院的邀请，让她赴该院做癌瘤早期诊断方面的研究工作。恰好张丽珠也想考察英国的医疗制度，因此欣然应邀。抵英不久之后，张丽珠还是想继续从事临床工作，于是转到伦敦海克内（Hackney）医院，在著名妇产科医师道兹女士（Miss Gladys Dodds）指导下担任妇产科总住院医师。道兹在当时被公认为是"伦敦最好的妇产科医师之一"，张丽珠深深受益于她丰富的临床经验，多年后还能形象生动地追忆起当时的典型病例，用来给学生讲课。

1950 年 10 月，张丽珠参加英国的国家考试，获得了英国皇家妇产科学院文

1952 年刚到北京的张丽珠

凭，就在她开始准备参加进一步的文凭考试时，中国国内形势和国际政治格局都处于激烈变局之中。尤其是朝鲜战争爆发后，周围对新中国不友好的言论和行为越来越多，她深感痛苦与恐惧，于是决定尽快回国。但她去买船票时因为用的是国民政府的旧护照，居然被要求出示新中国的入境许可证，这让她惊怒交加。经过一番周折，她终于收到官方电报通知"欢迎你回国"，惊喜于新中国办事的高效率，并带着胜利得意的表情购得了回国船票。船抵香港时，有人劝她"像你这样的人，何处不可为家？"。虽然在出国前已父母双亡，按说应该毫无牵挂，但张丽珠还是坚定地想要回去。

1951 年 7 月，张丽珠终于回到上海。几年不见，换了人间，新中国创建伊始，万象更新，人们满怀豪情地要建设一个新世界，张丽珠也开始了崭新的事业与人生。

风风雨雨五十年

回国不久，张丽珠经人介绍，结识了化学家唐有祺先生，并于 1952 年年初结婚。由于唐先生的研究方向比较专门，要找到合适的岗位不容易，而张丽珠的工作相对容易找，最后她决定去北京。这年夏天，她到卫生部去申请工作，被分配到北京大学医学院附属医院妇产科，由此与北医结缘。

新到一个陌生的环境里，人总是分外敏感的。第一天报到，让她在某份证明文件上签字的时候，院党总支副书记笑着说："有些留学回国人员往往签的是英文名字"。从此她特别注意，不论是说话还是讲课绝对不漏一个英文字，这对于留学归国人员来说是极为少见的。

当时的高级知识分子很少，因此每个人都被使用得很充分，张丽珠的主要任务有两块：一是在附属医院妇产科做临床工作；二是给北医的学生上专业课。因为有经验的大夫比较少，比起国外来，她有更多的机会去做手术，也因此积累了丰富的临床经验。同时，她在局部解剖学等方面的功力也在临床上显现出来。有一例剖宫产后出

1953 年卫生部颁发给张丽珠的医师证书

血不止的患者从晚上到次日中午就是下不了手术台，有人喊来了张丽珠。她凭着早年打下的厚实基本功，迅速地缝扎了出血点，手术很快就结束了，那种自信神态和娴熟技能常使助手们惊叹不已。

走出手术室，张丽珠在讲台上又是一位优秀的教师，口齿清楚，条理清晰，出口成章，没一句废话，既能从浅显的临床病例引导到深奥的理论，又能把繁杂的理论分清层次，指出重点，那时并没有计算机，但她的讲话似乎完全能表达出图像，课堂效果一直很好。而在课堂之外她又是学生们的好朋友，给他们留下了深刻的印象。

无论是临床、教学，还是研究，张丽珠都做得有声有色。因此，她的节奏是非常紧张的，忙得连家都顾不上。1953 年儿子昭达出生，她满月后就去上班，给孩子喂了一个月就回奶，胀得非常难受。吸取了这一教训，1954 年女儿昭华出生后，她立即回奶，以至于女儿没有吃上一口妈妈的奶。有时候想起孩子来，张丽珠是有些遗憾的："跟别人家里是不一样，所以我也常常觉得自己没尽到母亲应尽的责任，我也没享受到许多天伦之乐。有年暑假，正好有一天两个孩子都在家里，我躺在躺椅上，这边看看女儿，那边看看儿子，我觉得非常非常的幸福，但这样的时候也不是很多。"

孩子出生后，她一如既往地埋头于工作，从不请假，有时候感觉有点不舒服，她就注射庆大霉素将病情控制住，以免耽误公事。当时医学界对庆大霉素的副作用还缺少认识，而且注射前不用像青霉素那样做皮试，因此张丽珠习惯了使

用它，最终导致听力受损。

1958 年，北医三院创建，张丽珠直接参与了建院工作并担任妇产科主任，从此在三院一直干到退休。多年后，她写道："现在三院已盖上多个大高楼，在楼前的喷水池不可再见，熟悉的小路已然不通，认识我的小花也被深深埋葬，历史的遗迹已逐渐消失。"伤感之中，包含的是深厚的感情。

在北医工作将近 50 年，酸甜苦辣备尝，其中有两次下放经历给张丽珠带来了强烈冲击。一次是 1965 年响应"六二六指示"参加北医三院通县巡回医疗队为农民服务，这是她首次深入农村，受到极大震撼，感受颇多，写了一篇题为《不了解农村就不能为农民服务》的文章表达自己所见所思，发表在《人民日报》上。另一次是"文化大革命"当中作为"革命对象"带着沉重的心理负担和对前途命运的恐惧被下放到延庆医疗队。30 年后她回忆当时的感受："下车还没停下脚，延庆医疗队领导即派我到对角石山沟里执行任务……走在那崎岖的羊肠小道上，左边是峭壁，右边是悬崖，身上背着沉重的行李包，而心里的包袱就更重了；这次进来山沟，还出得来吗？"但她克服了恐慌，仍然将精力投入到为患者解除病痛中去，以至于延庆县医院的人说当地的宫颈癌手术都让她做光了。

50 年风风雨雨，张丽珠利济为怀，以坚实的理论基础和丰富的实践经验救人无数，在医界同行和广大患者当中赢得了崇高的威望和声誉。

自主研究试管婴儿技术

多年以来，张丽珠对医学进展的把握是敏捷到位的，经她提出的研究课题往往有着广阔的远景。回国之初，她指导学生开展的课题"硫酸镁对子宫收缩的影响"至今仍是研究热点。在三院多年，虽然临床工作非常繁重，可她一直坚持基础、临床两手抓，于 1978 年创立了生殖内分泌实验室，开拓相关研究。在研究方面，她最广为人知的成绩是做出了中国大陆第一例试管婴儿。

作为妇产科医师，多年来张丽珠接触了大量不孕不育症患者，对她们的病情了如指掌，对她们的痛苦感同身受，并深知这不仅是一个重要的婚姻和家庭问题，还会因一系列伦理与心理反应引发诸多社会问题，直接关系着人们的身心健康、夫妻感情、家庭和谐乃至全社会的安定团结。为了在临床上解除这些患者的问题，将她们从水深火热的痛苦之中解救出来，张丽珠在生殖内分泌实验室开展的工作一直关注着国内外的相关研究。试管婴儿技术的出现，让她看到了解决问题的途径。

出于作为医师治病救人的责任感和作为母亲将心比心的悲悯情怀，张丽珠于1982年决定开展试管婴儿的研究工作，此后几年一直将大量精力放在这一研究上。

在了解了关于试管婴儿技术的基础知识后，张丽珠组织妇产科的同事和研究生们，与北医基础医学院组织胚胎教研室一起开展相关的研究。一开始，条件是非常艰苦的，没有科研经费，缺少仪器设备。就这样白手起家，张丽珠和大家一起惨淡经营、步步前进。

试管婴儿技术出现后，也有外国专家来中国推广，并先后在中国台湾、香港地区顺利取得成功。但他们在北京、广州等地连续做了十多例，却无一成功。令他们感到困惑的是，居然找不到卵子！根据多年的经验和调查，张丽珠找到了问题的根源，抓住了在国内开展试管婴儿与国外的一个重要不同之处：西方女性没有孩子是因为她不愿意，她愿意把自己的事业先确立了，然后等到确立这些事以后，年纪大了，不容易怀了，这是一种正常生理的过程，但是国内的女性往往有病理的原因，有好多是年轻的时候不能生，因为她得过结核，经常有输卵管堵塞。找到了症结所在，张丽珠在技术上采取了一些创新，改腹腔镜取卵为开腹取卵。这样到1984年，张丽珠和同事们解决了第一步的取卵问题。

之后研究步步推进，其间张丽珠又曾去国外相关机构考察学习、虚心请教，并利用从国外带回的实验设备改进实验技术，继续开展工作。从1986开始进行的胚胎移植工作先后失败了12次。1987年6月，张丽珠迎来了第13位受试者——来自甘肃礼县的乡村小学教师郑桂珍。这次终于取得成功，次年3月10日，我国大陆首例试管婴儿终于在北医三院诞生。

但对于张丽珠来说，这远不是终点，而是新事业的开端。她继续开展相关研究，并先后取得一系列成果：国内首例配子输卵管内移植婴儿、首例赠卵试管婴儿、首例冻融胚胎试管婴儿、首例代孕婴儿均在她主持下诞生。除了技术外，她还注意到了试管婴儿技术发展中的伦理问题。

1997年，张丽珠离开了她所热爱的工作岗位，但很快，她就发现自己还是有太多事情要做。三院的同事们还是经常来找她参加科室的活动，无论是业务问题

张丽珠在国家博物馆参观"科技梦 中国梦——中国现代科学家主题展"（2014 年 1 月 3 日）

还是生活问题都经常征求她的意见和建议。此外，她"神州试管婴儿之母"的大名鼎鼎在外，很多学术机构或医疗机构都邀请她去授业解惑或指导医疗工作。她只要力所能及，就尽量前往，继续为推广辅助生殖技术贡献自己的力量。

参加学术活动之外，张丽珠也终于开始享受家庭生活，有更多的时间可以陪陪家人。晚年的她和唐有祺先生总是一起外出、形影不离。而外孙女小的时候她带了很长时间，这也算是对女儿"不幸"童年的一种弥补了。

 相关阅读

. . . .

古代中国的妇女 [①]

张丽珠

中国古代有很多妇女英年早逝，这一点在那些以美德闻名的女子身上尤其突出。这一点也不意外。在过去，甚至到我们的祖母生活的年代，年轻女子依旧处于不幸的地位。要求女性具有勇于奉献和自我牺牲的精神，不仅仅是一种信仰，也是男性在心理上根深蒂固的执念。成为一名有德行的女子，要遵从"三从四德"。"三从"是未嫁从父、出嫁从夫、夫死从子。如果严格执行这些教条，那必是死路一条。

---

① 本文为张丽珠 1937 年所撰，原文为英文，发表于上海工部局女子中学 1937 级毕业纪念刊《丁丑年刊》。

"四德"与女性自身的仪容和举止直接相关。第一是妇容：着装应当干净、简单、得体；第二是妇言：要娴静少言，但别人跟她讲话时，她要温和恰当地回应；第三是妇工，要会纺织、缝纫和刺绣。第四是妇德，对于家人要求的事务，要主动认真地完成。

妇女受到的压迫还不止这些，但她们生活在这些教条划定的牢笼中，毫无怨言。她们被剥夺了学习和享受自由的权利，这两项都是现代人生活中不可或缺的。她们无法接受教育，因为人们认为女子无才便是德。至于自由，对女性来说，那时候还没有这个词。父母吩咐的一切事，女儿都要照做。女孩子7岁以后就要待在自己的房间里，不能和陌生男子在同一张桌子上吃饭。她要时刻保持文静，隐藏自己的情感。最不幸的是，她要嫁给那个由父母选择的男子。如果新郎懂得尊重她，那将是她的福气。如果遇上一个纨绔子弟，那也是她的命，也要服从，"夫唱妇随"。

难怪那些据说极有德行的女子能得到一座石牌坊，或者朝廷的诰命头衔。如果一名女子遵从了上面所有的教条，我觉得她只是在那个时期生存过，而没有真正地生活过。她那仅仅以隶属和奴役的身份度过的一生中做出的所有牺牲，岂是小小牌坊或者头衔所能补偿的！她们所得到的不应当仅仅是牌坊！

李桓英：
实验生涯谱写华表乐章

■ 李桓英学术成长资料采集小组（中国麻风防治协会）

　　李桓英，1921 年出生，山西襄垣人。1945 年毕业于上海同济大学医学院，1946 年留学美国霍普金斯大学公共卫生研究院。1950 年成为世界卫生组织（WHO）的第一批官员，1958 年婉言谢绝 WHO 续签 5 年合同的聘请，瞒着家人，只身回国。回国后研究公共卫生、实验流行病学。59 岁开始进军麻风防治领域，80 岁开始主攻分子生物学早期诊断麻风病研究。现为首都医科大学附属北京友谊医院北京热带医学研究所研究员。任 WHO 官员期间，先后在印尼、缅甸等国家防治雅司病、性病上取得成绩并获得好评；1972 年在江苏泰州土法上马防治头癣，集体获全国科技进步奖。2001 年防治麻风获得国家科学技术进步一等奖。2006 年获得何梁何利基金科学与技术进步奖等省部级、国家级奖励 7 项。先后荣膺全国"五一"劳动奖章、全国优秀归国华侨称号、全国优秀科技工作者、全国麻风病防治先进个人、中国医学基金会首届圣洁杯"医德医风奖"、全国杰出技术人才、白求恩奖章获得者等 30 余项殊荣。

漂泊磨难　历练赤子情怀

　　1921 年 8 月 17 日，李桓英出生于北京一官宦之家。其家族在当时的京城颇具声望。其祖父李庆芳在民国时期就上了《中华名人录》。抗战时期，面对日寇诱降，李庆芳大义凛然，献身国难，是著名的志士仁人。其传统家教和浩然正气对李桓英影响至深。

　　李桓英祖籍山西襄垣。1928 年，李桓英随父母初次来到故乡，故乡风光之美，文化底蕴之深，历史传承之久远，纯朴气息之浓烈，都给她留下了深刻的印象。

　　1926 年 9 月，5 岁的李桓英开始了求学生涯。她在此后的 12 年间换了 9 所学校，主要是因为李桓英父亲的缘故。父亲李法瑞是政府公派的电机专业留学生。当时国家急需这方面的人才，他学成后奉召回国，分配到杭州电机厂工作。一家人也就随之南下了。后来，李桓英父亲的职务不断地变动，工作地点不断变迁，李桓英也就随着父亲、母亲在柏林、北京、上海、杭州、南京、香港等地生活。

1939 年 7 月，全国大学统一招生，18 岁的李桓英在祖父的建议和母亲的坚持下在香港应考同济大学医学院，被顺利录取。

1939 年 10 月，同济大学三三级学生，相聚在位于昆明

1929 年李桓英与父母在德国

八省会馆。同学们过着严格的军训生活，吃的是"八宝饭"，下饭的菜是些牛皮菜、蒿苟叶子，没有肉，每顿饭只有一点猪油浇在菜上。这就是抗战时期李桓英大学生活的开始。

李桓英到昆明没几个月就赶上日寇对昆明的轰炸。1940 年夏天，同济大学有一女同学在轰炸中不幸亡故。为了学生的安全，学校不得不搬迁到李庄。四川小镇李庄的日子更是艰苦，七八个人挤一间宿舍，印象最深刻的是没有电灯，同学们只能点油灯看书。傍晚伴着夕阳在江边散步，是他们最美好的回忆。

李桓英就是在西南云贵川高山峻岭之间这样的环境中成长并完成大学学业的。在大学期间，李桓英接触到真实的社会，看到祖国被外敌欺辱、蹂躏，拳拳报国之心已然蕴藏于心底。

海外游历　奠定事业根基

1946 年 5 月，李桓英到美国巴尔的摩的约翰·霍普金斯大学公共卫生研究院上学。根据她个人意愿被细菌系接受做特别研究生。

约翰·霍普金斯大学公共卫生研究院学科门类齐全。细菌学、寄生虫学、昆虫学、流行病学、生化，各个专科都有，还有卫生管理学，李桓英上过很多课，有些课并不是必修课，没有学分，但李桓英还是尽量去听，目的是为了博采众长，扩大自己的知识面。就美国的学习制度而言，学分够了就能毕业了。而李桓英则不是为了拿文凭，而是为了充实自己。就是这份好学的劲头，使李桓英受到恩师的青睐。

李桓英的导师特内教授看中李桓英勤奋好学的精神和工作认真的态度，入学仅 4 个月，就将李桓英聘为自己的助手，正式进入实验室。1946 年 9 月至 1947 年 7 月李桓英任助理研究员。学校每月发给 100 美元，第二年增发为 200 美元，比公费生还高。也就是说，李桓英在校学习期间就已经正式工作了。而这也是李桓英实验生涯的起点。

特内是著名的性病专家。在特内指导下，李桓英利用梅毒螺旋体感染的实验兔研究四种青霉素疗效。这是李桓英做的第一个实验。那时候有四种不同的青霉素，在梅毒螺旋体接种给兔子以后，检测比较用不同的青霉素后，什么时候灭活螺旋体。李桓英每天不分昼夜按时来看结果，比较四种不同的青霉素（G、F、K&X）的制动作用。特内教授对李桓英的工作很满意。该实验通过对梅毒病菌经不同种类的青霉素治疗后，证明青霉素 G 有迅速杀菌作用，对梅毒的有效治疗和控制传播有很大意义。

1947 年 7 月至 1950 年 6 月，李桓英在导师指导下，开展调查研究巴尔的摩市挪威鼠中的钩端螺旋体的流行，从鼠肾培养出的钩端螺旋体中提取抗原，用于进行实验诊断的研究。她做了环状沉淀实验，对美国巴尔的摩的挪威鼠进行了钩端螺旋体和副伤寒菌的带菌率调查，表明挪威鼠尚有少量病菌，但是带菌并不影响鼠的稠密度。

有的时候，特内教授会对李桓英进行突然考试。有一个考题李桓英至今记忆犹新——在一个 100×10 的视野底下，让李桓英计算螺旋体的密度是多少，没有任何参照。李桓英当晚想起在中学里念的那个圆周率，用计算尺一下子就推出来了，第二天把结果告诉特内斯教授，导师非常满意。

在霍普金斯大学的 4 年，李桓英是在 Welch 图书馆和实验室中度过的。在这里，她打下了扎实的实验功底：认真的态度，规范的程序，科学的步骤，严格的条件，最后得出精确的数据。在后来的实验生涯中，李桓英一直坚守着科学的试验规程，同时注重理论联系实际。

为了表示对李桓英工作的肯定，1950 年 7 月，特内教授将李桓英推荐给刚成立不久的世界卫生组织，成为世界卫生组织官员和性病专家，并将上述试验成果带到了在热带猖獗的雅司病现场。

1951—1953 年，她把在约翰·霍普金斯卫生研究院学到的公共卫生知识和在梅毒螺旋体感染兔注射长效青霉素 G 治疗的结果应用到当时在雅司病治疗上，取得了成功。

1951 年在印度尼西亚中爪哇日诺，李桓英从病人皮损处取材，检查雅司螺旋体；1952 年将雅司螺旋体给猴子接种试验成功。此外，特内教授从美国寄来的仓鼠，也接种成功，后被寄回美国。

1952 年 11 月 21—22 日世界卫生组织在印度新德里召开了血清学会议，李桓英参加会议并做学术报告：实验试剂标准化和实验报告统一化是国家实验室的职责（Standardization of Reagents and Uniformity of Reporting of Results：Function of Reference Laboratories. *Journal for Scientific Research.*）。该报告发表在印尼《科学研究杂志》上［1952（4）：101～104］。

此外，在印度尼西亚专家的认可下，李桓英还为美国密西根普强（Upjohn）药厂的药物研究者做了在日诺群众中进行结核菌素和组织胞浆菌素的敏感性调查研究。

1954 年在缅甸伊洛瓦底江畔李桓英与缅甸技术人员合影

1954 年在缅甸仰光李桓英（右一）与缅甸专家在一起

在雅司防治现场，李桓英与印尼专家共同策划了以不同剂量的长效油剂青霉素 G，在不同范围（乡镇）和不同人群（患者／血清阳性者），用血清方法结合临床疗效进行比较。李桓英根据临床血清学和不同流行地区的全民、接触者和患者的不同血清学反应进行总结，建议在不同流行程度的地区，区分是否全民、接触者还是血清阳性者，以便区别对待，进行不同剂量的长效青霉素治疗（PAM），而不是仅在患者中进行 PAM 治疗，效果显著，获得了当地和 WHO 的认可和好评。

报效国家　实验屡结硕果

在联合国卫生组织工作了 7 年，李桓英的年收入已经从开始的 6000 美元增至 9000 美元。但像所有热爱祖国的科学家一样，她毅然决然地选择报效祖国。

1958 年冬，李桓英回到阔别 20 多年的北京。根据其专业特长，外专局分配她到中央皮肤性病研究所工作。而李桓英回国后接受的第一项工作，就是一项比较艰巨的实验，一项需要向 1960 年"五一"献礼的实验。

中央皮研所的实验室是一个专业的实验室。为配合国家彻底消灭性病的规划，上级要求李桓英做"梅毒螺旋体制动试验"（TPI）。在当时，这是一项极为尖端的实验，因为螺旋体那个时候还不能在体外培养。李桓英在国外也没有做过。但是她凭着一股不服输的性格，硬是把这项任务承担下来。

实验室的简陋程度让人难以置信，居然没有紫外线消毒设备。李桓英因陋就简，土法上马，用石碳酸的喷雾水来消毒，他们还自制了二氧化碳培养箱，自己饲养试验兔。

梅毒螺旋体之所以不能在体外存活，是因为空气中充满氧气，而梅毒螺旋体只能在 5% 二氧化碳环境下才能维持活力。因此，必须给它一个适当的培养基。李桓英带领研究人员接种兔睾丸，筹备培养基，创建二氧化碳培养条件，加上了梅毒患者康氏阳性血清，第二天它就不扭动了，然后用患者血清同阴性正常人血清作对照，效果显著。经过近一年的努力，这个实验成功了。

为了证实试验，数月之间采到梅毒患者血样 104 例，再找 100 个正常人的血清做对照。结果，特异性的制动试验阳性率 96%、柯氏 85%、康氏 76%，说明制动试验的特异性强，即使晚期梅毒，经过治疗，仍然可以显现抗体阳性。实验被证明成功了，完成了 1960 年"五一"献礼。

此后李桓英又相继完成了多项试验。成功提取麻风抗原实验，不仅完成了 TPI，还从麻风菌中提取出特异性酚醣酯，并在自己身上做验证。至今在她的双臂上还留着光田氏反应阳性结果的疤痕。

1965 年 4 月李桓英被皮研所派至北京雕漆工厂和河北省赞皇县现场，对採漆工人和雕漆厂进行接触性皮炎调查，并应用大漆中的有效成分和二硝基氯苯，分别在豚鼠中做了过敏性皮炎的动物模型（1965—1966）。她当时的目标是从豚鼠—大漆接触性皮炎—皮试入手，研究皮肤过敏机制，以寻求过敏性皮炎的防护／免疫方法。

之后，李桓英又到辽宁省丹东市调查冬季运煤工人发生过敏性皮肤病的情况。通过调查，查明为煤渣粉尘结合劳动后热水沐浴，是物理性刺激性皮炎，与大漆皮炎有本质的不同。

为了皮肤病的免疫病理研究，也是为了解决梅毒特异性试验方法，李桓英筹划用荧光抗体替代 TPI，1963—1964 年间，她用荧光染料，使用双层抗体染色法成功进行了荧光抗体染色。此方法现已广泛以酶标替代，荧光染料广泛用于抗原－抗体标记。

"文化大革命"期间，李桓英暂时离开了实验室，下放到江苏。在下放期间，她在苏北地区（苏陈公社）的巡回医疗中，从一支灰黄霉菌株受到启发，利用农副产品，成功用土法研制灰黄霉素，为苏陈公社 160 余名头癣患儿摘掉了"头盔"，解除了痛苦。此项研究成果在 1972 年参加了北京"全国科学技术成就展览"。

"文化大革命"后期，北京的老领导们借故将李桓英借调回北京，他们都很

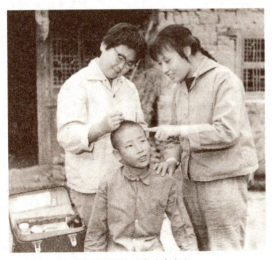
1972 年 3 月与公社赤脚医生治疗头癣病人

需要她的实验技术。于是李桓英又回到自己熟悉的实验室。虽然这时的李桓英在北京一无单位，二无身份，三无住处，但她却从无怨言，同时担负着科研重任。先是到北医皮肤科开展荧光抗体实验，后又到阜外医院皮肤科开展红斑狼疮（SLE）荧光抗核抗体诊断试验。她还与病理科合作，以小鼠冰冻肝切片为抗原，检测 SLE 效果极佳。与此同时，又去协和学习，并做了免疫学的新理论介绍。

这期间李桓英完成了多项科研任务：1976 年，她撰写的《系统性红斑狼疮和抗核抗体》在《国外医学参考资料·皮肤病学分册》上发表。1977 年 7 月，《免疫的生理病理和皮肤病》由中华医学会学术组、北京市卫生局医学情报室发表。1978 年，《系统性红斑狼疮和自身免疫》发表在《国外医学参考资料·皮肤病学分册》；《抗核抗体在系统性红斑狼疮的临床中西医结合治疗中的意义》发表在《医学研究通讯》。

李桓英在我国建立了抗核抗体试验，为类风湿性疾患建立了一个较可靠的化验方法，并推动了其他自身抗体的探讨。

凤凰涅槃　数据垒出辉煌

1978 年年底，李桓英调入热研所。正值 WHO 开展热带病防治规划，在世界范围内用现代方法防治六大热带病，其中五种是寄生虫病（疟疾、血吸虫病、利什曼病、昏睡病、美洲锥虫病等），唯一的细菌性疾病就是麻风病。调到热研所，钟慧澜所长让李桓英以访问学者的身份，由 WHO 资助出国考察麻风病

9个月，到6个国家的麻风中心访问。当时，人类的科技进步已经找到了可以制服麻风病恶魔的方法，就是WHO倡导的实施多种药物的联合化疗。但这个方法在当时还有争议，还没有实验数据证明此方法的可靠性，也不知道最适当的剂量，不知究竟要治疗多久，更不知何时复发、何时停药，因此还不能做大面积的推广。

李桓英以她特有的职业敏感立刻意识到麻风菌尚不能培养，无疫苗，只能靠联合有效药物进行治疗。于是向WHO申请了100人份的特效药物，以克服原有疗法造成的耐药和复发问题。在李桓英的影响和努力下，世界卫生组织同意在中国率先开展短程联合化疗。

李桓英根据云南省卫生厅的意见，与省皮防所麻防医生一起，首先选择麻风病重灾区云南省西双版纳州勐腊县做试点。为了掌握第一手资料，李桓英决定把实验室"搬到"麻风村。这期间工作的艰难、生活的艰苦、实验过程的复杂及曲折，都是难以简单用语言描绘的。虽遇两次翻车、多次落水、伤筋动骨、蚊虫叮咬，但她都从容面对，从不叫苦。

1980年8月在美国麻风中心学习

云南勐腊县是第一个试点。为了试验的规范性，必须进行细菌监测、疗效观察和病理判定，以及疗后十年的复查追踪，她都要求实验人员进行客观监测和记录。为了使联合化疗的疗前选病例和疗后定期观察各项标准具有客观性，李桓英又选择山东省潍坊地区作为短程 MDT 的另一个试点，进行客观对照，以求两地结果的对比。因为有了云南的经验，在山东，李桓英特别重视"标准化"问题。她的实验设计得很周密。

经过 27 个月（1983 年 2 月至 1985 年 5 月）的治疗，云南服药的 47 名病人临床症状全部消失，山东服药的 33 名病人 24 个月后（1983 年 5 月至 1985 年 5 月）也获得了同样效果，完全达到了世界卫生组织关于用短程联合化疗治愈麻风病的预期效果。

实验证明，联合化疗方案确有疗程短、副作用小、复发率低的作用，有效率达 100%。据此，李桓英因势利导，抓住时机向世界卫生组织申请资金，申请国际专家技术支持和药物治疗、设备购置、交通工具等的资金，把 MDT 试点扩大到云南、贵州、四川的 7 个地州、59 个县，对近万名患者进行了 10 年现场追踪，达到国际消灭标准。

1986 年 11 月 26—30 日，卫生部在成都召开"全国麻风联合化疗座谈会"，宣布全国普遍推行麻风联合化疗方案。

1990 年的第一个泼水节，是勐腊县南醒村村民梦想成真的一天。这一天县政府郑重宣布：戴在这四个村头上长达 30 多年的麻风寨帽子正式摘掉了，从此，西双版纳地图上除去了"麻风寨"三个字。

1990 年李桓英与杰克逊博士在 MDT 科研点

李桓英实施的"短程联合化疗"经过 10 年监测，复发率仅为 0.03%，远远低于世界卫生组织规定的 1% 的标准。世界卫生组织多次派专员考察，一致看好。世界卫生组织官员诺丁博士对李桓英说："全世界麻风病防治现场工作，你是做得最好的。"李桓英用10年的坚守和翔实的实验数据，说服了所有持怀疑态度的人。

1994年世界卫生组织开始向全世界推广短程联合化疗方案。

在李桓英1978年刚调入热研所时，麻风病对人类还具有很大危害，不但给患者带来极大的痛苦，还给社会带来莫大的恐惧，人人唯恐避之不及。即使许多从医的人也对麻风病绕道而行。短短几年，疯狂肆虐数千年的麻风病魔就被短程联合化疗彻底驯服了，使之成为可控、可治的普通疾病，对人类而言这是一个巨大的福音。其中，李桓英的实验数据功不可没。这些数据直接推动了短程联合化疗在世界范围的推广，大大提前了实施进程。

2001年，这项工作获得国家科技进步奖一等奖。

获得巨大成就的李桓英从没有自满过，也从没有停止过探索的脚步。现已90多岁的她仍踏踏实实地工作在热研所实验室，朝九晚五，风雨无阻。为了社会不再出现因麻致残的下一代，李桓英仍奋斗在一线。

纵观李桓英的工作历程，就是在实验室兢兢业业、勤奋工作的一生，是与地方性传染病不屈不挠奋斗的一生，是爱国、敬业、奉献的一生。而她的

1998年李桓英在云南

实验与实际生活联系得更加紧密，更有实效。从 1946 年进入闻名的公共卫生学院开始，李桓英在实验室已度过了 67 个寒暑岁月，同时也与地方性传染病奋斗了 67 年。如今的她并不打算终止这个记录，而是要用生命的余热继续谱写新的篇章。

 相关阅读

采集工作心得

李桓英学术成长资料采集小组

"我的祖籍是山西襄垣县。"望着依然精神矍铄的李桓英，谁会相信她已然 93 岁。

李桓英确实与众不同，观其一生，其每个生命的节点都与众不同。

还在孩童时代，她从祖父李庆芳捐资兴学，救助孤儿，劝告继母善待孤儿"视如己出，才是贤德"，领悟了爱人甚于爱己。所以，她看到非洲妓女遭人蹂躏之凄凉，看到云南麻风病人"病魔缠身"之绝望……不仅引起了她深深的同情，更激发了强烈的责任心。

还是祖父李庆芳，在倭寇横行之际挺身而出，挽救了 38 名八路军战士和群众，至死不示敌的高尚情操，使她懂得了爱国、爱民，懂得了舍己、救人。

抗战时期，颠沛流离的求学生涯，使她切身感受到丧国之痛，从而遵祖父、父母之嘱，走上从医报国之路。

考入同济大学医学院，李桓英在李庄点着油灯发奋读书。同济大学给的不仅仅是一纸文凭，还有"独立思考、不依靠别人"的信念。

对事业的不懈追求，对社会强烈的责任感，是李恒英一生的足迹。

发掘李桓英的从医生涯，在 20 世纪 50 年代，在印尼防治雅司现场，当地的感染率高达 50—80%，李桓英并不畏惧，她为的是救助印尼雅司病人。60 年代，李桓英在连紫外线设备都没有的陋室中，自力更生，研制麻风抗原，并在自己胳膊上注射，试验成功。70 年代，为消除患儿的头癣，李桓英土法上马，自力更生，自制灰黄丸，她连续 3 天自己服用，没有毒副作用，才给患儿服用，使苏北患儿彻底治愈。

李桓英勇于创新，总是在未知领域求索，对危害人类健康几千年的麻风病，她毫无畏惧，一次一次翻山越岭走进麻风村，将毕生精力投入到防治麻风病的事业之中。多少次车祸伤了筋骨，没有挫伤她的工作干劲，她在别人不敢问津的领域独辟蹊径，始终瞄准国际麻风学界科研前沿课题，坚持正确的科研方向，始终把科研与防治第一线相结合，孜孜不倦地学习新知识，开展新研究，并且毫无保留地把她的所学奉献给基层麻风防治工作者。这是成功者的过人之处。

感谢中国科学技术协会，将李桓英学术成长资料采集任务交给了我们——中国麻风防治协会。同为我国麻风防治队伍中的成员，我们对李桓英从事麻风防治工作的付出与成绩比较了解，但对其之前的经历知之甚少。

愿我们的采集研究能够警示医者，树立正确的世界观、人生观和价值观，为医疗卫生事业努力奋斗。

胡亚美：刺向血癌的利剑

■ 侯晓菊 刘永（北京儿童医院）

胡亚美，1923 年出生于北京。1947 年 7 月毕业于北京大学医学院。1947—1952 年，在北京私立儿童医院任住院医师、主治医师；1952—1955 年，在北京第二儿童医院任主治医师、医务副主任；1955—1989 年，任北京儿童医院内科副主任、主任、儿科教授、首都医学院（后更名为首都医科大学）儿科系主任。1989 年至今，任名誉系主任；1980 年至今，任北京儿童医院副院长、院长、名誉院长；1994 年，当选为中国工程院院士。

胡亚美教授从医多年来，在医、教、研、防的实践中积累了丰富的经验，20 世纪 70 年代末带领北京儿童医院血液病专业组攻克严重危害小儿健康的白血病（即血癌），成绩卓著，截至目前累计收治患儿 1000 余例，五年以上无病存活率达 74.4%，达世界水平，为全国甚至世界所瞩目。她除潜心于白血病的科研外，还致力于全国小儿白血病专项基金委员会的工作，以期成立全国小儿白血病治疗研究中心，进一步造福全国白血病患儿。此外，胡教授在组织细胞增生症 X、血小板减少性紫癜、小儿营养缺乏症及婴儿腹泻方面亦多有建树，并协助诸福棠教授主编《实用儿科学》，至今已第七次再版。她主编了《实用儿科临床手册》及《婴幼儿保健全书》。从医 50 年中她曾发表论文多篇，有关血液病及其他科研课题曾获北京市科委一、二、三等奖、北京市卫生局科技成果奖二等奖及军事医学科学院卫生科技奖三等奖，并曾多次出访美国、日本、英国、法国、加拿大、比利时、丹麦、瑞典、印度、泰国及菲律宾等国，进行学术交流并积极宣传我国卫生界及儿科界取得的巨大成绩，加强了各国对我国的了解及医学交流。

■ 向"血癌"宣战

胡亚美 1923 年 4 月 27 日出生于北京的一个富商家庭。虽然她有着幸福快乐的童年，但她同情、怜悯那些贫苦的孩子，并对人间的贫富悬殊现象逐渐产生了怀疑与不满。1941 年，胡亚美进入燕京大学生物系学习医学，后又转入了北京大学医学院继续完成学业。

之所以选择学医，胡亚美有着非常清楚的独立见解。幼年时的胡亚美身体弱，经常因为生病到医院去。在治疗的过程中，她很羡慕大夫们的整齐干净、神气，而且能给患者解除病痛，又能够得到病人的拥护和感激。在中学读书期间，她所在中学对面就有一所教会办的妇婴医院。她常见大夫出入，心中想要学医的念头变得越来越强烈。

胡亚美青年时代留影

1947 年，胡亚美从北京大学医学院毕业后进入北平私立儿童医院工作。在丰富的临床实践中，她掌握了扎实的基本功，医学理论、医疗技术日益精进。从 20 世纪 50 年代开始，她就在前辈医生的指导下，和同道们密切协作，对当时危害儿童健康和生命的疾病进行了不懈的研究和治疗，取得了一个又一个的成绩。

1976 年，在"文化大革命"期间饱受打击却仍然坚守医疗第一线的胡亚美，再次投入到了医疗、科研工作之中。一次，她看到《北京市 1974—1976 年儿童健康调查报告》中写道，城市儿童死亡的主要原因已不再是各种传染病和营养不良，而主要是恶性肿瘤。1～5 岁儿童的各种死亡原因之中，恶性肿瘤占第 2 位；5～15 岁则跃居第 1 位，其中白血病（即血癌）又占恶性肿瘤的 1/3。令胡亚美惊讶的是，小儿恶性肿瘤竟然成为了危害儿童生命的主要病因之一，并且当时国内尚无一例治疗小儿白血病的成功经验报道。小儿恶性肿瘤要不治疗，那将是百分之百的死亡。胡亚美感到，作为儿科医生，什么威胁孩子健康严重，她应该去攻什么！有鉴于此，胡亚美又开始了小儿白血病的研治工作。从此，向血癌"宣战"，成为胡亚美从医生涯中最重要的科研方向。

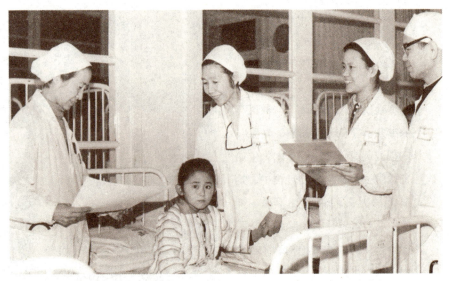

1975年8月12日，胡亚美（右三）、杨士元（右一）、朱美瞻（左一）等一道查房

当时中国医学界对白血病还很陌生，更没有人敢去专门研究它。从事这项研究需要承担极大的风险，白血病病死率高、难度大，治疗一个病人要持续3年左右，需要长期观察，要默默无闻地做大量工作。虽然一些医院有一些总结白血病的临床经验，但多数也只是对病因、症状及用药情况及结果做初步的归纳与介绍，并没有深入研究。这些刚刚经历了"文化大革命"的科研工作者们，哪怕是对未知领域充满了探索的渴望，但是在科学研究和实践的道路上仍然如履薄冰，对刚刚过去的那场政治斗争心有余悸。当胡亚美下决心去研究白血病的时候，很多人曾劝她说："白血病可是'少见病'，你研究它不怕挨批吗？"她眼中充满坚定的斗志回答道："我不怕！谁批我，我就给谁看这份调查报告，让他想想这种病夺走了多少孩子的生命！"

发达国家通常采用化学药物和多药联合的方法治疗白血病，而胡亚美他们遇到的第一个难题是我国儿童身体状况与外国孩子不同，难以耐受大剂量化学药物，可是药物剂量不足又不能有效控制病情。为了解决这个问题，胡亚美千方百计与国外同行联系，查找资料，并根据中国孩子的体质情况选择药物，调整化疗药量。胡亚美以及其所在的科研治疗团队不断总结经验，并积极参阅国内外大量文献，不断完善治疗儿童白血病的方案。

经过多年的不懈努力，北京儿童医院1956—1982年的白血病儿童康复状况

1983 年 6 月 7 日，胡亚美（左二）在国外医院参观学习

得到明显改善。截至 1982 年，胡亚美的科研团队已将急性淋巴细胞白血病的 5 年无病存活率提高到 50.6%，从而改变了白血病是"不治之症"的传统观念。

老骥伏枥

20 世纪 80 年代中期，骨髓移植在白血病的治疗中已经占有了相当重要的地位。但由于技术复杂，需要人力及物质条件较多，再加上患者经济负担过重，即使在当时的发达国家中，骨髓移植也未能普遍开展。国内虽然在北京、上海等地的少数医疗单位也做过此项工作，但是治疗的病例数仍然很少，特别是小儿病例就更少了。为了进一步完善小儿白血病的治疗，北京儿童医院决定开展骨髓移植工作。1987—1988 年，在胡亚美担任儿童医院院长期间，赵新民大夫负责创建骨髓移植病房、完成层流间的建设，并派出医护人员到北大人民医院学习骨髓移植技术。

1991 年，中共中央、国务院决定向做出突出贡献的专家、学者、技术人员发放政府特殊津贴。于是，这一年的 7 月，胡亚美成为北京儿童医院首批享受国务院政府津贴奖的专家。每月的津贴数额为 100 元，不算太多，然而这 100 元钱所代表的，是党和政府对胡亚美作为老一辈专家坚持学术研究的鼓励，以及她为人民服务半生的价值认可。

由于平均治愈一个白血病儿童的费用在 10 万～20 万元，普通的家庭根本无法负担高昂的治疗费用。在这样的情形下，一些孩子的家长只能选择放弃治疗，而放弃对患儿的治疗无异于直面孩子死亡的降临。1991 年 12 月，作为儿童白血病专项基金筹备委员会主席，胡亚美在一次捐款仪式上呼吁国内外各界贤达对这一工作给予支持、资助，并希望尽快解决儿童疑难重症的医疗保险问题，为更多患儿得到及时治疗提供强有力的社会保障。胡亚美奋力疾呼的背后，是她自己的身体力行。胡亚美把她荣获的"诸福棠奖"奖金共 15000 元全部捐给了白血病基金会。

儿童药品生产问题一直存在，儿童药品缺乏也是存在已久的问题。由于儿童专用药的缺乏，医生给儿童开药时不得不以成人药代替，这样不仅容易导致小儿服食困难，剂量更难以把握。因为儿童医院接收的都是孩子，用药问题更为突出，因此胡亚美不止一次地提出儿童用药问题。但由于生产成本等方面的限制，

1992 年 7 月 8 日，胡亚美与诸福棠院士商讨修改《实用儿科学》

药品生产厂家面对儿童用药这个问题也显得很无奈。2006 年，83 岁的胡亚美在给卫生部领导的信中提到，巯嘌呤早在 20 世纪七八十年代已有生产，而近些年来，却是"药物无货，患者投诉"的状态，对于很多正处于维持治疗期间的白血病患儿来讲，每天都需服用的这种药物缺失，必然会带来恶劣的后果。作为人民代表，胡亚美觉得有责任向国家反映这一难题，尽自己的一份绵薄之力。国家医药管理局的领导得知胡亚美的意见后，亲自协调办理了这两件事情。胡亚美的心愿终于变成了现实，当杭州的民生制药厂儿童用药生产车间开工的时候，她很高兴地参加了开工典礼。

随着国内外交流日益频繁，国外先进设备和新药物不断引进，白血病的诊断和治疗又向前迈进了一大步。随着网络科技的日渐发达，各种信息的提供也越来越方便快捷。此时，已经八十多岁的胡亚美并没有因为年龄的衰老而放弃与时俱进的时代观。为了加强地区间的交流，胡亚美又提出了儿童白血病全国联网的理念，制定出统一化疗方案，以提高全国治疗水平，这在全国白血病治疗史上是个创举。

构建心中的科研殿堂

虽然北京儿童医院治疗白血病已经达到了国际水平，白血病儿童的无病存活率日渐提高，但是国内一些地方医院的治疗水平还有差别。大城市与其他地区医疗条件的巨大差异，让胡亚美感到焦虑和担忧。她一直有一个梦，就是要建立一个更加现代化的小儿血液肿瘤中心。

2003 年 5 月 31 日，温家宝总理在"六一"国际儿童节前夕到北京儿童医院看望患儿时，胡亚美正式向总理建议建立北京儿童血液肿瘤中心，总理当场表示赞同。胡亚美随后亲自给温总理写信，表达一个古稀老人内心最强烈的心愿。她在信中写道：

2000 年底统计结果表明，全世界每年新发恶性肿瘤病人达 1000 万人，每年死于恶性肿瘤的人数达到 800 万人。我国约有 4 亿多儿童，每年约有 3 万多个新发恶性肿瘤患儿。但迄今为止，国内尚无一家儿童肿瘤医院，这与我们的大国地位很不相符。

……

因此，年逾古稀的我有一个一生中最大的愿望：建立全国儿童白血病／肿瘤基金会，成立全国的儿童肿瘤中心！我恳请各位领导能审阅并批准我们建立儿童白血病／肿瘤基金会的报告。

温总理看了看信，又用慈祥的目光环视着每一个白血病患儿。看到他们由于化疗掉光了头发，总理很难过，他动情地抚摸着孩子。当听到胡亚美院士说这些孩子治疗后，头发还会长出来，总理露出宽慰的笑容。温总理当场表示：我们要建设儿童血液病肿瘤中心，并指示在场的领导，由国家投资建设，北京市选择合适的建设场地。吴仪副总理临行前指示："你们尽快把立项申请报告送来。"

为了不辜负总理的期望，确保新建的北京儿童血液肿瘤中心至少十年不落后，新的项目设计方案对血液中心功能要求、布局结构、规模建制有着更高层次的要求。儿童医院先后委托了两家设计单位进行测算，最终总建筑面积约 5.3 万平方米，比第一次上报的 2.4 万平方米多出一倍。投资需求从 3 亿元增加至 7.1 亿元人民币。2005 年 5 月 24 日，胡亚美院士和李仲智院长分别给温总理写信，汇报了这个项目最终方案，得到了总理的理解和支持。

在新中国成立 60 周年之际，2009 年 8 月 6 日，温家宝总理登门看望了时年 86 岁的胡亚美。一落座，总理就对胡亚美说："我知道，您心里惦记着一件事，就是儿童血液肿瘤中心的建设。"他告诉胡亚美："目前，这一项目的立项、投资和征地规划都解决了。项目占地拆迁工作正在加紧进行。工程配套的污水处理站很快就可以先期动工。"听到这个消息，胡亚美十分高兴，她希望项目尽快竣工，说道："全国有不少白血病孩子需要有一个治疗的好环境"。胡亚美告诉总理，白血病以前是 100% 死亡，现在有 80% 左右的存活率，"但就是缺少病房"。温家宝总理在任期内对白血病患儿表现出了极大的关注，曾多次去各地医院探访白血病患儿。他知道胡亚美最牵挂的就是关于血液肿瘤中心的项目进展，便说道："我一见您就谈血液中心的事，把最新的消息告诉您。"温总理又对胡亚美表达了高度的肯定："您对孩子们充满爱心，把毕生的精力都献给了孩子们。""这是我最大的乐趣"，胡亚美微笑回应着总理的赞赏。

遗憾的是，由于种种原因，已经选好建设"北京市小儿血液肿瘤中心"的地方没能在短时期内完成拆迁工作。在各级政府和医院的努力下，直到2014年终于完成了建址区域的搬迁工作，这时离立项已经过去了12年。虽然几年前就对很多事情失去记忆的胡亚美，那天却显得非常兴奋。她坐着轮椅来到开工仪式现场时，脸上露出了幸福的笑容。

小病友们的好奶奶

每当人们遇见白血病患者，总是将这个病与死亡联系在一起，并投去怜悯而惋惜的目光。可是，胡亚美却想让人们知道，白血病绝对不是不可治愈的绝症，这些得了白血病的患儿所需要的，绝对不仅仅是怜悯和同情，他们更需要人们给予活下去的信心、鼓励与支持！

胡亚美长时间的工作经验告诉自己，人们的偏见是多么难以改变啊。胡亚美很担心由于世俗的偏见，对孩子的内心产生消极的影响，于是她下决心让这些不幸的孩子们开心起来，鼓起勇气去向病魔发起反抗！

孩子应该是快乐的化身，即使身患白血病，也不能剥夺他们拥有快乐的权利！于是，她在1979年创办了白血病康复儿童联谊会，成为国内举办白血病儿童联谊活动的第一人。

这一年的正月初八，庆祝龙年到来的鞭炮气息还在北京城上空久久盘旋。北京儿童医院新建的电教室里热闹非凡，张灯结彩。当孩子的笑声一阵阵从屋里传出时，人们便知道，一场特别的联欢会正在欢乐幸福地上演着——白血病康复儿童联欢会又一次召开了。为了这个晚会，胡亚美和同事们忙碌了整个春节。参加联欢会的孩子们来自全国各地，他们齐聚一堂共同度过这难忘的一天。这些孩子们最大的18岁，最小的才3岁。他们的小脸蛋红扑扑的，眼睛里充满着幸福的光芒。谁又能想到呢，他们正是被人们误认为是得了绝症的白血病康复儿童！在他们中间，有些孩子坚持服药1年，最长的坚持了4年，好多孩子的症状已经缓解近10年的时间。

1995 年 7 月 3 日，胡亚美院士与小患者

当时在北京西外小学读书的小东（化名），在联欢会上显得格外高兴，原来今天正好是他 11 岁的生日。大家知道后，都纷纷为他祝福。小东于 9 年前患了白血病，服药 4 年的时间，后来又停药有 5 年时间，现在他已经完全康复了。他妈妈在联欢会上兴奋地诉说着小东现在的情况：前几天家人都感冒了，唯有小东没有事。这足以证明在医院的精心治疗和家人的呵护照顾之下，小东的抵抗力已经完全正常了，可以像普通人一样快乐地生活了！有的孩子在完全缓解期运动锻炼，甚至成为了业余体校的学员。这一个个健康而活泼的孩子们，在用自己倔强而强大的生命力告诉着人们，白血病并不是绝症，胡奶奶可以帮他们从死亡的阴影中拯救出来！

在这场特别的联欢会上，并非只有痊愈的孩子们，同样也坐着很多正在同白血病做斗争的在院患儿。这些小病人在康复儿童的感染下，也开始活泼起来。他们忘掉了对疾病的恐惧，因化疗造成脱发后心理上的压抑似乎全都抛在了脑后。孩子们欢笑着互相问候，互相鼓励，个个都像威武的小战士。此后，北京儿童医院几乎每一年都会举办一次白血病儿童康复联欢会，参加的人数越来越多，甚至一度达到了近 200 人！

从 20 世纪末到现在，30 多年的时间里，北京儿童医院共收治了小儿白血病 1000 多例。在康复的患儿中，有的上了大学、参加了工作；还有的结婚生育了健康的宝宝。当经历过死亡威胁的孩子成为父母之时，必然对"生命"二字有了超乎于常人的深刻认知。这些为人父母的康复患者必然会是合格的父母双亲，因为当他们儿时看到自己的父母因为自己的病而痛不欲生，怎能不对父母之爱有着健康儿童无法体会的认识呢？当看到胡奶奶像自己的母亲一样呵护着自己和病友们，又怎能不对人间真情有着超乎血缘关系的理解呢？

在北京儿童医院的表率下，全国各地医院也都纷纷开展了白血病患者的联谊会活动。治病救人已经不再是医务人员的全部，更扩展到了对白血病患者及康复人士的精神关怀上面。我国医务工作者的人性光辉，已经由诊室之内延伸至广阔的天地之间。他们在胡亚美精神的感召下，体会着身为白衣天使的最终使命：不为名、不为利，为的是拯救患者的生命，以及唤起他们对生命的认同与感动！白血病绝对不是绝症——这是胡亚美和她的同事们不断证明的生命奇迹！

相关阅读

永远的人生导师——胡亚美

郑胡镛 [1]

从见到胡院士的第一眼，就感觉到她很亲切，并不是很威严的那种人，后来进一步和胡院士接触，就真的感觉她就像慈母一样，对我们年轻一代那么关怀。

他们这种德高望重的科学家，地位越高就真是越谦虚。从刚开始跟着她到之后的几十年里，给我印象最深的是，她不是单从医技上来培养你，而是通过做人、为人去影响你。她的人格魅力对我的影响是特别大的。她身上那种涓涓细水一样的高尚品德，慢慢地影响我们这一代人。比如说，我们所有的年轻人进病房，她都会专门去给我们找白大衣，给我们亲自穿上。甚至不仅是我们自己的学生，我们的工作人员，哪怕来的进修大夫，她都会亲自给他们穿上白大衣，让他们都非常感动。胡大夫就是这样一个非常平易近人的人。

胡大夫对孩子的关心真的是不亚于对她自己亲生孩子的关心，一旦听到他们不舒服什么的，她就像是对待自己孩子那样着急。我们有一个孩子，他考上了首都医科大学，学校让出具其白血病不复发的证明。胡大夫觉得，孩子都已经康复了，即使复发，也是跟其他孩子一样的。她为这个事情又赶快去找首都医科大学相关部门，生怕因为以前得过白血病，影响孩子入学。她的工作，不仅仅是局限在我怎么样治疗这个病

---

① 作者系北京儿童医院，主任医师、血液肿瘤中心主任。

人，怎样诊断这个病人，单纯从物理、从躯体方面关心他；即使他康复出院离开我们医院了，她仍然关心他，关心他的成长。所以我觉得她并不是说做了什么惊天动地的事情，而是把伟大事业具体融会在日常工作中的点点滴滴。

从人品上讲，我只能用一句"高山仰止"来形容她的人格魅力，也正因为这种人格魅力，使得她不仅在学术上能够让全国的医学专家敬仰她。就像古人说的，德是才之帅。如果一个人只有才，没有德的话，那其实给人造成的后患可能比没有才的人更大。所以，如果说一个人有才又有德的话，那只能用司马迁的"高山仰止"来形容。她的人品不是口头上说的，不像现在说的，"我不能收红包""我不能对病人态度不好"。她从来不说这些话，包括她带领我们做任何事情的时候，她从来不是说教，而是以自己的行为方式潜移默化地影响我们。比如医院来一个进修大夫，她会亲自给他们披上白大衣。我觉得她不是仅仅给他们披一件衣服，而是告诉他们：把医生的天职——救死扶伤的责任，交到了你的手上，你不应该辜负。你穿上白大褂，就不应该辜负白衣天使的称号。

胡大夫从来不跟我们说你应该怎么做，而是以她点点滴滴的事情，让我们从中来体会、来感受。我觉得这是她给我们留下的最宝贵的东西。

肖碧莲：莲叶无穷碧　慧心此处寻

■ 杨海燕　陈琦　陈珍晴（北京大学）

肖碧莲，生殖内分泌学家、中国工程院院士。1923 年出生，上海人，祖籍广东中山。1949 年毕业于上海圣约翰大学，获医学博士学位。1956—1959 年留学苏联，获莫斯科第一医学院副博士学位。后入职上海第二医学院附属仁济医院，开创妇产科内分泌研究领域，建立激素测定方法。1978 年，所在单位负责研制的短效 I 号、II 号避孕片获全国科学大会奖。后调任北京，是国家卫生计生委科学技术研究所创建人之一，历任该所生殖内分泌研究室主任、副所长、所长。1995 年获第二届中华人口奖·科学奖，2004 年她主持的课题获国家科学技术进步奖二等奖。她是中国生殖健康领域的学科带头人之一，被世界卫生组织、美国国际家庭健康组织等多个国际组织聘为顾问，并促成和推动了我国生殖医学相关领域的国际合作。

十年琢磨　初入杏林

肖碧莲 1923 年出生于上海的一个商人家庭。在她出生的前一年，来自美国的女性生育节制倡导者玛格丽特·桑格夫人造访京沪两地，引发了中国思想界对女性控制生育权的讨论。而从思想"清议"到技术"赋权"，是一条漫漫长路。肖碧莲后来成为求索于这条路上的中国杰出女性代表。

肖碧莲幼年丧父、少年又遭逢战乱，但所幸家族中重视教育的传统并没有中断，无论男孩还是女孩都供上学。从 1930 年入读培坤小学至 1942 年工部局女子中学高中毕业，她一直在女子教会学校受教育。高中阶段她积极参加上海各中学联合团体的活动，为街头儿童举办暑期学校，到收容所讲课。她曾担任该团体的主席，组织能力和社会关怀得以初步显现。

1942 年，成绩优异、发展全面的肖碧莲与二姐肖曙英一起被圣约翰大学录取。其兄肖荣炜、嫂叶嘉馥、大姐夫范文照、外甥范政皆为该校校友。圣约翰大学由美国圣公会创办，倡导"广博之自由教育"理念，用全英文授课方式，实行美式医学生培养制度。由于教育质量高，圣约翰大学医学院位列甲级医学院，其所授医学博士学位一直受到美国的大学和各大医院的承认。在经过严格的医学预科培养、医学基础与专业研习、临床实习之后，肖碧莲1949年7月获颁医学博士。她求学圣约翰时逢抗日战争和第二次国共内战，战火烽然之下校园不是"孤岛"，在哥哥、姐姐的影响下她于1945年加入了中国共产党，积极投身于学生运动。这些经历促

1946年肖碧莲理学士毕业照

使其成长为一个钟情学术、志向高远、克己坦直、生命丰富之才。

　　毕业之后肖碧莲入职宏仁医院，成为一名年轻的妇产科医生。之所以选择妇科，与她实习期间目睹女性卫生保健条件差、常常得不到及时医治、没有选择而反复妊娠所带来的痛苦有关，这成为她一生从事生殖健康研究的原动力。肖碧莲很快在事业上崭露头角，同时也建立了自己的家庭。1951年10月，肖碧莲与王亦洲结婚。1955年，王亦洲作为驻苏大使刘晓的秘书，赴莫斯科工作。肖碧莲1952年就参加了中苏友好协会，在"全面系统地学习苏联先进经验"的热潮中，她决定去苏联进一步深造。尽管"审查意见"强调了她"出身于资本家家庭"和"社会关系很复杂"，但她本人的思想认识以及在宏仁医院担任党支部书记的工作表现最终助她通过了严格审查。在为期一年的俄语集训之后，

肖碧莲（左一）留学苏联

1956 年 11 月她成为莫斯科第一医学院妇产科教研组的一名研究生。

苏联当时的医学院不属于综合性大学，更强调专业性，而且政治思想教育无处不在，其招生、课程设置和教学政策均受政治方针指导。在培养临床医学研究生方面，则强调临床、教学、科研和社会工作的综合。在肖碧莲出国前，国内已经开始全面学苏，所以她对这种苏式教育模式接受起来并不太难。在完成政治学习任务后她潜心攻读，毕业考试成绩全优，在临床、教学、科研方面都得到了锻炼。她师从妇产科病理生理学专家日马金教授，论文做的是女性正常和异常生理周期的血管反射变化。出于意识形态考虑，苏联在生理学、医学等领域大力推行巴甫洛夫的条件反射和高级神经活动学说，这也是日马金研究团队的理论和方法资源之一。虽然肖碧莲后来并没有延续博士论文的题目，但留苏三年毋庸置疑使其走上了临床医学与基础医学相结合的道路。更重要的是，她敏锐地捕捉到生殖内分泌这一学科前沿。完成论文后，她在内分泌化验室工作了一个半月，学习了当时先进的生殖激素测定方法。

1959 年 12 月，肖碧莲获得莫斯科第一医学院副博士学位。7 年上海圣约翰的"美式教育"，加上 3 年莫斯科的"苏式研究"，亦琢亦磨，璞玉灿明，她已整装待发。

肖碧莲（右一）留学苏联

动荡岁月　上下求索

　　肖碧莲归国后入职上海第二医学院附属仁济医院妇产科，此时的仁济早已摆脱教会医院的标签。繁忙的临床和教学工作之余，她在国内率先建立了生殖激素的化学测定方法。没有设备，一切从零开始，所需要的特殊玻璃器皿都由她亲自向当地玻璃厂订制。这种从尿液中提取激素的方法过程烦琐，还要接触大量有机溶剂，但激素测定为体液调节研究这一新领域奠定了基础。临床大夫做实验在当时并不是常态，所幸她得到了科主任郭泉清教授的大力支持。1963年妇产科教研组向仁济医院申请建立专门的实验室，"内分泌测定"是其中一项重要内容，此外还有"计划生育的药物研究与动物试验"等。

　　伴随毛泽东1957年2月在最高国务会议第11次扩大会议上的讲演，对计划生育理念和技术手段的正面讨论在《人民日报》上异峰突起，但很快在对马寅初新人口论的批判以及接踵而来的三年大饥荒中沉寂下来。直到饥荒缓和、人口反弹，控制人口、研发避孕节育手段才重新提上日程。1964年3月，肖碧莲参加了国家科委、卫生部、化工部在上海协同召开的计划生育科研工作座谈会，正式加入周恩来、聂荣臻支持下的口服避孕药研发项目。在妇产科实验室基础上，仁济医院旋即成立了国内首个计划生育实验室（后改名为研究室），肖碧莲担任副主任和秘书。她带领研究室进行避孕药临床效果和副反应的观察，开展相关内分泌和子宫内膜的实验研究，探索药物的避孕作用机理和最低有效剂量。

　　1965年，肖碧莲带领研究室在内分泌测定的基础上，将避孕药的剂量减到国外常用剂量的1/2。在"文化大革命"发动之后她几受冲击，被隔离审查和挂牌批斗，但由于避孕药具研究相对受到国家认可，故得以断续开展科研。1/2剂量以及随后的1/4剂量避孕药，分别于1967年、1969年通过国家鉴定，批量生产推广。尽管口服避孕药1960年诞生于美国，但中国的研发并不是简单仿制，在北京、上海、武汉等地的大学、研究所、医院和制药厂的分工协作下，避孕药在配伍、剂量、剂型上都有所创新。尤其是肖碧莲主持的减量避孕药研究，在当时属于国际前沿。低剂量避孕药减轻了药物副作用，更加安全。在特定政策的支持下，从 1970 年起在全国实行免费供应。1/4 剂量避孕药是彼时世界上临床大量应用的最低剂量，为避孕药问世做出关键贡献的华裔生物学家张民觉和化学家杰拉西在访华期间都对此印象深刻。

此外，肖碧莲团队先后加入了多个避孕药具科研协作组，对Ⅰ号避孕针、纸型避孕片等的临床效果、安全性和药理进行研究。动荡岁月中她勉力坚持，实验台前摇瓶、测定，下乡发药、随访，亲力亲为。尤其是对长期服药者的随访研究，包括服药后闭经现象的调查、停药后生育力的恢复、后代的健康调查和染色体分析等，饱含着对妇幼健康的专注和护佑。

肖碧莲在科研上求真务实，对团队成员的要求几近苛刻，在生活上则对他们关爱有加——她曾亲手为下属的孩子缝制棉袄。十年艰难时世终成过往，研究团队关于避孕药具的多篇论文得以发表。1977 年，她所在单位负责研制的短效口服Ⅰ号、Ⅱ号避孕片获得了上海市重大科学技术成果奖，次年 3 月获全国科学大会奖。

1960—1978 年肖碧莲在仁济医院工作了 18 年。作为国内生殖内分泌学界的领军人物之一，她取得了多项学术成果，为北京的后续研究奠定了坚实的基础。

■ 人过中年　再次出发

1985 年国外学者参观科研所实验室

改革开放后国家在计划生育领域与国际组织开展合作，在北京筹建计划生育科学研究所（国家卫生计生委科学技术研究所的前身）。任务当前，1978 年 10 月肖碧莲调职北京。这一年她 56 岁，对绝大多数女性来说，这个年龄意味着职业生涯的收尾，但肖碧莲面对的是在京城白手起家、再次创业。从与联合国人口活动基金、世界卫生组织人类生殖研究特别规划署谈判，到事无巨细创建计划生育科学研究所，到该所被确定为世卫组织人类生殖研究合作中心，再到生殖健康学科的大发展，她倾注了大量智慧和心血，在北京继续奋斗了 30 年。

在此期间，肖碧莲从紧要处着手，率先在国内建立了放射免疫测定技术的标准化方法和质量控制指标。她所领导的生殖内分泌研究室因此被世卫组织人类生殖研究特别规划署确定为中国的放免质量控制中心。在此基础上，对女性生殖生理基线数据进行了测定和分析。此类研究属于奠基性的工作，很多研究者并不愿意做，而肖碧莲团队知难而进，建立了中国妇女五种生殖激素的生理常数，总结出激素变化的规律和高峰平均值。这项研究填补了国内空白，为避孕药具研发及相关疾病诊疗提供了科学的基础。此外，肖碧莲团队开展了一系列针对避孕药具的作用机理与远期安全性、卵巢功能及其调控的研究，多次获得科研奖项。从生殖健康大学科的角度，她还开展了辅助生殖实践，在中国首例试管婴儿诞生之后不到两年也获成功。

20 世纪 90 年代中期，肖碧莲将紧急避孕的概念引进国内，并组建了"米非司酮降低非意愿妊娠和人工流产的合作研究与开发"临床研究组，历时 5 年完成 4 项研究课题。其研究成果有效地降低了我国的人工流产率，促进了女性的生殖健康保护。同时，她联合国际专家对课题研究人员进行临床研究规范化培训，确保科研工作真正走上规范化轨道。1994 年，肖碧莲被聘任为中国工程院医药与卫生

1980 年肖碧莲（左一）与世界卫生组织顾问小组合影

1989年肖碧莲（中）与狄兹法鲁西教授在避孕研究学术交流会上

1995年肖碧莲参加免费咨询活动

工程学部首批院士之一，1995年获第二届中华人口奖之科技奖。她主持的"米非司酮用于紧急避孕、黄体期避孕及催经的研究"荣获2003年度中华医学科技奖一等奖、2004年度国家科学技术进步奖二等奖。

肖碧莲在科研所连任三届学术委员会主任，1989年被任命为所长，尽管已经超龄，但她在白手起家建所十周年之际担任所长实属名至实归。作为管理者，肖碧莲非常信任和鼓励年轻人，在为他们提供更好教育和研究资源方面不遗余力。科研所初期曾选用大钟寺旅馆作为临时所址，当时的简陋条件正如她的学生施少清所描述："刮风一层土，下雨两脚泥，夏天汗不止，冬天流清涕"。时过境迁，初心未变，站在科研所如今的坚实平台之上，她和同侪后学朝向的是一个更广阔的世界。

国际舞台　绽放异彩

肖碧莲自幼接受英语教学，尤其是圣约翰大学优良的英语训练使其受益终生。当国门重开，她的英语特长有了充分的施展机会。调职北京后，肖碧莲开始大量参与国际合作谈判，与她共事的人都对其英文水平印象深刻。在中国与国际组织合作解决人口问题的起步阶段，这些谈判发挥了至关重要的作用。

在科研所成立伊始，就有了频繁的国际交流：国外专家来所授课、培训，所里专业人员和研究生出国学习、考察。这中间都离不开肖碧莲与国外学术界的主动联络、积极争取和精心组织。对于当时的年轻学子来说，出国深造机会非常难得，因而也倍加珍惜。现任科研所生殖内分泌研究室主任贾孟春是肖碧莲的学生，他在 20 世纪 80 年代初硕士毕业时就得以出国进修，他由衷地表示这段经历对自己科研能力的提高起了很大作用。在肖碧莲操办之下举办过多次国际学术会议，如 1988—2005 年间连续召开 5 次生殖内分泌国际会议，搭建了中外学术交流的桥梁。90 年代开始，她争取国际资助在中国翻译、出版和分发英文期刊《展望》《进展》《国际计生联医学通讯》及《生殖健康要略》，惠及了广大的基层生殖医学人员。她还主持培训其他发展中国家研究人员，招收蒙古和朝鲜的进修生。

由于英语地道、思维敏捷、专业基础坚实、具有人格魅力，她先后多次被聘为世卫组织人类生殖研究特别规划署的顾问组成员，并担任两个专题小组指导委员会的委员，后又被美国国际家庭健康组织聘为高级顾问。她出访过 20 余个

肖碧莲出访斯德哥尔摩

2005年肖碧莲（后排右）与彭佩云（前排左）、葛秦生（前排右）、施少清在第5届生殖内分泌国际会议上

国家，连续5年代表政府部门参加世卫组织生殖研究特别规划署捐款国会议，在各种国际研讨会上介绍中国生殖健康领域的研究进展。在她发表的百余篇论文中，署名为第一作者的英文论文计20余篇，多发表在《人类生殖》（*Human Reproduction*）、《生育与不孕》（*Fertility and Sterility*）、《避孕》（*Contraception*）、《国际妇产科学》（*International Journal of Gynecology&Obstetrics*）等顶尖杂志上，获得国际学界广泛认可。

爱美，是女人的天性，肖碧莲也不例外。她晚年还会回忆起当年的校服："圣约翰大学的校服最漂亮，是藕荷色的百褶裙"。在正式场合，她一般身着深色西装，不过还是很注重细节，每次出国前都会准备新衬衫，不管是颜色还是领子样式，都精心选择。展现在国际舞台上的，是一位职业女科学家清爽利落的形象。

肖碧莲如今已年过九旬，蓦然回首：当通宵达旦在实验室完成课题时，她是钟情学术、严谨治学的研究者；在担任科研所所长、学术委员会主任时，她是格局远大、克己奉公的管理者；当作为国际组织顾问活跃在世界舞台上时，她是风采卓然的科学大使；当出于受试者安全考虑上书建议拒绝国外某项节育药物在中国的引入性研究时，她是女性健康的守护者；当为年轻的图书资料员录制英文磁带时，她是诲人不倦的英语老师；当繁忙工作之余教孙辈弹钢琴时，她是严慈并济的奶奶；当为孙女出国订制旗袍时，她是颇具老上海情结的"小资"。正如肖碧莲的孙女王蕾所言，自己的奶奶多才多艺，是"地地道道的上海女性，而且是那种比较开放、前沿、现代的受过高等教育的女性"。

莲叶无穷碧，慧心此处寻。作为我国一名杰出的女科学家，肖碧莲的学术成长之路引人深思，其生命之丰富令人心生向往。生命不止，希望不息。生殖健康事业的后继者们致力于研发更加安全有效的生育调节技术，进一步促进女性身心健康、维护其盎然生机。肖碧莲凭借其智慧所开创的道路，还将无尽延展。

风格·典范·力量 ①

王一飞

1957—1962 年我 ② 在上海第二医学院读书，在认识肖碧莲老师之前，她的名字就已经给我留下深刻印象了。因为我常常到图书馆看书，在新到的中英文医学书籍背后的借书卡上，总有她的名字，而且经常是第一个。我们当时学的都是俄文，她的英文很好，能够直接阅读最前沿的英文文献，我们年轻学生很崇拜她。人们都说她聪明，但我认为成功很重要的因素是勤奋。

我后来担任校长的时候，肖碧莲教授已经调至北京。虽然没有直接共事过，但一直了解并关心她的工作。从普通的妇产科医师到生殖内分泌专家，这个转变离不开她对学术的好奇心和善于捕捉学科前沿的敏锐眼光。她从临床医学到基础医学，再运用实验室研究成果解决临床问题，这其实就是现在流行的转化医学的范例。在这个过程中，她于20 世纪 60 年代初在国内率先建立生殖激素的化学测定方法、80 年代初率先建立放射免疫测定方法，以及建立女性生殖生理基线数据，这些都是非常重要的奠基工作。她在仁济医院开展的减量口服避孕药研究，以及后来在北京主持的紧急避孕药研究，真正惠及了万千女性。她还引入了生殖健康这个概念，在国内从计划生育到生殖健康的学科转变中，也发挥了非常重要的作用。这些成果完全跟国际进展同步（甚至超前），又紧密结合中国的实际情况。

---

① 根据杨海燕、陈琦 2013 年 1 月 22 日对王一飞教授的访谈整理成文。

② 王一飞，1939 年 11 月出生，教授，博士生导师。1988—1997 年任上海第二医科大学校长，1995—2001 年间任联合国世界卫生组织医学官员。曾任中华医学会生殖医学分会主任委员。现任上海交通大学医学院顾问，上海计划生育与生殖健康学会理事长，国家 973 项目"人类生殖与相关疾病的基础研究"专家组成员。1995 年被授予法兰西共和国荣誉军团骑士勋章。

1995—2001 年我担任世界卫生组织医学官员，与她有了更多直接的交往。我认为她是中国了解世界、世界了解中国的一个窗口、一个纽带。在世界卫生组织开会，她常常是发言最积极的，愿意提不同的意见，热心介绍中国的情况，所以大家都把她当成了解中国相关领域情况的活字典。她每次去日内瓦开会，都请我帮她找一个带厨房的旅馆，自己可以简单煮饭，用她的话说这样"既省经费又省时间"。开会之余她不像其他人那样去逛街购物，总是泡在图书馆里，把省下的钱用来买书籍、实验用品和仪器带回国，和我讨论的也都是如何把科研所里的年轻人送出去进修，形成学术梯队。

过去做科研，条件很艰苦。做口服避孕药研究要经常骑车下乡到老百姓家去发药，还要收尿液，不是每个人都愿意做的。"文化大革命"刚结束的时候，她已年过半百但仍干劲十足，到西双版纳去调查有避孕节育作用的中草药，跋山涉水，背包露营，跑了很多地方，脸晒得黑得不得了。后来条件改善了，她也公私分明，不太用单位的车子，总骑一辆旧脚踏车上班，说"这样自由"。

一位研究者如果从早到晚都板着脸做实验，其人生并不平衡。学问好不是人生的全部，真正打动人的还是人格魅力。肖碧莲教授当然有严肃、一丝不苟的一面，但同时又有一种特殊的亲和力。她会弹钢琴，喜欢运动，游泳和滑冰都擅长。她退休之后有一次请葛秦生、我和夫人去家里做客，她买了螃蟹做了菜给我们吃。80 岁的老太太，要弹琴就弹琴，要上网就上网，要讲英文小说就讲英文小说，还带我们出去看她的小花园，我们一天过得很愉快，一个人的生活情趣都体现出来了。她是一个能上能下的人，既可以格调高雅、阳春白雪，也可以俯下身子到老百姓那儿去做事。

肖碧莲教授博学、勤奋、敏锐，有远见、有格局，爱憎分明、廉洁奉公，是值得我们后辈学习的榜样！我的体会是，她掌握了 3 个 P 语言。第一个是 Professional language（专业语言），她专业语言绝对好，中文、英文俱佳；第二个是 Political language（政治语言），她与政府决策部门、国际组织都有顺畅的交流，为学科谋发展；第三个是 Public language（公众语言），她会跟老百姓去交流，了解公众需求、增进公众福祉。这样才是一个现代的、全面的、优秀的科学家。

沈渔邨：以科学精神体现人文关怀

■ 胡颖翀（上海市中医文献馆）

　　沈渔邨，精神病学家，医学教育家，中国工程院院士。1924 年出生，1951 年毕业于北京大学医学院。1955 年毕业于苏联莫斯科第一医学院，获副博士学位。历任北京医学院第三附属医院精神科主任、副院长，北京大学精神卫生研究所所长，世界卫生组织（WHO）/北京精神卫生研究与培训合作中心主任。曾当选挪威科学文学院外籍院士，美国精神病学协会国外通讯研究员。长期从事临床精神药物学、精神疾病流行病学、老年精神病学研究。我国现代精神病学的奠基人、开拓者之一。在推动我国精神病学的发展和学科建设、促进国内国际间精神病学领域的学术交流等方面做出了突出贡献。并主持编写大型参考书《精神病学》，发表论文 150 余篇，多次获国家及部委科技成果奖。

■ 求学之路　艰辛坎坷

　　1924 年 1 月 6 日，在离杭州西湖不远的将军路上的一所老房子里，降生了一个女婴。女孩的父亲叫沈锦椿，字绮士，时年 34 岁。任杭州官巷口地区邮政局主任，为人安分守己，克己宽人，不与人争权争势。这是沈锦椿的第三个女儿，他给这个小生命取名为"沈渔邨"。沈锦椿在邮局属高级职员，收入尚可，又在西湖箩岭和莫干山各置了一亩多地，足以支付几个孩子的教育费用。沈渔邨的母亲张春如虽是家庭妇女，但特别注意培养孩子们独立自主的能力与性格。沈渔邨从小就是在这样的家庭环境中成长的。

　　1937 年 6 月，沈渔邨从浙江杭州盐务小学毕业，8 月入读杭州市立初级中学。在当时这所学校实验室、劳作室、家事实习室等应有尽有；还有专用美术教室、科学馆、工艺馆、图书馆[①]。在全省112所中等学校中排名前九。但不久

―――――――――
　　① 引自《民国时期杭州》，第 563—564 页。

淞沪会战爆发，父亲沈锦椿随邮政机关迁往浙东。同年11月，入学仅3个月的沈渔邨便不得不随家人离开杭州，前往上海。

当沈氏一家风尘仆仆地踏上十里洋场时，上海已沦落。沈家只好暂住在法租界的二哥家中，不久沈家搬入法租界云霞坊。1938年2月，沈渔邨入读了上海中国女中，成为初中二年级学员。待时局稍稳定后，沈氏夫妇又回到杭州，沈渔邨一人被留在上海，继续求学。那段生活岁月虽然艰苦，但萌发了她对理科的兴趣，甚至将居里夫人作为自己的偶像。1940年6月，初中毕业后沈渔邨考入上海江苏省立扬州中学读高中。江苏省立扬州中学与江苏省立苏州中学、上海中学和浙江省立杭州高级中学其他3所中学，并称为"江南四大名中"。扬州沦陷后，学校四分五裂。校长周厚枢（字星北）借部分师生分别在上海与泰州复校。其后泰州部分又一分为二，一部分迁往上海租界，习称"泰校"；沈渔邨就读的正是"泰校"，学校的理工科课业很重。

1941年12月7日，太平洋战争爆发，日军进入上海租界，时局一片混乱。1942年11月，省立扬州中学被迫关闭。刚刚完成高中第三年上半学期学业的沈渔邨又一次面临失学。当时她听闻西南联大可以免费读书，便动起了离沪赴滇、继续求学的念头。1942年底，在老家商人的帮助下，沈渔邨和父亲一同离开杭州。越过了日寇的封锁线，经浙东、江西、湖南、贵州，一路艰辛，抵达了昆明。安顿下来后，沈渔邨开始准备报考西南联大。但由于错过了当年的考试时间，沈渔邨于是在1943年11月，先考入西南联大先修班理工组，修读数学、语文、英文、物理、化学等课程。与沈渔邨一起在先修班学习的还有她后来一起学医的同学经永春。

在先修班学习的同时，沈渔邨仍在中茶公司兼职，半工半读。每月40块钱的收入，刚好够付伙食费。1944年6月，完成先修班学业后，沈渔邨考入了西南联大物理系。同年9月，沈渔邨成为西南联大物理系一年级的新生，踏上了她向居里夫人学习的路程。1945年9月，沈渔邨在物理系读完一年以后，转入了生物系，就读医预科。据经永春回忆，她父亲经利彬时任昆明医药研究所所长，与西南联大生物系主任李继侗是好友。经利彬与李继侗聊天时，提到了女儿经永春想学医，而西南联大又没有医学院。于是，李继侗就说："我可以先办个预科，协和以前也有医预科。3年医预科后，战争结束了，你们就可以回去读医学院了"。就这样，李继侗便在生物系下成立了医预科。

医预科虽然成立了，但只是临时组建，并不在西南联大的正式建制之内，所以既没有正式的教师，也没有固定的课程。医预科同学所学的课程都是李继侗从生物系、化学系和物理系所开设的课程中选取的，像普通化学、普通物理、普通生物等 3 系的基础课都要上，至于像解剖学、组织胚胎学等医学专业课并没有开设。沈渔邨在医预科时的学习成绩很好，但是医预科并没有像李继侗当初设想的那样读 3 年，而是只读了 1 年，因为抗日战争结束了，西南联大解散，所有学生分归各校。

进步青年　参加革命

在当时的西南联大，学习、生活条件都非常艰苦，但进步气氛浓厚，经常张贴进步壁报、进行演讲及其他社会活动。在民主思想的熏陶下，沈渔邨的内心深处也悄然发生着变化。1945 年 8 月 15 日，抗战结束。然而，烽烟并未就此熄灭，国共内战即将爆发。为了能摆下一张平静的课桌，西南联大的师生轰轰烈烈地开展了反内战、要和平的民主运动。1945 年 11 月 19 日，重庆各界代表郭沫若、沈钧儒等 500 余人，举行陪都各界反内战联合会成立大会。12 月 1 日，大批国民党特务和军人分途围攻西南联大和云南大学等校，毒打学生和教师，并向学生集中的地方投掷手榴弹，制造了震惊全国的"一二·一惨案"。

亲眼目睹生命与鲜血的流逝，沈渔邨震惊了。良知与愤怒使她觉醒，决心再也不做从前那个一心读书、不问政事的书呆子。她写道，"目睹老师们在物质生活极其困难的条件下，严谨治学，以大无畏的革命精神支持民主运动，使自己深受教育，从一个埋头读书的青年，进入了青年民主运动的行列，懂得我们这一代青年人负有争取民主、民族解放的神圣使命"，从此积极投身到民主运动中去。惨案发生后，联大师生在全市发动罢学、罢市。沈渔邨被选为联大学生自治会理事，负责发动、联络昆明中学生等工作。1946 年 2 月，经彭珮云介绍，沈渔邨加入民主青年同盟。

1946 年 5 月，西南联大开始北返。6 月，沈渔邨先乘飞机抵达上海，再从上海乘船经天津抵达北京。与沈渔邨一同乘船抵达北京的有她杭州高中校友和西南联大同学张碧华。西南联大北归后，北大、清华、南开三校联盟解散。每个学生都要事先填报志愿，表明自己希望在哪所学校继续学习。当时，李继侗在西南联大创设医预科，就是针对协和的，就是希望医预科的同学将来能进入协和学习。但在沈渔邨等人来到北京后，发现协和医学院要等到第二年才能复校。于是沈渔邨选择了北京大学医学院继续学业。

1946 年 10 月，北京大学医学院正式开学。在这里，沈渔邨开始了她的学医生涯。回北京后，沈渔邨仍积极投身学生会，接受组织领导，参加学运工作。同时，她还和进步学生成立了北医合唱团，组织了气势恢宏的"冼星海黄河大合唱"。在公演大会上，她还担任了女高音歌唱者。北京大学精神科主任医师李从培教授曾经回忆起那次难忘的演出，他说："那嘹亮的歌声，那震撼人心的旋律，激起了人们的革命豪情，现在想来，强烈的激情仍犹如激浪汹涌于胸。"

1948 年 2 月，经由耿晓、陈果敢同志介绍，沈渔邨加入北京大学中国共产党。同年 11 月据北平学委的指示，沈渔邨离开北京，转移至解放区河北冀中泊镇城工部学习。1949 年 2 月，北京的接管工作陆续展开，沈渔邨也参与到其中。接管人员除了北京医学院的同学外，还有部队的同志，以及华北医科大学 23 期的几十名学员。后来，这些一起与沈渔邨接管北京卫生系统的革命战友，有些又

沈渔邨（右一）在良乡与接管同仁合影（1949 年）

成了与她一起去苏联留学的同学，比如许迪、鄂征、李慎、李河民等。

沈渔邨回到北京后，在军事革命委员会卫生部工作，很快就显现出较强的工作能力。在当时，鲍敬桓作为卫生部副部长，是统揽全局的领导，沈渔邨很受鲍敬桓的器重。1949 年 5 月，沈渔邨服从组织安排，返回北京大学医学院继续学习。1951 年 3 月，沈渔邨从北京大学医学院医疗系毕业。这主要是由于 1950 年 2 月 8 日教育部发令，自当年 2 月 1 日起，北京大学医学院改由中央卫生部领导。同年，医学系学制由 7 年改为 5 年，即预科 1 年，基础课与临床课各 1 年半，再加上生产实习 1 年。提前 2 年结束学业，这固然使一向勤奋好学的沈渔邨感到些许惋惜；然而，在不久的将来，一片更广阔的天地将等待她去奋斗。

留学苏联　喜结伉俪

新中国成立之初，国务院迅速制订了恢复经济的三年计划。与此同时，大量培养国家急需优秀人才的问题也迫在眉睫，为此，国务院决定选派 300 余人前往苏联学习，其中有医学生 30 人。留苏医学生的选拔工作由卫生部部长贺诚主持，卫生部办公厅具体负责。30 名留苏医学生由 3 个红军卫生干部领导：钱信忠任赴苏留学生总支书记，涂通今任赴苏留学生总支委员，潘世征任医学生党支部书记兼队长，团队秘书则由沈渔邨和顾方舟二人担任。

临行之际，每个人都得到了一份学习任务书。这份任务书根据国家的需要和自己的意愿，详细写明了每个人赴苏后的学习纲要和重点学习任务。大家所学内容五花八门，从基础到临床，再到卫生管理，医疗卫生的专业几乎无所不包。1951 年 8 月 11 日，教育部在老北京饭店设冷宴会，给全体留苏学生饯行。周恩来总理亲自出席讲话，热情洋溢地勉励大家奋发学习苏联的先进科学技术，并留下十六字赠言：责任重大，任务艰巨，努力学习，为国争光。大家在钱信忠的带领下，向总理敬酒，表达了好好学习、报效祖国的决心。

抵达莫斯科后，全体学员被临时安排住在起义广场的莫斯科动力学院宿舍。8 月 26 日，苏联高教部的工作人员加班加点，按照留学生出国前的个人志愿及苏联的实际情况，拟订方案，给留学生分配了不同的学校。他们很快就陆续被各单

1953 年，沈渔邨（左二）与同批留苏医学生同游波罗地海

位分头接走。30 个医学研究生兵分两路，有 14 人去了列宁格勒，而沈渔邨等 16 人留在了莫斯科。

　　沈渔邨最初到苏联是学习抗生素方面的知识，但 1952 年，在莫斯科第一医学院已学习 1 年的沈渔邨接到了国内的通知，由于国内奇缺精神病科的医生，上级让她转学精神病学。沈渔邨又一次服从了组织安排，转到莫斯科第一医学院的精神病科改学精神病学。没想到这成为了她将为之奋斗终生的事业。40 年后，当黎莉医师问及沈渔邨院士，当年在苏联你被要求改换志愿时有什么想法？她淡淡地说："我没有更多的想法，我觉得人民的需要、祖国的需要就是我的志愿。人民用小米养育了我，我要为人民的利益去工作。走了搞精神病学这一步，我一直没有动摇过。"

　　沈渔邨在北京大学医学院学习时，学校里也曾讲授过精神病学，但毕竟不成体系。沈渔邨无疑面临着新的挑战，她需要自学精神病学方面本科的课程。但是，这些都没有难倒沈渔邨。1955 年 8 月，沈渔邨从苏联莫斯科第一医学院毕业，获副博士学位。论文题目为"有关强迫状态的治疗及病理生理机制"，部分内容发表在 1959 年的苏联精神病学杂志上。同年 9 月，她荣获斯坦汉诺夫突击手奖，以褒奖她的勤奋和优秀。不得不说莫斯科确实是沈渔邨的福地，她不仅顺利完成学业，还与当时留苏学生总书记、后来任共和国卫生部部长的钱信忠同志，从相识到相恋，并于 1955 年 6 月回国前夕结为革命伉俪，开始了长达半个世纪相濡以沫的生活。

迎难而上　硕果累累

1957 年 5 月，上海《解放日报》报道了使用氯丙嗪治疗后演员周璇即将复出的消息。沈渔邨的第一反应便是，氯丙嗪改变了大脑的生化反应。这种猜测，后来便转化为她从事精神药理研究的起始点。1962 年，沈渔邨在国内首先建立了"精神（神经）生化研究室"，开始探讨神经介质与精神疾病及精神药物的关系，以及神经介质在精神病理及精神药理中所扮演的角色。1964 年，由张文和和沈渔邨合作撰写的有关"5-羟色胺"的论文发表。让沈渔邨没想到的是，就在这两篇文章发表不久，国外精神病学界便知晓了沈渔邨这位中国的精神病学家。1973 年，北医三院恢复了精神科的建制。沈渔邨被推选为精神科主任，此时我国精神病学学科严重倒退，急需恢复和发展。1974 年 6 月，沈渔邨从我国社会文化、卫生系统的特点出发，在北京市海淀区 11 个公社、19 万农业人口中开展农村家庭社区精神病防治的试点工作。到 1977 年 2 月，沈渔邨组织完成了北京市海淀区农村家庭社区精神病防治的试点工作。在海淀区 11 个人民公社和一个国有农场，进行了精神病三级防治网的建网和流行病学调查，寻求了一条解决广大农村精神病患者医治难问题的途径。

1978 年 3 月，为了及时向国内同道介绍国际神经科学和精神病学的进展，反映新中国成立以来我国精神病学发展和防治工作的经验，推动我国精神病学的发展，尽快缩短和弥补我国精神病学由于"文化大革命"造成的差距，在沈渔邨的倡议和组织下，全科医生与国内有关兄弟院校共同编写了《精神病学》大型参考书第一版。1980 年 10 月，沈渔邨主编《精神病学》（第一版）大型参考书正式由人民卫生出版社出版。这本书后来成为许多医学院校精神病学的指定参考书，对我国精神病学的教育发挥了重要作用。

1979 年，随着中美建交，中国的大门终于再次向世界打开，中国的学术界再次与世界有了联系。WHO 开始对中国很多不同的学科给予一定的资助，其中也包括精神病学。1979 年 3 月 3 日，56 岁的沈渔邨作为访问学者远赴丹麦、英国、瑞士的精神病学研究机构参观访问学习，并在英国接受了 WHO 的培训。7 个多月的奔波，走过了一家家单位、机构，沈渔邨对国际精神病学和精神卫生工作的现状，有了清楚的认识，也深深地感受到了中国与世界的差距。

从国外访学归来后，沈渔邨下定决心要做的第一件事情就是成立"精神卫生研究所"。1980 年，在沈渔邨的邀请下，WHO 的副总干事兰博和精神卫生司司长 N. Sartorius 来到中国，他们也提议成立"精神卫生研究所"，并建议以此为中心开展工作。时任北京医学院党委书记的彭瑞骢至今还记得，当时他同钱信忠部长、卫生部医政司的一个司长、还有沈渔邨，与 N. Sartorius 详细讨论了相关事宜。就这样，精神卫生研究所于 1980 年 3 月，经卫生部和北京医学院批准，北医三院精神科独立建成北京医学院精神卫生研究所，这是一个集医教研于一体的独立机构。或许可以这样说，如果不是沈渔邨的欧洲之行，如果没有 N. Sartorius 的建议，没有卫生部和北医的支持，精神卫生研究所不会这么快就成立，WHO 与中国在精神病学上的合作也不会开展得如此之快，也不会如此顺利。

精神卫生研究所成立 3 个月后，就与 WHO 举办了第一个研讨会"WHO/北京精神疾病流行病学学术讨论会"，这次研讨会历时 2 周，对中国精神病学的发展具有开拓性意义。在这次研讨会期间，卫生部医政司决定由精神卫生研究所和上海市精神卫生中心共同牵头，与四川医学院精神科、南京精神病防治院及大庆三院组成核心组，展开全国精神疾病流行病学调查研究协作组。

这次研讨会结束后，沈渔邨便开始着手推动中国历史上第一次大范围的精神疾病流行病调查。1982 年 7 月 1 日，由东北、华北、华东、华南，西南以及西北六

1982 年沈渔邨陪同 N. Sartorius 到山东莱阳基层参观考察

1997 年 10 月 7-11 日，沈渔邨（右二）出席 WPA 北京地区会议

大地区 12 个单位协作的大样本精神疾病流行病学调查完成。这也是 1949 年以来，第一份科学地反映我国精神疾病流行状况的完整资料，为国家制定精神卫生政策提供了依据，提高了我国精神疾病流行病学的学术水平。

沈渔邨在与国际精神病学界交往的过程中，得到了大家很多的帮助，也为精神卫生研究所带来了很多助力，沈渔邨本身所具备的能力和品质是获得国际认同的前提。1986 年，沈渔邨被挪威科学和文学院聘为国外院士。也是在 1986 年 5 月，沈渔邨应邀参加了在美国得克萨斯州达拉斯（Dallas）市举行的第 138 届美国精神病学协会的年会，并做了特邀发言，同时被邀请做特约学术报告的还有 3 名诺贝尔奖奖金获得者。沈渔邨介绍了她自己的研究成果：全国 12 地区精神疾病流行病学调查的方法学和资料分析、抑郁症的神经生化研究等，并提出自己的看法。沈渔邨的这次报告引起了极为强烈的反响，受到了与会同行的高度评价。1990 年 12 月，沈渔邨由美国精神病学协会聘为国外通讯院士。

永不停歇　心系未来

2004 年，沈渔邨已 81 岁高龄，陆续将研究所的工作交给了别人，但她工作的脚步并没有因此而停歇。沈渔邨是中华医学会精神病学分会的副会长。1994 年，中华医学会精神病学分会从中华医学会神经精神科分会中分离出来。从此，精神病学科有了自己独立的学术团体，这是中国精神医学发展史上一件大事。

沈渔邨曾经写过一段话，对今天仍有借鉴的价值。她说："精神科和许多学科有交叉重叠，不但和医学、神经科学等自然科学联系密切外，且和心理学、社会

2001 年 4 月 4 日沈渔邨在青海省第三人民医院出诊

学等人文科学亦有联系。广义的精神卫生更是属于'大卫生'的范畴，扩大精神科服务，需要得到社会多方面的理解和支持。近年，在我国新开设了医学心理学、心理卫生学、心身医学和行为医学等学科，它们既与专科有关又有所区别。这些边缘学科有其自身的研究和发展方向，然而它们的发展有助于精神病学的发展。专科医生和研究人员应该积极参与、加强沟通、发挥我们在其中的作用。要利用各种可能的场合进行交流、宣传自己、学习他人的经验，包括学习国际同行的经验。我们将面临的巨大挑战，其中包括医疗改革在内的各种改革的挑战。如何适应形势的变化，积极配合乃至引导变革，使之向着有利于专科的方向发展，将是我国精神科必须面对的严峻考验。展望新的世纪，应该说是希望与挑战同在、困难和机遇共存。然而，有压力才有进步，深信我国的精神科一定能够战胜压力。"

对于中国精神病学的未来，沈渔邨从未中断过自己的思考。归纳而言，主要体现在战术和战略两方面。在战术层面，主要体现在学科布局和对精神科前沿领域的跟踪上。这一点从她在北京大学精神卫生研究所（现北京大学第六医院）创建的科室布局和培养学生方面，就直接体现了。而从战略来看，她很早就意识到世界精神卫生预防和治疗模式的转型。目前，中国精神卫生工作已经开始从传统的精神病院服务模式转向社区模式。如在综合性医院开展心理咨询，在社区建立工疗站、家庭病床，都已迈出了可喜的一步。而"家庭社会防治"将会成为社区精神卫生工作的新形式。

对未来转型的思考也体现在沈渔邨的教学中，她反复强调要克服只重视技术和知识，而忽略态度和价值的倾向。将来的精神病学教育的发展趋势是"将行为科学（生物学、心理学、社会学方面的知识）和临床精神病学结合起来。应当注意生物科学方面的迅速发展，分子生物学、遗传学、电子计算机科学、神经生理、神经解剖、神经生化都有令人振奋的进步，这方面知识的学习是不可忽视的一个方面；另一方面是社会、心理、生态环境科学的发展。二者相辅相成，不必争论谁最重要。"

最后引用沈院士常言的一段话作为结语，"21世纪是'脑'的世纪。WHO也在积极倡导和推进全球性的'脑10年'研究计划，其中包含了精神病学与神经病学、神经外科学及老年医学等的共同性研究。据WHO的预测，21世纪的精神科十分重要，在10种造成社会最沉重负担的疾病中精神疾病占了4种，其中抑郁症排名第二。精神疾病的总负担将占全部疾病负担的1/4。生物－心理－社会的新医学模式的出现，必然会对医学研究产生重大的影响，精神医学也正在逐步受到医学同行及社会的关注和被赋予新的认识。这是我们的一个机遇。"

沈渔邨、钱信忠金婚纪念（北京家中）

既为生物精神病学家　又是社会精神病学家

陈昌惠　周志清 ①

　　1955年沈渔邨从苏联回国后，自愿到了北医一附院精神病院工作，并协助伍正谊教授辅导我国第一批精神病学研究生。20世纪60年代初，沈渔邨同志在科内即筹建了中国精神病学界第一个现代神经生化实验室。1980年创建了北医精神卫生研究所，设立生化研究室，研究范围扩大到精神药物药代动力学和精神病分子遗传学研究。若说沈渔邨教授几十年来，在中国精神病学生化研究方面前瞻性很突出的话，那么从中国国情出发，并有明确的全局观点，则是她在中国社会精神病学方面的显著特点了。

　　20世纪80年代，北京医学院精神卫生研究所下设九个研究室（组），其中即有"社会精神病学研究室"。精神疾病流行病学、应激及社区精神卫生是该研究室的三大任务。1982年，精神所被WHO确认为WHO北京精神卫生研究与培训合作中心，沈渔邨教授则担任WHO北京精神卫生研究与培训合作中心主任从此沈渔邨教授则更加有计划地充分利用国际资源，从我国实际出发，团结全国同道，不断推动中国社会精神病学的发展。

　　其实早在20世纪50年代，沈渔邨教授就已投入了社会精神病学工作。不过早期中国精神疾病流行病学调查存在明显的方法学问题；进入70年代后，开展调查的单位虽增多，样本扩大，覆盖人群已达两三千万，但由于方法学问题无实质性改进，所得结果仍缺乏可比性，难以验证评价。1980年6月精研所举办了中国有史以来第一次"WHO/北京精神疾病流行病学学术讨论会"，这对于全国精神病学学科发展具

---

　　① 陈昌惠系北京大学精神卫生研究所主任医师，周志清系《中国心理卫生杂志》编辑部前主任。

有划时代的意义。会议由 WHO 邀请国际知名专家为讲员，使与会人员看到了国际上精神病学最新发展状况，学习了精神疾病流行病学最新研究方法。会上卫生部决定由我所和上海市精神卫生中心共同牵头，与四川医学院精神科、南京精神病防治院及大庆三院组成核心组。此后经过一年的准备，终于于 1982 年 7 月 1 日零时正式开始了我国第一次全国东北、华北、华东、华南、西南以及西北六大地区 12 单位协作的大样本精神疾病流行病学调查。这次精神疾病流行病学调查所得系统数据，是建国近 40 年来第一份科学地反映我国精神疾病流行状况的完整资料，连同后来 1993 年以同样方法进行的全国第二次精神疾病流行病学调查结果，都为建立和推动我国精神卫生规划提供了科学依据。

对于精神疾病流行病学调查，沈渔邨教授倾注了极大的精力。1980 年 6 月主持了首次举办的全国性精神疾病流行病学讲习班，介绍当前国际最先进的精神疾病流行病学研究方法、调查用工具等。此后，她亲自到各大区的卫生行政部门，解说流行病学意义，争取地方卫生行政支持，终于成功地完成了全国 1982 年 12 个地区进行大规模精神疾病流行病学调查。前世界卫生组织精神卫生司司长 N.Sartorius 回忆说："我不仅为她对卫生领域的广泛兴趣和惊人的工作能力深深感动，而且也对她的领导素质留下了深刻印象。"

沈渔邨院士几十年来对中国精神卫生事业的执著精神，在科研方面的前瞻性和新颖性研究思想，在实际工作中的全局观点，既能长期致力于生物精神病学的微观研究，又能积极投身于社会精神病学的宏观研究。这种坚持不懈，全身心投入的精神，是值得我们很好学习的！

史轶蘩：经年铸剑垂体瘤

■ 李乃适（北京协和医院）

史轶蘩（1928—2013），内分泌学家，中国工程院院士。江苏溧阳人。1954 年于北京协和医学院毕业后即留在北京协和医院工作。曾任卫生部内分泌重点实验室主任、中华医学会内分泌学分会主任委员、北京协和医院内分泌科主任等职。早年对内分泌临床的疑难问题如嗜铬细胞瘤的术前药物准备、糖尿病酮症酸中毒、甲亢危象分期和抢救、甲状旁腺功能亢进症可伴有骨软化等提出自己独到的见解，提高了这些疾病的诊治水平；1979 年起领导的垂体研究组在国内率先建立了 7 种垂体激素的测定和 11 种下丘脑－垂体－靶腺的功能试验，并首先应用多种神经递质和神经激素类药物进行治疗；在国际上首先提出了垂体卒中的分类、治疗原则和预后；首次发现生长抑素类似物有形成胆石的副作用等。在"激素分泌性垂体瘤的临床和基础研究"和"特发性生长激素缺乏症"以第一获奖人分别获国家科技进步奖一等奖、三等奖。1996 年获何梁何利基金科学与技术进步奖。

溧阳史氏闻天下

对于研究百家姓的学者们来说，溧阳史氏是不可回避的。溧阳是史姓的郡望所在，几乎是所有百家姓郡望中保留最为完好、规模最大的一个。公元 59 年，跟随汉光武帝南征北战的史崇将军被加封为溧阳侯，成为溧阳史氏之祖。其后史氏名人辈出，包括史可法、史贻直这样的名相。

史轶蘩的祖父史国桢，是溧阳侯史崇的 59 代孙，曾任溧阳公署衙门会计，并兼溧阳高山女校校长。崇尚教育的风气让史家人才辈出，史轶蘩之父史恩灏和史国桢的小弟史国纲是其中的佼佼者。史国纲早年就读于美国哈佛大学，回国后曾任中央大学政治系主任。史恩灏和史国纲年龄相仿，可以说一口流利的牛津腔英语，也曾有机会出国留学，但他在考入海关后选择了留在海关工作。从此依英美惯例，他每三年一般需调至另一城市海关工作，因而他的子女也就常常降生在不同的地方。

　　1928 年，史恩灏在当时中国的重要南方门户江门海关工作。这一年的阴历九月二十日，他的第三个孩子史轶蘩出生于江门。最终成年的兄弟姐妹有 5 人：史轶寅、史轶漪、史轶蘩、史轶芳和史轶才；史轶蘩恰恰是年龄居中，兄弟姐妹各有 1 人。史轶蘩在幼时即被送到了江苏金坛的外婆家生活，而史轶漪则被送至溧阳老家。直至日本全面侵华进入长江下游，姐妹俩才辗转来到父母身边，那时候史恩灏已经来到青岛海关工作了。

　　来到父母身边以后，史轶漪、史轶蘩先后进入青岛圣功女中就读。青岛是中国第一所女中诞生之处，而圣功女中则是后来在女子中学里以教育质量出众而著称的。尽管学校的要求很高，但姐妹俩在圣功女中的学习成绩依然非常优秀。

　　沦陷区的生活是艰苦而屈辱的。史轶漪曾经回忆：

史轶蘩毕业照

　　"我是 1939 年到青岛上中学的，史轶蘩是 1940 年。1941 年底，日本人来了，我们学校的修女全部撤掉了。英文不学了，必须学日文。学日文也没有让你好好学，今天学第一册，明天学另外一种的第一册。日本人非常坏，把你青春的时间全浪费，不让你学。我们也学会去日本人在青岛开的店捣乱，我们去看一看，拿出来又说不要。一会儿又去看一看，看完之后又不要……史轶蘩干的少，我干得多，因为她在那儿看小说，有时候也去捣乱捣一下。"

　　史轶蘩的青少年时期几乎都在青岛度过，沦陷区的生活对她的影响十分深远。不过，能够在一所教学质量很高的中学屡拔头筹，是与她的天赋和勤奋分不开的。而父亲亲自训练的英语和自幼大量阅读小说练就的语文能力，则为史轶蘩未来的中英文写作水平打下了坚实的基础。

务求卓越协和人

1946 年，史轶蘩考入燕京大学医预系，目标直指北京协和医学院。虽然当时协和医学院刚刚从日寇的铁蹄下解放出来，但是日军早已将所有设备掳掠一空；协和复校尚需时日。尽管如此，协和医学院在医学界的名气仍然吸引了一批优秀学子执著地去报考，其中就包括史轶蘩。

协和的学制包括三年的医学预科阶段和五年的医本科阶段，预科阶段在综合性大学完成，然后再参加协和医学院的入学考试；而燕京大学的医预系则是向协和输送学生最多的综合性大学。即使如此，淘汰率也是相当高的；而且进入协和以后，还会继续淘汰。在这样残酷的"淘汰制"学制中，史轶蘩仍然能够游刃有余，在 1950 年夏因成绩优异且全面发展被授予国际菲陶菲（φτφ）荣誉学会颁发的金钥匙奖。到 8 年学习结束时，史轶蘩又和张之南、孙瑞龙一起被授予优等生称号。

史轶蘩毕业后进入北京协和医院内科工作。内科住院医师的工作是艰苦而烦琐的，通常也是默默无闻的。然而史轶蘩很快就在内科脱颖而出，在医生和医学生中颇有名气。

比史轶蘩低两届的师妹、后来著名的心内科教授吴宁回忆当年的情景：

> "每次我听像史轶蘩这样的上级大夫查房，都会深受触动。他们提出的问题永远是启发式的，每个问题和问题之间，都贯彻着自己清晰的思维。有时，他们为了给我们提问，隔夜就开始准备，就是为了让我们能够学得更生动，印象更深刻。我至今还记得有一次，史大夫查房时，问了我们三个问题：一个心力衰竭的病人，经过你的治疗后，你怎么判断他的病情，是比进病房时好还是坏？有什么具体的现象能够说明？你应该怎么做？我们七嘴八舌地说开了，说实话这样的问题我自己都没有深入思考过。后来只见史大夫走到病人床前，把原本垫在病人背后的两只枕头，轻轻地抽掉了一只，询问病人是否仍然感觉舒服。病人点了点头。

史大夫回过头来跟我们说：这就是比入院时情况好转了，原来不能平卧的，经过治疗可以平卧，这个简单的现象就能说明病人的病情经过治疗有所缓解。她这么一个抽掉病人枕头的动作，我至今还记忆犹新。"

这一实例已经体现了史轶蘩在住院医师这样一个平凡岗位上的工作态度和工作风格，她对于病人不仅能够做到观察仔细，还进行了缜密的思考，并且对医学生进行启发式教学。这种风格让她不断成长，最终成为一代名医。

1956 年，北京协和医院内科内分泌组从胃肠组独立出来；1958 年内分泌科成立，成为我国第一个内分泌专科。史轶蘩根据自己的兴趣，毅然选择了跟随著名的内分泌学专家刘士豪教授进入内分泌组，从此终生从事内分泌专业。到 20 世纪 60 年代初，史轶蘩已经在内分泌科的临床工作中起着骨干作用。

1964 年的进修医师、后来的福建省内分泌学分会主任委员林丽香教授回忆起跟随史轶蘩学习的经历：

"史轶蘩教授知识非常渊博、基本功也很扎实，而且临床实践很认真。她带我的时候，对每一个病人的病史、体征都要核对一下，碰到一些疑难的病例，她会亲自带我到图书馆去找材料，看完材料后跟我讨论。然后她会抓住病人的主要病史或者体征具体分析，我觉得她的诊断思维非常清晰，分析也很到位，因为内科的诊断都是排除法，她能够根据这个病人的临床去逐步排除，最后得到可能性最大的一个诊断。过后，她会去回访病人，甚至有一两年的回访。我觉得这是我从她那里学到的最大的收获……"

十年浩劫勤医道

1966 年，"文化大革命"开始，北京协和医院作为美帝国主义进行文化侵略的典型，自然成为风暴的中心。张孝骞、刘士豪、黄家驷……这些一直以来受人尊敬、遇到疑难重症患者就需要他们来指点迷津的花甲老人，现在都成了"反动学术权威"，被一批年轻的"红卫兵"们指挥着进行批斗。

主任都被打倒了，病房秩序被彻底打乱了，但是病人还在，病情变化还得处理。所有没有被打倒的病房医生必须付出更多的劳动量，承担更重的责任。史轶蘩的工作强度明显加大了，有一段时间，整个一个病房就只有她和纪宝华大夫两个大夫管着，还不得不隔天值班。因为她年资高，很多时候都得由她做临床判断和决定。

对史轶蘩来说，幸运的是当时的主任刘士豪教授从"牛棚"里被放出来后，工作任务就是打扫病房的厕所；他经常悄悄地观察病人，在没有其他人的时候会向史轶蘩面授机宜。史轶蘩在遇到难以解决的问题时也常常悄悄地找机会向刘士豪请教。就这样，史轶蘩的临床实践水平和名声都在不断提高，其他医师也常常来咨询她。

在"文化大革命"长期超负荷的临床实践中，史轶蘩的临床水平逐渐提高到一个令人惊叹的水平。后来的重要合作者金自孟在回忆中举了一个难忘的例子：

> "史大夫在业务上给我印象很深的一点是，遇到一些疑难病例，她非常能够想办法去解决。我举个例子，1970年1月5号凌晨1点5分，云南发生了通海大地震，当时是新中国第一次、由国家紧急派出一个大型的医疗队去灾区。协和医院的医疗队去了60个人，当天晚上半夜用飞机把我们送到云南，第二天天亮的时候去灾区。在那里我们碰到一个病人，糖尿病酮症酸中毒，那个时候一个单位的胰岛素都没有，史大夫就带领我们守在病人身边，靠用盐水一点一点地输液，在严密的观察下，花了不到两天的时间，把这个人的酮症酸中毒给缓解过来。在医疗队的帐篷里面，也没有现在这些仪器，检验科也只有很简单的，查查白血球、尿常规。就在那个条件下，把一个酮症酸中毒的病人在没有用胰岛素的情况下给抢救过来，这说明史大夫对工作非常认真负责任，一直要对着病人以便随时观察，另外也说明史大夫的临床功底非常深。"

以身试验填空白

"文化大革命"终于结束，内分泌科的秩序又恢复了正常。为学科发展需要，内分泌科进行了分组，史轶蘩负责一个几乎没有起步的组——垂体组。从此，中国内分泌学界的垂体研究就和史轶蘩的名字紧密联系起来了。

史轶蘩（左二）主持博士生考试

作为垂体组的负责人，史轶蘩重点抓的第一件事就是建立方法学。在 20 世纪 60 年代，刘士豪已经紧跟国际前沿，建立了胰岛素的放射免疫测定法；而 70 年代中期，后来成为协和医院院长的陆召麟教授又去英国学习了生长激素的放射免疫测定法，回国后一度苦于没有足够的生长激素标准品而无法建立临床可用的生长激素测定法，但在"文化大革命"后由于创新性地使用了静脉注射法代替经典的皮下多点注射法而成功获得突破。史轶蘩立即带领垂体组对生长激素分泌过多和分泌不足的经典疾病——巨人症／肢端肥大症和矮小症的诊断方法进行了临床研究，建立了相应的功能试验，从而确定了这两类疾病在中国人群的诊断标准，使原先仅仅依靠临床表现来诊断的水准大大提高，诊断的可靠性和及时性均达到了国际水平。同时，她还促进垂体分泌的其他激素的放射免疫测定法的建立和各种疾病所需要的功能试验正常值的确定，使垂体疾病的诊断全部进入了定量评价的阶段，为临床诊断和治疗提供了可

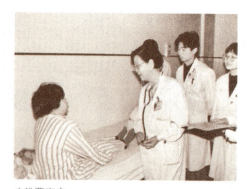

史轶蘩查房

靠的基础。

然而这些工作所付出的艰辛却是很少有人知道的。因为功能试验需要一批正常人来进行试验,以确定正常参考值,而这些正常人中的第一个,几乎都是史轶蘩本人。

史轶蘩的长期合作伙伴邓洁英教授曾回忆当年的情景:

"史大夫当时就强调我们垂体瘤研究的第一步就是功能试验,一个兴奋试验一个抑制试验,两个同时进行。兴奋试验首先是在大人身上做的。我觉得还是很困难,因为当时垂体组就我和史大夫两个人,史大夫还不是主任,还调不出人来,门诊护士就两个,史大夫在礼拜天就把她们叫过来和我们一起做功能试验。

第一个实验是胰岛素耐量试验,第一个做的就是史大夫,这把我吓坏了,因为我不是临床医生也没有什么经验,当时谁也没做过胰岛素耐量,打胰岛素都是按照文献。当时,胰岛素一打,史大夫反应特别厉害,满身大汗心率很快,低血糖的反应很明显……"

1980年1月7日,史轶蘩飞赴美国国立卫生研究院(NIH),师从Sherins从

史轶蘩于20世纪80年代初在NIH

事垂体－性腺轴的相关基础研究，于 1982 年底回到协和。

美国归来，史轶蘩的视野更加开阔。垂体疾病的诊断、治疗、并发症和相应的基础研究都在史轶蘩的领导下展开了多科合作，在北京协和医院进行得如火如荼。

多年的辛勤努力终于结出硕果——自 1989 年起，以史轶蘩为主要完成人的三项研究相继获得卫生部级和国家级的科技进步奖：1989 年 12 月，"男性内分泌性功能减退症的临床研究"率先获卫生部医药科学技术进步三等奖；"特发性生长激素缺乏症的临床研究"获得 1990 年卫生部医药科学技术进步奖二等奖和 1991

史轶蘩获得国家科技进步一等奖

年国家科学技术进步三等奖；"激素分泌性垂体瘤的临床与基础研究"获得 1991 年卫生部医药科学技术一等奖和 1992 年的国家科学技术进步奖一等奖。

国家科技进步奖的成果鉴定从掌握并深入分析我国垂体瘤的第一手资料、建立先进诊断方法、掌握先进治疗办法、病理研究、基础研究和推广应用 6 个方面对垂体瘤研究的工作进行了高度评价。这一奖项是对史轶蘩的团队从无到有地建立了一整套垂体瘤诊治方法并逐渐达到国际先进水平的一个极好的褒奖和鼓励。

创新性的临床科研是史轶蘩团队得以获奖的重要条件。举例来说，史轶蘩的团队在使用生长抑素类似物治疗垂体生长激素瘤的过程中，注意到了胆石症的患者有明显增加，而这一现象在全世界均未曾报道。然后他们就进行了深入的实验设计和系列临床研究，最后得出结论：奥曲肽确实使胆石症发生增加，肢端肥大症患者长期奥曲肽治疗过程中，建议监测胆囊功能。

将这段往事称之为"美妙的回忆"的合作者 Alan G. Harris，后来如此评价：

"史大夫和她的团队监测、追踪临床相关的胆囊收缩和胆汁分泌的情况，为其他使用奥曲肽治疗这些病人的大夫提供指导。这是一个很有用的贡献，不仅是史大夫和她的中国同事们，而且是全球的大夫们。所以这是一个她和她的团队做出的很重要的贡献。"

1996 年，史轶蘩当选为中国工程院院士，她是临床内分泌学界的第一位院士。此后，史轶蘩继续在内分泌学的领域内开拓创新，对肥胖的研究、对青春发育的研究在她晚年的研究里占了很大的比重，不仅为未来年轻一代的科研工作指明了方向，而且奠定了深厚的基础。

2013 年 2 月 13 日，史轶蘩因病与世长辞。

 相关阅读

她教我敬畏科学
——纪念史轶蘩教授逝世一周年
李光伟 ①

所有认识或和史轶蘩教授共事过的人无不认为她是个再严厉不过的学者。可在我心中的史教授却是个严谨而不失谦和，严格、严肃又不失关爱的长者。记得有一次我看到她下班后急匆匆地走向病房，去探望在做实验时皮肤被灼伤的一位老技师。她手里端着的盘子里，是几个洗得干干净净的熟柿子。我当时真的觉得这不是几个水果，而是她老人家体贴关心下属的一片诚心……

从 1983 年一直到她离开我们，这二十几年的亲身经历，更让我心底深深感到她是亲切慈祥的老师和诚恳待人的朋友。我在协和医院内分泌科进修期间，每次从外地回来向她汇报写论文的进展情况时，她都先亲切地问家里怎么样？孩子好吗？然后像对待一个孩子一样从冰箱里拿出水果给我吃，还带我一起去医院的小食堂吃饭；在史教授去世前两年

---

① 作者系中国医学科学院阜外医院主任医师。

左右，她身体虚弱得几乎不能走路，连在沙发上坐着都很费力的时候，还留我在她家里吃饭，并在用餐的时候不断地让我多吃点从楼下餐馆买来的各种菜肴……虽然她已经离开我们一年了，可这些情景仿佛是发生在昨天。

其实，在她逝世一周年的时刻，我最想说的，是她给我的科学启蒙。她对科学的敬畏让我感触良深！这种敬畏一直约束着我，让我在科学的道路上一丝一毫不敢作假！说老实话，当1963年我进入协和医大这所当年我国唯一的一所八年制医科大学的时候，就是想当一名好医生，没有想过要去做一个学识渊博的科学家，因为以当时的我看来那是遥不可及的。正是史教授让我这个无知的青年人一不小心"误入"科研这个我认为很神秘很神圣的领域。

事情发生在我的进修学习进入尾声的时候。有一天史教授郑重其事地把我叫到她的办公室，让我做一些病例总结。她告诉我这是研究生的训练。她还说协和的病案是世界医学资料最丰富的博物馆，有取之不尽、用之不竭的宝贝。于是她从教我如何列表格做起，如何收集资料，如何做统计分析，如何写成论文，如何把令人头疼的长句改为短句，甚至告诉我为什么写好的文章应该放在抽屉里"冷却"半年再送出去发表，她认为这样可以防止错误的东西走出家门。

这种对科学的敬畏，教会我此后如何辨认出医学界某些为特定利益集团服务，为了促销某些药物的伪科学……

难以想象，史教授也敢于对自己的学生提出的问题说"不知道"。多年前，我们已经知道妊娠期甲状腺结合球蛋白的增加会干扰甲状腺功能的判定，但是当时国内还不能测定游离T3和游离T4。我有一次问她："孕妇的甲状腺激素水平随孕期变化有多大？"她的回答竟然是："我不知道！"我当时真的惊呆了！她是首屈一指的内分泌大家，中国第一位内分泌学院士，怎么会不知道呢？我真以为是自己问了奇怪的问题让她生气了！后来她让我去图书馆查，回来告诉她！我才知道她没生气。让我吃惊的是，我去查了，并描了个曲线图，她竟让我把那张图压在她办公桌的玻璃板底下留做参考……她的"不知道"让我无形中对她更增加了许多敬佩！

　　中国人有句老话叫做"大恩不言谢"。史教授所给予我的，不是说谢谢就能让我心安的。但是我还是要说：史教授，谢谢您给我的科研启蒙！谢谢您教我敬畏科学！

刘彤华：七厘米载玻片上的医学人生

■ 段文利 梁智勇 董 琳 庞钧泽（北京协和医院）

刘彤华，北京协和医院病理科教授，博士生导师，中国工程院院士。1929 年 11 月 13 日出生于江苏无锡。1953 年毕业于上海圣约翰大学医学院。擅长淋巴结病理、消化道疾病病理、内分泌病理等的诊断，对胰腺肿瘤特别是胰腺癌的实验性基因治疗方式进行了深入系统的研究，开展了内分泌肿瘤的分子生物学和分子遗传学研究。"胰头癌对胰内胆管环形壁内浸润"和"人胰腺癌细胞分子生物学及细胞生物学特性的研究"分别获 1985 年和 1993 年卫生部科技进步二等奖。"人胰腺癌细胞分子生物学及反义基因调控对其恶变表型的逆转"获 1995 年国家科技进步二等奖。1993 年被中国医学科学院、中国协和医科大学授予"协和名医"称号，1995 年被评为全国优秀教师、北京市优秀教师，1998 年获得卫生部"有突出贡献专家"称号，2003 年获"首都劳动奖章"，2005 年获中央保健委员会"特殊贡献奖"，2006 年获北京协和医院卓越贡献奖，2007 年被评为北京协和医院杰出贡献专家，2010 年获北京医学大会医学成就奖，2011 年获中央保健委员会颁发的"杰出专家奖"，2011 年获中华医学会病理学分会终身成就奖，2015 年获得中国医学科学院终身成就奖。

"昔日江南无锡一才女，如今霜染两鬓名院士。显微镜为伍、放大镜做伴，窗外万事不纷扰，一心一意病理片。她以大智大勇向一个个惊涛骇浪发起质疑，她用火眼金睛将善恶自然分在两端。从事病理诊断研究 50 年来，她的意见成为全国病理诊断的金标准。"这是刘彤华教授 2007 年荣获北京协和医院"杰出贡献奖"时的颁奖词，寥寥数字，却生动勾勒出她潜心病理学研究辛勤耕耘的一生。

"既然不能选择临床，那就选与临床离得最近的学科吧！"

20 世纪 50 年代初，医学高级专门人才奇缺，"高级师资训练班"应运而生。

按照当时的规定，所有的医学生只能报基础学科。"既然不能选择临床，那就选与临床离得最近的学科吧。"从小立志要做医生的刘彤华选择了介于基础与临床之间的病理学。而此时远在北京，协和医学院病理系主任胡正详教授正在举办全国病理学"高级师资训练班"。即将从上海圣约翰大学医学院毕业的刘彤华毫不犹豫地在志愿书上填上了北京协和医学院。

1952 年，刘彤华从上海来到北京，跟随胡正详教授做病理学研究。胡正详严谨治学的态度、敬业奉献的精神、临床和基础相结合的思维，乃至每天工作到深夜、从来没有节假日的作息习惯，都深深影响了刘彤华。胡正详教授说过的一句话——"研究科学的人要沉浸在科学里，里外渗透，不能分心"，让刘彤华铭记了一辈子，坚守了一辈子。

1957 年，北京协和医学院与中央卫生研究院合并成立了中国医学科学院，老协和临床前期的部分学系并在一起组成了中国医学科学院实验医学研究所，病理系并入其中。1969 年，在林彪"一号命令"之下，实研所被迫迁往四川简阳。刘彤华因为是军人家属，不在迁离之列，加上她多年来一直负责协和医院的病理业务，便留在了协和医院。

1952 年，北京协和医学院病理系高师班师生合影（前右二：胡正详；前右三：刘永；中右三：刘彤华）

实研所病理系迁往简阳后，几乎将所有的仪器设备、档案资料，包括尸检档案和尸检大标本全部带走，只给刘彤华留下了几间空荡荡的屋子和两名技术员。"外检病理档案是协和病人的资料，是协和的财富，留在医院才能发挥出更大的作用。"刘彤华据理力争，将27万份外检病理档案留在了协和。几年后，在原实研所病理系一位党支部领导的大力支持下，已搬到简阳的尸检档案也顺利地回到协和，这为以后的病理教学发挥了不可估量的作用。

"脱离了母体的婴儿不仅要独立活下去，而且还要活得好。"抱着这样的信念，刘彤华开始了协和医院病理科的建设工作。开创性的工作总是充满了艰辛与挑战。人手不够，刘彤华就亲自干起技术员的活儿。每天早晨7时，她准时第一个来到医院，把浸蜡的标本包埋成蜡块，便于技术员上班后切片制片，以节省时间。白天，刘彤华要处理大量的阅片及报告。遇上疑难病例，她晚上还要留下来反复查资料。陆陆续续到科里的年轻人深受刘彤华的影响，全都夜以继日地工作，病理科的灯常常亮到深夜。

1982年4月8日，在上海第一医学院参加病理会议，刘彤华与刘爱民大夫看片

二十世纪七八十年代，协和医院的尸检例数每年都能达到200例。"刘彤华教授亲自参加每一例尸检，在全国各地疑难病理会诊时也积攒了大量的标本。她将这些大体标本和组织蜡块全部编号保存，到八九十年代的时候，制作成了一套包含十多个系统的国内头一份教学幻灯片，全国各地病理科争相索要。"跟随刘彤华教授30多年的技术员王德田回忆说。

现在，从1916年起的协和全部尸检档案，从1917年起的全部外检档案，一共110多万份，全都完好无损地保存在协和的档案柜里。外宾来协和参观时，无不对这些"稀世珍宝"表示羡慕，对刘彤华的工作表示钦佩。有人感慨地说，与其说刘彤华保留的是一份档案，不如说保留的是一种学术传统。

"在病理诊断中，凡没有百分之百把握的，绝不轻易下结论。"

病理医生做诊断，要承担的压力和风险并不亚于临床。在当下医患关系紧张的情势下，或由于经验不足，或出于规避责任，一些病理科医生对跨界或有争议的问题常不敢下定论，病理报告中有时会出现"可能为 A 或 B，但也不排除 C"这样模棱两可的诊断。因此有学者撰文，将这种"穷尽多种可能"的病理报告戏称为"金标准的灰色地带"。然而，刘彤华签发的任何一个病理报告都有明确的诊断，体现出干练、精准、坚定、果敢的"刘氏"风格。

从事病理事业 60 余年，经刘彤华之手阅过的片子、签发的报告达 30 万份之多，她却极少发生差错。生病固然不幸，但如果其病理切片恰巧到了刘彤华手中，这位病人又是万幸的。在病理界和老百姓那里，口口相传着许多刘彤华"精准诊断"的故事。

20 世纪 90 年代，一块辗转北京数家大医院均不能得到确诊的病理切片被送到刘彤华手中。会诊之后，经仔细阅片，她写下了"颈部淋巴结转移性鳞癌"的诊断。可在接下来的全面体检中，临床医生始终找不到病人的原发肿瘤病灶。病人和临床医生都对转移瘤的诊断心存疑惑，再度请来刘彤华重新阅片。第二次阅片的结论没变，但刘彤华补进去"建议查口腔"5 个字。最后，口腔科大夫在病人的牙龈处发现了一个很不起眼的原发肿瘤病灶。

1991 年，一位来自外地的女孩因发热、耳闷和鼻咽肿块，被当地医院诊断为鼻咽癌。无奈之下，一家人赶到北京求医，可所到之处都说无法排除恶性肿瘤的可能。接下来的一个月内，刘彤华先后 3 次为该女孩复查病理切片，并明确告知其为重度炎症，只需复查鼻咽部。2001 年元旦，刘彤华收到这位女孩的母亲寄来的贺卡，上面写道："尊敬的刘老师，10 年来我女儿复查全部正常，是您为我女儿摘掉了癌症的帽子，使她免受了放疗之苦"。

"她的表达总是简洁明了，但又蕴含着最多的信息。她注重细节，但又不拘泥于细节，她的意见已经超越了技术层面，上升为一种艺术。"一位年轻的病理科医生说。与其说这是能力，不如说这是责任心的体现。曾在协和进修的哈尔滨医科大学附属第四医院病理科主任王立峰，多次看到刘彤华教授签发术中冰冻报告时的果断，深深为之折服。

一位 21 岁的未婚女青年，阴道出血十余天，宫颈内发现有 3 毫米 × 5 毫米大小的菜花型小肿物。刘彤华写下了 8 个字的诊断：子宫内膜间质肉瘤。有医学常识的人都知道，这 8 个字就意味着患者须切除子宫及附件，将永远丧失生育能力。王立峰私底下为刘老师捏了把汗："万一不是恶性，这该有多大的风险呀？"一个月后，患者接受了手术，术后大病理证明了刘彤华的诊断准确无误：子宫内膜高度恶性间质肉瘤伴异源性分化，浸入子宫肌层。

"在病理诊断中，凡没有百分之百把握的，绝不轻易下结论。她这种科学态度至今深深地影响着我。"曾于 1962 年在协和进修、受过刘彤华指导，现为中国工程院院士的第三军医大学野战外科研究所王正国教授说。北京协和医院急诊科主任马遂教授也有同感："针对当前有些浮躁的社会习气，诸如论文造假、临床诊断草率等问题，我觉得我们应该向刘彤华等老一辈协和人学习，学习他们一丝不苟、精益求精的科学精神。"

"时刻把自己当做一块干海绵，随时准备吸收大量水分。"

2008 年北京奥运会期间，刘彤华的博士生钟定荣在值班期间收到了一份妇科子宫诊断性刮宫的病例。这位女患者 52 岁，因停经 4 年后阴道出血 1 年多就诊于协和。根据病理形态，她的病像是胎盘部位滋养叶细胞肿瘤、腺癌、恶性中胚叶混合瘤、血管周上皮样肿瘤，还像子宫内膜间质肉瘤伴性索分化。到底是什么呢？免疫组化后，钟定荣仍觉得不好区分，科里教授的会诊意见分歧也很大。这种情况下，钟定荣决定端着切片请教 79 岁高龄的刘彤华教授。刘彤华仔仔细细看了全部切片后说："我也没见过这种形态的疾病。我查查书和文献再说吧。"

过了两天，刘彤华将一篇于 2008 年 4 月发表的英文文献送给钟定荣阅读，同时补开了几项免疫组化。钟定荣非常吃惊的是，文献所描述的病理形态与手头这一例有很大的出入，但免疫组化的结果却惊人的一致。最终，这位患者被诊断为类似卵巢性索肿瘤的子宫肿瘤。最新文献统

刘彤华院士与钟定荣博士毕业时的合影

计，该类肿瘤全世界文献报道仅 50 余例，该例为国内第 2 例。钟定荣更吃惊的是，文献都说该类病例绝大部分为良性，但刘老师坚持认为这一例为低度恶性，建议子宫切除。一个月后，切下来的子宫完全证实了刘彤华的判断：基底部浸润性生长，并见脉管瘤栓形成。

每当想起这件事，钟定荣心里总会涌起无限感慨：一是德高望重的刘老师在学生面前敢于说自己不懂；二是刘老师在 79 岁高龄仍对文献追踪得这么及时；三是刘老师对一个新病准确的预判断——这是一位经验老到的"猎手"的敏锐嗅觉，更是她 50 年经验的厚积薄发。

"时刻把自己当做一块干海绵，随时准备着吸收大量的水分。"有人这样形象地形容刘彤华。

"临床病理诊断应在实践中不断总结、提高。"

刘彤华从医 60 余年来，始终站在病理学科学术的制高点上，引领和推动中国病理学事业的发展。

20 世纪 70 年代，刘彤华配合陈敏章教授在国内率先开展内窥镜技术，制定出的胃黏膜活检诊断标准一直沿用至今，显著提高了胃癌的诊断水平；配合曾宪九教授在国内率先开展细针穿刺活检快速诊断胰腺癌、胰岛素瘤代替术中冰冻切

片，避免了胰瘘等损伤，提高了这些疾病的诊断正确率。更难能可贵的是，她与内科张孝骞教授、陈敏章教授，外科曾宪九教授、钟守先教授，放射科张铁梁教授等一起创建"胰腺诊治协作组"，成功开展了多科协作。在此基础上，她后来又在消化道疾病、内分泌肿瘤、胰腺癌、肿瘤基因治疗等领域不断取得一系列开创性成果。

1980 年 9—12 月，受英国皇家内科学院邀请，刘彤华随同曾宪九教授、陈敏章教授一起来到英国，参观访问了英格兰和苏格兰大多数著名的大学和医院。这次英国之行是刘彤华一生中在国外逗留最久的一次，最令她高兴的是她拿到了开展免疫组化研究的"第一桶金"。

当时已在神经内分泌领域成绩斐然的 Polak 教授，赠给刘彤华多种肽类激素抗体，使协和对内分泌肿瘤免疫组化的总结成为在国内建立该病理新技术的首份资料。由于普通的染色办法无法显示神经内分泌细胞，早在 1978—1979年，刘彤华就指导她的第一位硕士研究生建立了免疫组化方法并最早用于胃泌素抗体研究。当国内市场上出现商品化的抗体时，协和已将这项技术用于日常外检。

20 世纪 90 年代中期，刘彤华敏锐地认识到分子生物学将是病理学新的发展方向，随即多次派出年轻技师和医生学习分子遗传及分子生物学先进技术，组建了分子生物实验室，将传统的形态学病理与分子生物学紧密结合起来，将多项新技术应用到临床诊断中。

21 世纪，随着临床个性化医疗时代的到来，刘彤华看到了肿瘤生物靶向治疗上的前途，率先在国内提出了靶向治疗需要靶向诊断的理念。2003 年，由刘彤华挂帅的国内第一个分子遗传病理实验室在协和建成，该实验室在肿瘤靶向治疗的基因检测和分析方面均居国内领先，吸引了多个国际知名药厂慕名前来，将其全球性肿瘤

1999 年 4 月 20 日，刘彤华在病理杂志编委会开会

靶向药物的临床试验放在协和。协和关于靶向诊断的研究迅速在乳腺癌、胃癌、结直肠癌、肺癌等多种疾病领域铺开。这些尝试，不仅拓展了病理学的发展方向，提升了病理医生在疾病诊治中的地位，更重要的是为发病率日趋增高的肿瘤患者带来了福音。

由于在胰腺癌病因学和基因治疗学领域的杰出贡献，1999 年，刘彤华被增选为中国工程院院士。

2004 年，一名因骨痛 7 年伴活动障碍并发现右股骨下端占位的 52 岁患者在协和接受了手术治疗，术后病理发现增生的纤维组织及异常结晶沉积。由于对该病变不认识，钟定荣与上级大夫以描述性诊断的方式发了病理报告，考虑为代谢性疾病。但在临床病例讨论会上，这一诊断遭到临床医生的质疑。带着疑问，钟定荣请教了刘彤华。第二天，刘彤华把钟定荣叫到办公室，从一个发黄的笔记本里翻出一个 "342805" 的病理号，说："你把这个病理切片调出来看看，和你这个病变是同一类"。随后，刘彤华又从一叠文稿中抽出一篇交给钟定荣："这是该病例的个案报告，你看完后还给我"。

接过文章，钟定荣发现，这是一篇由张孝骞教授和刘彤华教授合作完成并于 1980 年发表在《中华医学杂志》上的个案报道。也就是说，这个病例至少在 25 年前就已经由刘彤华诊断过了。她居然能如此准确地找出 20 多年前的一个病理号！后来的文献查阅更让钟定荣吓了一跳：这个病例居然是由刘彤华诊断的中国首例肿瘤性骨软化。在刘彤华的指导下，钟定荣等将肿瘤性骨软化病例积累到 34 例，并率先在国内描绘了肿瘤性骨软化病例的多种形态。迄今为止，这种病在国际上报道仅 100 余例。

刘彤华说："胡正详老师经常教导我，对某种病变或疾病能总结 100 例，才能做到心中有数。临床病理诊断应在实践中不断总结、提高，才能最终掌握它。这么多年来，我们就是这样

1992 年刘彤华赶写《诊断病理学》书稿

做的。"凭借多年的经验和知识积累，刘彤华在 1994 年主编出版了国内第一部《诊断病理学》专著，深受全国广大病理工作者的喜爱，被誉为是临床病理工作者的必备参考书和"武功秘籍"。

相关阅读

妇科肿瘤学发展的重要推动者

郎景和 ①

刘彤华教授是闻名遐迩的病理学家、我们尊敬的师长，她对妇科学，特别是妇科肿瘤学的发展做出了特别重要的贡献。

我们在给青年医生讲课时，常常说一句略带调侃的话：年轻的外科医生什么都知道，却什么都不会做；年老的外科医生什么都会做，却什么都不知道；病理科医生什么都知道，什么都会做，却都是在最后。可以理解为年轻的医生更需要实践，年老医生不应忘记继续学习，病理科医生不仅仅是做结论，也在于积极地指导临床诊断与处理。在数十年的工作中，在与病理科的合作中，在刘教授的言传身教中，我深刻地体会到病理在妇产科学发展中的重要性，逐渐领悟一个妇科医生懂得病理知识的必要性。

在林巧稚大夫和刘彤华大夫的倡导下，从二十世纪五六十年代开始，妇产科就派遣有一定临床经验的唐敏一大夫到病理科工作，专攻妇产科病理，并强化了两个学科的密切联系。从大体观察到镜下检查、从咨询会诊到讨论著文，使我们妇科医生有了牢固的病理学观念和不断丰富的病理学知识，这种观念和知识甚至包括如何保护和处理切除的组织标本。记得刘大夫曾告诫我们：组织标本在手术台上是属于外科大夫的，切下以后是属于病理科大夫的。所以，我也常以此要求我们的下级

---

① 作者系中国工程院院士，北京协和医院妇产科名誉主任、教授、博导。

医生，不能把切下的标本乱切乱取，以免影响病理取材和诊断。在这种环境的熏陶下，我们养成了重视术中大体观察、初步判定，并与最后病理诊断相对照印证，提高诊疗水平。正是在这一观念引导下，我写了《卵巢肿瘤的术中诊断》（中华妇产科杂志，1993，29（6）：375）一文，旨在引起广大妇科医生对病理的兴趣和重视。我们还在《中华妇产科杂志》连续开辟病理专栏，发表《妇产科医生要懂病理》的述评，在中华医学会妇产科分会下设了妇科病理学组。在协和医院，继唐大夫之后，又有朱燕宁、孙耘田等在病理科完成了研究生学位，现在都已成为有造诣的妇科病理学教授。我科王友芳教授、刘珠凤教授等也都在病理科学习与工作过一段时间，对其日后工作颇有裨益。

令人赞叹的是刘彤华大夫（我们更愿意称她为大夫）非常丰富的临床病理经验，刘大夫掌握病理学全局，对妇科病理诊断亦独占鳌头。很多疑难的、有争论的病理切片，经刘大夫过目，便可拍板定夺了，这使我想到美国的 Scully、英国的 Fox，我以为刘大夫可以堪称与之媲美的病理学大师。刘大夫还以其真知灼见，瞄准学科前沿，推动技术进步，如作为国家自然科学基金重点课题及"十一五"国家支撑项目的"子宫内膜异位症的基础与临床研究"，涉及重要的在位与异位内膜以及病灶的病理研究，这些都是在刘大夫的直接指导下完成的，后来获得了北京市科技进步奖一等奖和国家科技进步奖二等奖。我曾向刘大夫表达感激之情，刘大夫却谦逊地说"我没做什么……"，这反倒更使我感动不已。须知，没有刘大夫的指导，我们怎么可能很好地完成这一重要项目和取得如许的成绩呢！子宫内膜异位症虽然是良性病变，但亦有1%的恶变概率，特别是关于不典型子宫内膜异位症（aEM）的认识，将这一良性疾病可以发展成恶性病变的演化过程显露出来，即 aEM 可能是良性变恶的"交界"状态，这无论从病理上抑或临床上都有重要意义。刘大夫、郭丽娜大夫等在国内首先报告和描述了 aEM（见《中华病理学》杂志，2001，30（3）：169～172）引起了两个学科广泛的关注。在刘大夫的指导下，在陈杰副院长、崔全才主任和郭丽娜大夫等的具体指导下，妇产科的很多研究生、医大学生的研究课题和科研训练在病理科得到良好的开展，取得了不少有意义的结果和结论，形成了良好的科技合作。

更值得我们诉说的是刘彤华教授作为《林巧稚妇科肿瘤学》第一副主编所做的巨大贡献。这并不是非常厚重的书著，却被公认为巨著，那是因为它的初版和学术价值——1982 年林巧稚大夫在病床上策划、审阅稿件并作序的《妇科肿瘤》出版，继而在 1993 年、2000 年更名为《林巧稚妇科肿瘤学》第二、三版出版，连利娟为主编，刘彤华、刘炽明、郎景和为副主编，作者皆为北京协和医院或中国医学科学院相关专家。

从书中不难看出，除了丰富的临床材料和全面、深入、先进的观念和论述以外，病理学的内容占有重要的地位，而其中更以刘大夫的论著熠熠闪光、光彩夺目。如卵巢未成熟畸胎瘤恶性程度的逆转、卵巢内胚窦瘤和卵巢浆液性交界性瘤等章节，都有重要的临床指导意义；有些是刘大夫、唐大夫等在国内首先报告的较少见的卵巢肿瘤，如卵巢小细胞癌、卵巢硬化性间质瘤以及输卵管癌等，亦具特殊学术价值。正是这些名家名作使《林巧稚妇科肿瘤学》被业内同仁誉为"红宝书"（第二、三版封面皆为红色），受到青睐，屡印不衰。到 2006 年又第四次再版，刘大夫却谦让淡出，举荐郭丽娜大夫接任副主编。但每一位妇产科大夫、妇科肿瘤工作者在捧读这部专著时，都会由衷地感谢刘大夫为此付出的辛劳和心血！

记述一位其他学科的专家和师长对于我还是很少见的，只是因为刘大夫对我们学科的发展卓尔不凡、功不可没，不诉不快、不记为过矣。刘大夫的贡献融入到我们每天的临床诊治过程中，正像她的智慧凝聚在细微的观察里。我们叹服刘大夫的眼力，更为她的敬业精神、科学作风所激励，更好、更快地发展妇产科学。

老科学家学术成长资料采集工程丛书
已出版目录

《卷舒开合任天真：何泽慧传》

《此生情怀寄树草：张宏达传》

《从红壤到黄土：朱显谟传》

《梦里麦田是金黄：庄巧生传》

《山水人生：陈梦熊传》

《大音希声：应崇福传》

《做一辈子研究生：林为干传》

《寻找地层深处的光：田在艺传》

《剑指苍穹：陈士橹传》

《举重若重：徐光宪传》

《书香人生：袁文伯传》

《情系山河：张光斗传》

《魂牵心系原子梦：钱三强传》

《金霉素　牛棚　生物固氮：沈善炯传》

《往事皆烟：朱尊权传》

《胸怀大气：陶诗言传》

《智者乐水：林秉南传》

《本然化成：谢毓元传》

《远望情怀：许学彦传》

《一个共产党人的数学人生：谷超豪传》

《没有盲区的天空：王越传》

《探赜索隐　止于至善：蔡启瑞传》

《妙手生花：张涤生传》

《碧空丹心：李敏华传》

《硅芯筑梦：王守武传》

《仁术宏愿：盛志勇传》

《云卷云舒：黄士松传》

《踏遍青山矿业新：裴荣富传》

《让核技术接地气：陈子元传》

《求索军事医学之路：程天民传》

《论文写在大地上：徐锦堂传》

《大爱化作田间行：余松烈传》

《化作春泥：吴浩青传》

《追求卓越：郭慕孙传》

《走向奥维耶多：谢学锦传》

《草原之子：李博传》

《根深方叶茂：唐有祺传》

《躬行出真知：王守觉传》

《格致桃李伴公卿：沈克琦传》

《妙手握奇珠：张丽珠传》

《绚丽多彩的光谱人生：黄本立传》

《我的教育人生：申泮文百岁自述》

《我的气象生涯：陈学溶百岁自述》

《赤子丹心　中华之光：王大珩传》

《五二三工程与青蒿素研究》　《阡陌舞者：曾德超传》

《核动力道路上的垦荒牛：彭士禄传》　《含章可贞：秦含章传》

《精业济群：彭司勋传》　《为了孩子的明天：张金哲传》

《情系梁菽：卢良恕传》　《肝胆相照：吴孟超传》

《笺草释木六十年：王文采传》　《新青胜蓝惟所盼：陆婉珍传》

《梦想成真：张树政传》　《行有则　知无涯：罗沛霖传》

《钢锁苍龙　霸贯九州：方秦汉传》　《铃记：张兴铃传》

《虚怀若谷：黄维垣传》　《许身为国最难忘：陈能宽传》

《寻找沃土：赵其国传》　《一丝一世界：郁铭芳传》

《一心向学：陈清如传》　《碧水丹心：刘建康传》

《乐在图书山水间：常印佛传》　《宏才大略　科学人生：严东生传》

《探究河口　巡研海岸：陈吉余传》　《航空报国　杏坛追梦：范绪箕传》

《胰岛素探秘者：张友尚传》　《此生只为麦穗忙：刘大钧传》

《聚变情怀终不改：李正武传》　《一个人与一个系科：于同隐传》

《远古生命的守望者：李星学传》　《蓝天事业的垦荒人：屠基达传》

《治水殆与禹同功：文伏波传》　《真善合美：蒋锡夔传》

《星剑光芒射斗牛：赵伊君传》　《究脑穷源探细胞：陈宜张传》

《用生命谱写蓝色梦想：张炳炎传》　《大气人生：王文兴传》